AF522109

राम नाईक

प्रभात प्रकाशन, दिल्ली

ISO 9001 : 2008 प्रकाशक

प्रकाशक • प्रभात प्रकाशन
4/19 आसफ अली रोड,
नई दिल्ली–110002

संस्करण • 2017
लेखक • राम नाईक
इ–मेल : me@ramnaik.com
अनुवाद • कुमुद संघवी चावरे
इ–मेल : kschaware@gmail.com
डिजाइन • इंडिया प्रिंटिंग वर्क्स, मुंबई
इ–मेल : anand@ipworks.in
मूल्य • सात सौ रुपए
मुद्रक • दीप कलर स्कैन, दिल्ली

Charaiveti! Charaiveti!! *by* Ram Naik ₹ 700.00
Published by Prabhat Prakashan, 4/19 Asaf Ali Road, New Delhi-2
e-mail: prabhatbooks@gmail.com ISBN 978-93-5186-997-9

चरैवेति! चरैवेति!! जिसका अर्थ है निरंतर आगे चलते रहो! स्वयं मैंने अनुभव किया है कि सतत चलते रहने से सफलता प्राप्त होती है। राह में मुझे दिल से साथ देने वाले अनगिनत सहयोगी मिले। उनके सहयोग और साथ के बिना इस ऊंचाई तक पहुंचना असंभव था। आज मैं जो कुछ भी हूं, उनके कारण हूं। अतः यह पुस्तक अपने तमाम सहयोगियों को समर्पित करता हूं।

– राम नाईक

प्रधान मंत्री
Prime Minister

नई दिल्ली
मई 04, 2016

माननीय श्री नाईक जी,

आपके पत्र के माध्यम से आपके द्वारा रचित पुस्तक 'चरैवेति! चरैवेति!!' के विमोचन की जानकारी और पुस्तक की प्रति पाकर प्रसन्नता हुई। महाराष्ट्र और देश की राजनीति में आपका योगदान प्रशंसनीय रहा है। विभिन्न सामाजिक और राजनैतिक दायित्वों के निर्वहन के दौरान आपने जीवन के दीर्घ और व्यापक अनुभव प्राप्त किये हैं। मुझे प्रसन्नता है कि यह अनुभव संपदा अब पुस्तक के रूप में पाठकों तक पहुंच रही है। आशा है कि 'चरैवेति! चरैवेति!!' के हिन्दी, गुजराती, अंग्रेज़ी एवं उर्दू संस्करणों को भी पाठकों का भरपूर स्नेह मिलेगा।

हार्दिक शुभकामनाओं सहित।

आपका,

(नरेंद्र मोदी)

श्री राम नाईक
राज्यपाल, उत्तर प्रदेश
राजभवन, लखनऊ

प्राक्कथन

एक दिन दूरभाष की घंटी बजी। उठाने पर गोवा राजभवन के कंट्रोल रूम से सूचना मिली कि उत्तर प्रदेश के राज्यपाल बात करना चाहते हैं। उनसे बात करना मुझे सदा ही सुखद लगा है। इसलिए कि वे बहुत विस्तार से किसी प्रसंग को सुनाते हैं। उसमें से बहुत कुछ सीखा जा सकता है। तीस-पैंतीस सालों से उन्हें मैं जानती हूं। उनके व्यक्तित्व की विशेषताओं को दूसरों के बीच बांटती रहती हूं। उन्होंने कहा, ''एक विशेष काम के लिए मैंने आपको फोन किया है।'' और उन्होंने 'चरैवेति! चरैवेति!!' जो उनके संस्मरणों का संग्रह है, उसके हिंदी अनुवाद की प्रस्तावना लिखने के लिए कहा। साथ ही उन्होंने यह भी कहा कि पांडुलिपि को पढ़ते हुए जहां उचित लगे, आप संशोधन भी कर सकती हैं। यह बात सुनकर तत्क्षण मेरी प्रतिक्रिया हुई कि उत्तर प्रदेश में एक-से-एक हिंदी के

विद्वान हैं। गंगा, यमुना और लखनदेई नदी के किनारे बसे हिंदी प्रेमियों और ज्ञाताओं को छोड़ उन्होंने हजारों मील दूर अरब सागर के किनारे बसे गोवा के राज्यपाल को यह काम क्यों सौंपा? मेरे लिए तो मेरे प्रति उनका यह विश्वास सौभाग्य की बात है। दरअसल मैं और हजारों कार्यकर्ता उनसे इसलिए प्रभावित हैं कि चालीस वर्षीय राजनीतिक जीवन की कालकोठरी से किसी का बेदाग निकलना व्यक्ति को संतुष्टि और सुख तो देता ही है, देखने-सुनने और मिलने वाले को भी सीख और आनंद मिलता है। ऐसा व्यक्ति अपने दायित्वों के प्रति निष्ठावान तो होता ही है, नीति-नियमों में विश्वास रखता है और अपने ध्येय के प्रति कर्तव्यनिष्ठ होता है। भारतीय जनता पार्टी के वरिष्ठ नेता श्री. राम नाईक जी इन्हीं गुणों से आभूषित है।

वे समय और नियम के पक्के हैं। दूरभाष पर मेरी स्वीकृति न मिलने का सवाल ही न था। इतना तो वे भी जानते होंगे। उन्होंने अविलंब कोरियर से पाडुंलिपि भिजवा दी। तीसरे ही दिन पूछा, ‘‘पांडुलिपि मिली कि नहीं?’’ मिलने पर मैंने हाथ में ली और पढ़ने लगी। यह आत्मकथा नहीं है। आधी सदी की जीवन यात्रा में आए प्रसंगों और व्यक्तियों के बारे में सहेजे गए इनके अनुभव हैं। इन्होंने अपने से मिलने वाले व्यक्तियों के अपने प्रति सहयोग या विरोध की ओर ध्यान नहीं दिया है। दोनों प्रकार के लोगों के जीवन में छोटे या बड़े बड़प्पन को इन्होंने सहेज लिया है। ज्यादातर प्रसंगों में अपनी उपलब्धि का श्रेय दूसरों को दिया है। यहाँ तक कि कठिन समय पर उचित निर्णय लेने का श्रेय अपने पिता के द्वारा मिले संस्कारों को देना नहीं भूलते। पुस्तक पढ़ते हुए कदम-दर-कदम उनके भावों, विश्वासों और कार्यों के साथ चलने का एहसास होता है। सरल भाषा में लिखी यह पुस्तक पाठकीय सुख देती है। यादें कहीं भी उलझी नहीं हैं। पचास वर्ष पहले का संस्मरण भी ऐसा मानो घटना अभी-अभी घटी हो। बीच-बीच में कहावतों और लोकोक्तियों से भरी है उनकी भाषा।

मेरे लिए यह भी सुखद अनुभव रहा कि अपने जीवन के कठिन मोड़ों पर इन्होंने पत्नी की सहधर्मिता को स्वीकारा है। मात्र सुझाव नहीं, निर्णयों एवं कर्मों के द्वारा भी पत्नी ने समय-समय पर इन्हें सहारा दिया है। कई स्थानों पर इन्होंने पत्नी को अपने से ऊँचा सामाजिक स्थान दिया है। अपने

साथ सहधर्मिता निभाने के लिए शब्द और भाव के द्वारा मौन आभार भी प्रकट किया है।

इस पुस्तक को पाठक इतिहास की पुस्तक की रूप में भी पढ़ सकते हैं। अधिकांश पाठकों को न केवल मुंबई, महाराष्ट्र अपितु पिछले पचास वर्षों के भारतीय सामाजिक और राजनैतिक इतिहास को पढ़ने और जानने का अवसर मिलेगा। कभी–कभी कथावाचक की भूमिका में आ जाते हैं लेखक। इसलिए पढ़ते हुए कथा सुनने जैसा भी आनंद आता है। पिछले पचास वर्षों के प्रसंगों में कहीं–कहीं मेरी भी सहभागिता रही है। इसलिए मैं कह सकती हू कि उन राजनैतिक प्रसंगों का वर्णन कितना सटीक और जीवंत है। मैं उनकी स्मृति की सराहना करती हूँ। भारतीय जनता पार्टी को जिन कार्यकर्ताओं पर गर्व है, राम नाईक जी उनमें से एक हैं। राम नाईक जी ने समय–समय पर अपने कार्यकर्ताओं के उत्साह और कार्यों की भूरि–भूरि प्रशंसा की है। उनका आभार प्रकट किया है।

लेखन में अधिकांश जगहों पर वे एक साहित्यकार की भूमिका में आ जाते हैं। नीरस विषय को भी सरस बनाकर लिखना और पाठकों की स्मृति के लिए छोड़ जाना, यह बहुत बड़ी विशेषता है। उन्होंने इस पुस्तक में एक अध्याय का शीर्षक 'स्नेह एवं ऊर्जा से भरी झोली' दिया है। पाठक इस अध्याय को पढ़ते हुए स्वयं स्नेह और ऊर्जा से भर जाएंगे। महिलाओं के प्रति उनका संवेदनापूर्ण व्यवहार और उनके राजनैतिक दायित्व और मंत्री पद से लिये गए निर्णय बहुत ही सराहनीय हैं। बहुत ही कम राजनेता, जिनको मंत्रिमंडल में महिला विभाग नहीं मिला या महिला संबंधी और कोई दायित्व नहीं मिला, वे महिला के विषय में सोचते भी हों। राम नाईक जी महिलाओं द्वारा मांग उठाए बिना ही आरक्षण, मुंबई में विश्व की पहली महिला लोकल ट्रेन (5 मई, 1992) चलवाना जैसे महत्त्वपूर्ण निर्णय लेते रहे। उन्होंने तो महिलाओं द्वारा शिशु के स्तनपान कराने के महत्त्व को भी समझा और संसद में भी उठाया। शिशु आहार के बंद डिब्बे पर 'माँ का दूध सर्वोत्तम है' लिखवाया।

विधायक और सांसद बनने के पूर्व भी राम नाईक जी रेल यात्रियों की सुविधाओं के लिए लड़े। विधायक, सांसद तथा मंत्री बनने के बाद इनके

लिए अविस्मरणीय कार्य किए। दरअसल राम नाईक जी ने समाजसेवा के लिए अपनी जवानी में ही नौकरी छोड़ दी थी। वे हर पल समाज के लिए ही सोचते नजर आते हैं। हर राजनेता को सर्वप्रथम सामाजिक कार्यकर्ता होना चाहिए। राम नाईक जी सच्चे समाज सेवक हैं, इसलिए उनका संस्मरण पढ़ना आनंद देता है।

मुझे विश्वास है कि हिंदी के पाठकों को यह पुस्तक रुचिकर तो लगेगी ही, पिछली आधी सदी के राजनैतिक इतिहास और उसमें राम नाईक जी की सशक्त और सक्रिय भूमिका देश-समाज के लिए कुछ करने की प्रेरणा भी देगी।

मैं आदरणीय राम नाईक जी को ऐसी प्रेरणादायी और समाजोपयोगी पुस्तक लिखने के लिए बधाई देती हूँ। आशा करती हूँ कि पुस्तक आज और कल की भी युवा पीढ़ी के लिए प्रेरणादायी होगी।

शुभकामनाओं सहित,

– मृदुला सिन्हा
राज्यपाल, गोवा

मन की बात

2014 वर्ष के दिसंबर में महाराष्ट्र के मराठी दैनिक 'सकाळ' ने मुझसे संपर्क किया। यह बिल्कुल ही अनपेक्षित था। वहां से सुझाव आया कि मैं अपने जीवन के उतार-चढ़ाव, मीठे-कड़वे संस्मरणों एवं परवरिश के बारे में हर पखवाड़े स्तंभ लिखूं। यह पेशकश थी। मैं सोच में पड़ गया। मैं कोई लेखक नहीं हूं। मेरी रगों में राजनीति, समाजनीति बहती है। इससे पहले मैंने एक छोटी सी पुस्तक 'गाथा संघर्ष की' लिखी थी। उसके अलावा कभी-कभार रेल बजट या नेता या सहयोगी के बारे में थोड़ा-बहुत लिखा था। सवाल यह भी था कि मेरा लिखा क्या लोग पढ़ना पसंद करेंगे? मेरी दुविधा को भांपते हुए संपादक श्रीराम पवार ने कहा, ''बताने के लिए आपके पास बहुत कुछ होगा। आपके समकालीन शरद पवार, मनोहर जोशी एवं सुशील कुमार शिंदे भी लिखने वाले हैं।'' मुझे लगा कि

राजनीति में भले ही ये तीनों मेरे समकालीन हों, लेकिन उम्र में मुझसे छोटे हैं। यदि वे अपने अनुभवों के बारे में लिख रहे हैं तो मुझे भी कोशिश तो करनी ही चाहिए। नतीजा आपके सामने है, राम लगे लिखने!

मैं अपने बारे में कम ही बोलता हूं पर लिखना बहुत रास आने लगा। पाठकों के स्वयंस्फूर्त प्रतिसाद से मेरा हौसला बढ़ता गया। 27 अध्याय के बाद मैंने कलम रोक दी क्योंकि समय की कमी महसूस हो रही थी; हालांकि दैनिक 'सकाळ'ने मुझे स्तंभ जारी रखने का आग्रह किया था। मुझे सुखद बोध हुआ कि आयु के 82 वें वर्ष में भी मैं अति व्यस्त हूं। कारण भी जानता हूं, यही 'चरैवेति! चरैवेति!!' सतत चलते जाना है, आगे-आगे बढ़ते रहना है। कार्यशील रहना ही मेरा जीवन मंत्र है। जब तक संभव होगा, तब तक वहीं करूंगा।

मूलतः यह अपेक्षा थी कि आत्मपरीक्षण करके मैं अपनी परवरिश, व्यक्तित्व गढ़े जाने तथा जीवन यात्रा के बारे में लिखूंगा। पर किसी एक चीज़ या बात से थोड़ी न इनसान का व्यक्तित्व या जीवन बनता-बिगड़ता है! मेरा जीवन तो सतत बदलता रहा है। मैं मध्यम वर्गीय नौकरीपेशा था; फिर भी सब कुछ छोड़कर राजनीति में आया। 21 साल पहले कैंसर ने मेरा जीवन प्रवाह रोकने की पुरजोर कोशिश की। मैंने उसे भी शिकस्त दी और आगे बढ़ता गया। मैं महज 19 साल का था जब मेरे शिल्पकार मतलब मेरे पिताजी श्री नाईक मास्टर उर्फ दा.वा. कुलकर्णी चल बसे। पर मेरा जीवन रुका नहीं, मैं गढ़ता चला गया। कभी पिता समान बुर्जुगों ने, कभी किसी सहयोगी ने तो कभी एकाध अपरिचित आम चेहरे ने मुझे सबक दिए। मैं सीखता चला गया। फिर ठान लिया कि अतीत की यादें ताजा करूंगा, हो सके तो भविष्य की ओर निगाहें टिकाने की कोशिश करूंगा। किस्सा-दर-किस्सा पाठकों के समक्ष जीवन की परतें खोलता जाऊंगा।

जनसेवा का अविरत व्रत पूरा करने के ध्येय से मैं अनवरत चलता रहा हूं। हर व्यक्ति की अपनी सीमाएं हैं। मानवी मन की मर्यादाएं भले न जानता हूं, परंतु यह पता है कि अखबार की आयु एक दिन की होती है; अब तो वह कुछ घंटों की हो गई है। फिर भी लिखता चला गया, पाठक पढ़ते चले गए। न मुझे, न मेरे पाठकों को और न ही मेरे शुभचिंतकों को यह अच्छा

लग रहा था कि यह लेखन रद्दी के हवाले हो। इसी विचार के चलते लेखों का संकलन पुस्तक के रूप में प्रकाशित करने का सुझाव सामने आया।

मेरे लंबे राजनीतिक एवं सामाजिक जीवन के कुछ संस्मरण हैं ये! मेरी पक्की राय है कि समाज कार्य करनेवाले का जीवन पारदर्शी होना जरूरी है। लिहाज़ा मैंने अपने अंतरंग के द्वार पाठकों के समक्ष खुले कर दिए हैं।

मैं लखनऊ से लिख रहा था। पर अनेक घटनाओं की तारीखें, सटीक जानकारियां एवं फोटो का जुगाड़ मेरी पुत्री विशाखा ने मुंबई से किया। इसीलिए मैं लेखन में सटीकता ला पाया हूं। आज तक बिना मांगे ही प्रेम मिलता रहा है – कभी परिचितों से, कभी अपरिचितों से! फिर भी मन-ही-मन चाहता हूं कि यह पुस्तक पाठकों को पसंद आए! आप खुश रहें, यही कामना है!

– राम नाईक

अगस्त 2016

राजभवन,
उत्तर प्रदेश, लखनऊ-226 027
इ-मेल: me@ramnaik.com

विशेष आभार

मूलतः मेरा संस्मरण संग्रह 'चरैवेति! चरैवेति!!' मराठी भाषा में प्रकाशित हुआ है। मुंबई के दीर्घ सार्वजनिक जीवन में मेरा संबंध सभी भाषा के जानने वालों से समान रूप से रहा है। मराठी भाषा की 'चरैवेति' के विमोचन समारोह के बाद मेरे मित्रों और शुभचिंतकों ने यह आग्रह किया कि इस संग्रह का हिंदी, गुजराती, उर्दू और अंग्रेजी में भी अनुवाद होना चाहिए। संयोग से, प्रभात प्रकाशन के प्रभात कुमार ने भी मुझसे बात की तो मैंने उन्हें अपना यह प्रस्ताव बताया। उन्होंने तुरंत मेरे प्रस्ताव को स्वीकार किया और हिंदी व अंग्रेजी संस्करणों के प्रकाशन हेतु अपनी स्वीकृति दे दी। हिंदी भाषी पाठकों की सुविधा और प्रेमभाव का सम्मान करते हुए इसका हिंदी अनुवाद आपके समक्ष प्रस्तुत है। हिंदी भाषांतर करने के लिए मैं मुख्यतः श्रीमती कुमुद संघवी चावरे का आभारी हूं।

इस पुस्तक के बारे में आपके विचार जानने के लिए मैं उत्सुक हूं।

– राम नाईक

अनुवादक के शब्द

कहना है कुछ

श्री राम नाईकजी! हम उन्हें रामभाऊ ही कहते हैं। उनसे मेरा परिचय उतना पुराना है, जितना पत्रकारिता का मेरा अनुभव है। मैंने 1978 में पत्रकारिता शुरू की, तब वे मुंबई जनता पार्टी के अध्यक्ष थे। आज वे उत्तर प्रदेश के राज्यपाल हैं... उच्च विभूषित पद पर विराजमान हैं पर बदले तनिक भी नहीं। मुंबई नवभारत टाइम्स के रिपोर्टर के रूप में मैंने अपने कैरियर की शुरुआत की। धीरे-धीरे प्रगति करते हुए नभाटा की प्रथम महिला पॉलिटिकल एडिटर बनी। इस दौरान मैंने महाराष्ट्र की राजनीति एवं राजनीतिज्ञों को करीब से पर तटस्थ रहकर देखा है, परखा है, बहुत कुछ लिखा भी है। रामभाऊ की राजनीतिक यात्रा की मैं साक्षी रही हूं।

उनकी जो छवि 1978 में मेरे मन में रेखांकित हुई थी, आज भी ज्यों-की-त्यों बनी हुई है। इतना सातत्य, इतनी अडिगता, विचारधारा के प्रति इतना समर्पण बहुत कम राजनेताओं में देखने को मिलता है। उनके व्यक्तित्त्व की विशेषताओं को लिखना-सुनाना मुश्किल है, उसे महसूस करना, समझना जरूरी होता है। 'चरैवेति' में उनके व्यक्तित्व के सीधे-सरल पहलुओं एवं जीवन-मूल्यों के दर्शन होते हैं, कड़वे अनुभवों को याद करना उन्होंने शायद उचित नहीं समझा। रामभाऊ की आधी सदी की जीवन यात्रा सकारात्मकता एवं साफ-सुथरी राजनीति का आईना है।

'चरैवेति' का अनुवाद करना मेरे लिए सुखद अनुभव समेटने जैसा रहा। आज जब राजनीति से हम सबका भरोसा उठने लगा है तब श्री नाईक जैसे नेताओं की जीवन-कहानी से गुजरते हुए आपका भरोसा संवरने लगता है। कहने को दिल करता है कि वाह! ऐसे साफ-सुथरे लोग भी हैं राजनीति में! कीचड़ से पत्थर होती जा रही राजनीति का सीना चीरकर भरोसे के अंकुर निकाल लाने का माद्दा रखनेवाले ईमानदार नेताओं की हमें आज जरूरत है। रामभाऊ का जीवन नई पीढ़ी को साफ राजनीति का भरोसा दिला सकती है। सच बताऊं, यदि अनुवाद नहीं करती तो पुस्तक इतनी बारीकी से मैं नहीं पढ़ती और एक नेता के जीवन में बने रहे सकारात्मक एवं जीवट के मूल्यों को समझने से चूक जाती। और हां, मैंने कोशिश की है कि उनकी मूल मराठी पुस्तक की तरह हिंदी पुस्तक के भाषा प्रवाह को सरल और सहज रखूं।

धन्यवाद, माननीय राम नाईकजी! अपनी पुस्तक के हिंदी अनुवाद हेतु मेरा चयन करने के लिए। इस कार्य ने अनुभव की मेरी दुनिया को और समृद्ध बनाया है।

– कुमुद संघवी चावरे
पूर्व राजनीतिक संपादक
नवभारत टाइम्स, मुंबई

श्री राम नाईक का संक्षिप्त परिचय

जन्म	16 अप्रैल, 1934 (अक्षय तृतीया), स्थान : सांगली (महाराष्ट्र)
परिवार	पत्नी श्रीमती कुंदा, दो पुत्रियाँ: डॉ. निशिगंधा व श्रीमती विशाखा
माता-पिता	श्रीमती इंदिरा, श्री. दा. वा. कुलकर्णी उर्फ नाईक मास्टर
प्राथमिक और माध्यमिक शिक्षा	श्री भवानी विद्यालय, आटपाडी, जिला सांगली, महाराष्ट्र
उच्च शिक्षा	बी.कॉम. (1954) : बृहन् महाराष्ट्र वाणिज्य महाविद्यालय, पुणे एलएल.बी. (1958) किशनचंद चेलाराम विधि महाविद्यालय, मुंबई
व्यवसाय-नौकरी	• अकाउंटेंट जनरल के कार्यालय में अपर श्रेणी लिपिक (1954-1957) • निजी क्षेत्र की कंपनी खिरा स्टील वर्क्स में कंपनी सचिव (1957-1969) • निजी क्षेत्र की कंपनी 'ॲबमेफ कन्सल्टेंट' में महाव्यवस्थापक (1974-1977)
राजनैतिक दायित्व	• भारतीय जनसंघ, मुंबई में एक स्थानिक कार्यकर्ता के रूप में कार्य का प्रारंभ (1959) • भारतीय जनसंघ, मुंबई के संगठन मंत्री (1969-1974) पूर्णकालिक कार्य • जनता पार्टी, मुंबई अध्यक्ष (1978-1980) • भारतीय जनता पार्टी, मुंबई विभाग के तीन बार अध्यक्ष (1980, 1983, 1991) • महाराष्ट्र विधानसभा में मुंबई के बोरीवली क्षेत्र से लगातार तीन बार विधायक (1978, 1980, 1985) • उत्तर मुंबई लोकसभा क्षेत्र से लगातार पांच बार सांसद (1989, 1991, 1996, 1998, 1999) • भाजपा की स्थापना (1980) से राज्यपाल बनने तक (2014) राष्ट्रीय कार्यकारिणी सदस्य
भारतीय जनता पार्टी में अन्य ज़िम्मेदारियां	• अध्यक्ष, राष्ट्रीय अनुशासन समिति (2005-2007) • संयोजक, सांसद-विधायक प्रशिक्षण प्रकोष्ठ (2007-2010) • संयोजक, सुशासन प्रकोष्ठ (2010-2014)
रेल राज्य मंत्री (स्वतंत्र प्रभार), गृह, योजना एवं कार्यक्रम कार्यान्वयन व संसदीय कार्य राज्यमंत्री	• 1998-1999
पेट्रोलियम एवं प्राकृतिक गैस मंत्री	• अक्तूबर, 1999 से मई, 2004 (स्वतंत्र पेट्रोलियम मंत्रालय 1963 में प्रारंभ हुआ, तबसे 2015 तक निरंतर पांच वर्ष पेट्रोलियम मंत्री का काम संभालने वाले एकमात्र मंत्री
चुनावी राजनीति से निवृत्ति	• पं. दीनदयाल उपाध्याय जयंती (25 सितंबर, 2013) को चुनावी राजनीति से निवृत्ति की घोषणा
राज्यपाल, उत्तर प्रदेश	• 22 जुलाई, 2014

अनुक्रमणिका

सोये टोपीवाले का सबक! ▌3

सदाशयता एवं स्नेह का दरिया ▌11

आशियाना ढूँढता हूं... ▌21

ज़िंदगी बदलनेवाले मोड़ ▌31

जुड़े तार कुष्ठपीड़ितों से ▌45

मछुआरों से मित्रता ▌55

महिला साथियों की तीन पीढ़ियों के संग ▌67

महिलाओं की सुविधाओं के लिए जद्दोजहद ▌79

बात विधायक था तब की –1 ▌87

बात विधायक था तब की –2 ▌97

जनता पार्टी का दौर ▌105

स्वातंत्र्यवीर सावरकर की प्रेरणा ▌115

भाजपा युग का प्रारंभ ▌125

सम्मोहक दौर । 133

संसदीय पड़ाव...1 । 143

संसदीय पड़ाव...2 । 153

कैंसर के शिक़ंजे में । 163

पुनश्च हरि ओम्! । 171

लोकल से लाल बत्ती तक । 181

रेलवे के आगे 'लाल बत्ती' की क्या शान! । 189

विदेश दौरे के अनुभव... । 199

पेट्रोलियम क्षेत्र का स्वर्ण युग । 209

काले सोने से लिखी नई कहानियाँ । 219

प्रचार की धूमधाम । 229

पराजय में भी साथ रहे संगी साथी । 239

चुनाव पर पूर्ण विराम! । 249

चरैवेति! चरैवेति!! । 259

चरैवेति! चरैवेति!!

प्राचीन वाङ्मय की सूक्तियों में जीवन के लिए उपयुक्त दर्शन बताया गया है। ऐतरेय की सूक्तियों में एक जगह उल्लेख है कि एक राजा को आत्मोन्नति का बोध कराने के लिए इंद्र देवता ने मनुष्य का रूप धारण किया था। अच्छे भाग्य का अधिकारी बनने के लिए सतत चलते रहने का उपदेश देते हुए इंद्र कहते हैं–

आस्ते भग आसीनस्य
उर्ध्वम् तिष्ठति तिष्ठतः
शेते निपद्य मानस्य
चराति चरतो भगः! चरैवेति चरैवेति!!

बैठे हुए व्यक्ति का भाग्य भी बैठ जाता है
खड़े हुए व्यक्ति का भाग्य भी वृद्धि की ओर उन्मुख होता है
सो रहे व्यक्ति का भाग्य भी सो जाता है
किंतु चलने वाले का भाग्य प्रतिदिन बढ़ता जाता है,
अतः तुम चलते रहो! चलते रहो!!

उदाहरण के रूप में इंद्र आगे बताते हैं,

चरन्वै मधुविन्दति
चरन्स्वादुमुदुम्बरम्
सूर्यस्य पश्य श्रेमाणं यो न तन्द्रयते चरंश्
चरैवेति ! चरैवेति !!

मधुमक्खियाँ घूम-घूम कर शहद जमा करती है।
पक्षी मीठे फल खाने के लिए सदा भ्रमण करते रहते हैं।
सूरज कभी सोता नहीं, चलता रहता है। इसलिए जगद् वंदनीय है।
अतः हे मानव, तुम भी चलते रहो! चलते रहो!!

❐

चरैवेति! चरैवेति!!

आटपाड़ी का 'श्री भवानी विद्यालय' और उसके मुख्याध्यापक पिता श्री नाईक मास्टर से राम नाईक को संस्कार मिले

सोये टोपीवाले का सबक!

महाराष्ट्र के ज़िला स्थान सांगली में मेरा जन्म हुआ। दिन था 16 अप्रैल, 1934। मेरी पढ़ाई हुई आटपाड़ी में जो अकालग्रस्त गांव था, लेकिन वहां सूर्यनमस्कार की कोई कमी नहीं थी। आज मैं उम्र की 81वीं दहलीज पर उत्तर प्रदेश के राज्यपाल के रूप में सेवारत हूँ। इस लंबे सफर के दरमियान कभी ऐसा नहीं हुआ कि मुझे बचपन याद न आया हो। कहीं भी जाऊं, मेरी आटपाड़ी मेरे भीतर साथ चलती, वह कभी कलेजे से अलग नहीं हुई। वह मुझे अतीत में खींच ले जाती है, बहुत पीछ··· 70-75 वर्ष पीछे और मैं एक बच्चा बन जाता हूँ··· एक स्कूली बच्चा···!

स्मृति की डाली को जरा सा भी झंझोड़ते हैं तो आंखों के सामने बचपन तैरने लगता है। सोचता हूँ 81 वर्ष तक मेरा स्वास्थ्य कैसे ठीक रहा? कैंसर को मैंने कैसे मात दी? यह एक बड़ा राज़ है।

इस राज का नाम है – सूर्य नमस्कार! मेरा बचपन औंध रियासत में बीता। आज वह सांगली ज़िला कहलाता है। औंध का संग्रहालय (म्यूज़ियम) सर्वपरिचित है। उसमें 'मां–बेटे' की प्रतिमा है, जो बहुत ही मशहूर हुई है। औंध रियासत के प्रमुख राजा बालासाहेब पंतप्रतिनिधि एक प्रकार से सूर्य नमस्कार के दीवाने थे। वे चाहते थे कि हर एक व्यक्ति सूर्य नमस्कार सीखे और करे। उन्हें विश्वास हो गया था कि एकमात्र सूर्य नमस्कार ही अच्छा स्वास्थ्य पाने का सही नुस्खा है। अपनी रियासत की प्रजा का स्वास्थ्य सुनिश्चित करने के लिए उन्होंने सूर्य नमस्कार की प्रथा स्थापित की। स्कूल के पाठ्यक्रम में पहला पीरियड सूर्य नमस्कार का ही रखा गया। मेरे स्कूल के मुख्याध्यापक बहुत कठोर एवं अनुशासन प्रिय थे। जो छात्र सूर्य नमस्कार नहीं करते थे, उन्हे वे पाठशाला में बैठने नहीं देते। वे दृढ़ता से कहते 'स्वास्थ्य ही सच्चा गहना है' और खुशी की बात यह कि सचमुच में ऐसे गहने गढ़ने वाले मुख्याध्यापक कोई और नहीं, मेरे पिता ही थे। हमारी पीढ़ी भले अकालग्रस्त गांव में पैदा हुई पर यह सच है कि सूर्य नमस्कार करने के नियम का पालन करके हमने शरीर को सुदृढ़ बनाया, बेहतरीन स्वास्थ्य अर्जित किया। यही कारण है कि 81 की उम्र में भी मैं स्वस्थ हूं, अपने नित कार्य अबाधित रूप से करता हूँ। इन दिनों स्वामी विवेकानंद जयंती के निमित्त सूर्य नमस्कार का अभियान चलता है। पर मुझे लगता है

आटपाड़ी के सुपुत्र कारगिल शहीद स्व. सुरेश चव्हाण की वीरपत्नी को गैस एजेंसी देते हुए राम नाईक

'देश के बालकों एवं युवकों को रोज सूर्य नमस्कार करने की आदत डालनी चाहिए, खैर...।'

कुछ भी असंभव नहीं

मुझे यह बताना आवश्यक लगता है कि बचपन में जैसे मैंने शरीर का स्वास्थ्य कमाया वैसे ही कुछ और भी अर्जित किया। मैंने एक कोश तैयार किया, ऐसा कोश, जिसमें असंभव शब्द नहीं था। मैंने अपने में यह

श्री भवानी माता का अपने पुत्र के नाम पत्र

प्रिय राम,

तुम आज मुझे (श्री भवानी विद्यालय) और मेरे विद्यार्थियों को मिलने आ रहे हो, यह सुनकर मन आनंदित और अभिमान से गदगद हो गया। जब तुम यहां पढते और खेलते थे तब तुम छोटे थे।

आज तुम देश (भारत) के रेल मंत्री हो। जनता की सेवा को जीवन का लक्ष्य बनाकर तुमने प्रयत्नपूर्वक और कष्ट उठाकर मंत्री पद का सफर तय किया है यह मेरी दृष्टि में सौभाग्य की बात है।

इसके पहले भी मुंबई शहर जनता पार्टी के अध्यक्ष पद पर रहते हुए जैसे राम कौशल्या को मिलने के लिए आते हैं, वैसे ही तुम मुझे मिलने आए थे। सुदामा के 'पोहे' जैसे कृष्ण ने खाए थे वैसे ही तुमने अपने मित्र चिंतू माली के घर भोजन ग्रहण किया। तुमने इतने बडे होकर भी अपनी माँ को विस्मृत नहीं किया यह मैं भाग्य समझती हूँ।

तुम्हारे माता-पिता ने दिए हुए उत्तम संस्कार इसका कारण हैं। धन्य हैं वे माता-पिता।

राम, तुम इससे भी श्रेष्ठ स्थान हासिल करो और तुम्हारा वह सम्मान मुझे और मेरे परिसर में बैठे सपुत्रों को देखने को मिले, यही मेरी प्रार्थना है।

तुम्हारी स्नेहल,

श्री भवानी माता

आटपाड़ी के जिस 'श्री भवानी विद्यालय' में राम नाईक ने शिक्षा ग्रहण की वहां 1998 में हुए सार्वजनिक अभिनंदन समारोह में लगाया गया स्वागत पटल

विश्वास पैदा किया कि दुनिया में कुछ भी असंभव नहीं, कड़ी मेहनत एवं प्रामाणिकता से यदि प्रयत्न करते रहो तो असंभव शब्द अपने से ही लुप्त हो जाता है, कोश में दिखता ही नहीं। मेहनत एवं प्रयत्नवादी होने के कारण मैं शिक्षकों का भी चहेता बना रहा, इसलिए नहीं चहेता था कि मेरे पिता मुख्याध्यापक थे। मेरे पिताजी मुझे पुत्र नहीं, छात्र के रूप में देखते थे।

औंध के राजा को चित्रकला का भारी शौक था। वे स्वयं एक उत्तम चित्रकार थे। उन्होंने स्कूल में चित्रकला विषय को अनिवार्य कर दिया था। बेशक, चित्रकला विषय सुंदर है। ब्रश, पेन्सिल और रंगों के संग इनसान को भीतर से समझा जा सकता है।

हाँ··· तो चित्रकला का उल्लेख मैंने इसलिए किया कि एक बार चित्रकला के शिक्षक ने मुझे आग्रह कर के चित्रकला की एलीमेंटरी यानी प्राथमिक परीक्षा में बिठाया। परीक्षा स्थल आटपाड़ी से 30 किलोमीटर दूर पंढरपुर में था। मेरे पसीने छूट गये। एक होनहार बच्चे के तौर पर मेरा चयन किया गया था। मेरा बालमन परेशान हो गया। हालात ऐसे थे कि मन को शंकाओं ने घेर लिया। मेमोरी ड्राईंग की परीक्षा में होनहार बच्चे वाली मेरी प्रतिमा कहीं मिट्टी में मिल गई तो? कलाल मास्टर चित्रकला के शिक्षक थे। वे ही मुझे पंढरपुर ले आये थे। उन्होंने मुझसे बहुत उम्मीदें रखी थी। परीक्षा का पर्चा देखकर मैं सकपका गया··· 'बंदर एवं टोपीवाला' का चित्र बनाने के लिए कहा गया था। सब से पहले मैंने एक बड़ा सा पेड़ निकाला, उस पर टोपी पहनकर टहनियों पर बैठे बंदरों का चित्र निकाला··· बस लगा कि चित्र झटपट पूरा हो जाएगा। तभी एक संकट पैदा हुआ। पेड़ के नीचे सोये हुए इनसान का चेहरा मैं नहीं बना पा रहा था, बहुत प्रयास किया पर बात नहीं बन रही थी। बार बार रबड़ से चित्र मिटाने, निकालने की वजह से कागज फट जाने का डर था। मैं ठगा सा बैठा रहा, कुछ समझ में नहीं आ रहा था क्या करूँ? परीक्षा का समय खत्म होने जा रहा था, मन में विचार कौंध रहे थे··· 'हे भगवान, फेल हो गया तो क्या करूंगा? आबरू मिट्टी में मिल जाएगी। कलाल मास्टर का भरोसा मुझ पर से उठ जायेगा!' परेशानी में झूल रहा था कि अनायास ही एक युक्ति सूझी। टोपीवाले का चेहरा निकालने का विचार छोड़कर सीधे-सीधे चद्दर से चेहरा ढंककर सोये टोपीवाले का

चित्र मैंने कागज पर उकेरा। यह जताने के लिए कि वह एक आदमी है, मैंने चद्दर के बाहर निकले हुए उसके सिर्फ पैर दिखाए। क्या बताएं! मैं पास हो गया। समयसूचकता, कल्पनाशीलता और सब कुछ संभव होने की सोच ने उस समय मेरा बेड़ा पार कराया। टोपीवाला की इस घटना ने मुझे दो सबक सिखाए। एक बिना घबराए, शांत रहकर सोचते हैं तो राह मिल जाती है। दो ऐसा नहीं है कि हर बार किस्मत साथ देगी, हमें स्वयं मेहनत से प्रयत्न करते रहना होगा।

विठोबा ने दी समानता की सीख

हर बड़ी परीक्षा के लिए हमें पंढरपुर जाना पड़ता था। उस उम्र में यह यात्रा लंबी लगती थी, आवागमन के लिए परिवहन की व्यवस्था ठीक नहीं थी। दिन में केवल एक बार ही एक बस पंढरपुर की ओर जाती। छात्रों को अध्यापक लेकर जाते थे। साथ में खाने का टिफिन ले जाना पड़ता। अगले दिन जाकर गाडगे महाराज की धर्मशाला में ठहरते। दूसरे दिन परीक्षा के बाद लौटते। इस क्रम में 'पंढरपुर के विठोबा' का दर्शन अनिवार्य होता। अध्यापक बड़े शौक से दर्शन के लिए हमें ले जाते। (पंढरपुर के विठोबा अर्थात भगवान विठ्ठल महाराष्ट्र के दैवत हैं।)

सातवीं की परीक्षा हुई, तब मैं कोई 10-12 साल का था। उस जमाने में विठोबा के मंदिर में सब को प्रवेश नहीं दिया जाता था। अतः एक भी दलित मित्र मेरे साथ नहीं आ सका। मुझे बहुत बुरा लगता था। मन में विचार उठते...भगवान के मंदिर में ऐसा भेदभाव क्यों है? हम लड़के-लड़कियों को बडवों (पुजारी) ने दक्षिणा के लिए घेर लिया। स्वयं पुजारी ही क्यों लूटते हैं? मन उदास हो जाता, पर बाल वय में क्या कर सकता था? अन्य बच्चों को तो इन बातों की थोड़ी बहुत आदत थी पर मैं चकरा गया। मुझे इसकी आदत न थी, बुरा लगा। हमारा स्कूल गाँव के बाहर था, हम रहते भी वहीं थे। अतः रोज़मर्रा की जिंदगी में इस तरह का कुछ देखा नहीं था। उस पर पिताश्री सुधारवादी थे। स्कूल से लगकर वडारवाडी, रामोशी की बस्ती थी। ये महाराष्ट्र की पिछड़ी जातियां हैं। गर्मियों में उनका कुआँ जल्दी सूख जाता तो पिताजी उन्हें स्कूल की बावड़ी से पानी भरने देते। वे बच्चे हमारे

अब सबके लिए अपने द्वार खुले रखने वाले विठोबा को साक्षी रख प्रफुल्लित मन से फिर एक बार एक दूजे को वरमाला पहनाते हुए राम नाईक-कुंदा नाईक

साथ खेलने के लिए आते। इस तरह के भेदभाव का अनुभव मैंने पंढरपुर में पहली बार किया।

पंढरपुर से लौटते वक्त मेरा मन नाखूष था, मैंने सारी हकीकत पिताजी को बताई। उन्होंने मुझसे कहा, ''ये सब तुम्हें अच्छा नहीं लगता न! तो तुम ऐसा बरताव मत करो। लोग चाहे जो करें, उन्हें करने दो, जो तुम्हें पसंद है और दिमाग को जंचता है, वही करो।'' वास्तविक जीवन में पिताजी के आचरण ने ये बातें मेरे ज़ेहन में उतारी। उनकी इस सुलझी परवरिश के साथ-साथ राष्ट्रीय स्वयंसेवक संघ के संस्कारों के बीच वास्तव में मैं ढलता रहा। स्कूल के नवाथे मास्टर रोज शाखा लेते। इसी अनुशासन एवं सामाजिक सरोकारों के एहसास की घुट्टी पीते-पीते मेरा बचपन गुजरा।

(8 फरवरी, 2015)

❐

बचपन से आज तक राष्ट्रीय स्वयंसेवक संघ की सीख पर अडिग रहे राम नाईक

राम नाईक के प्रयत्नों से वाजपेयी सरकार ने दादरा–नगर हवेली के स्वतंत्रता संग्राम सैनिकों को सम्मानित किया। पुणे में आयोजित इस कार्यक्रम में बायीं ओर से सर्वश्री राम नाईक, बाबासाहेब पुरंदरे, लालकृष्ण आडवाणी, सुधीर फड़के और प्रदीप रावत

सदाशयता एवं स्नेह का दरिया

यह सच है कि मेरी जिंदगी की बुनावट में मेरे पिताश्री एवं राष्ट्रीय स्वयंसेवक संघ का ही बड़ा योगदान है। छोटी उम्र एवं तरुणाई के काल में मुझे कई बड़े और हमउम्र व्यक्ति मिले, जिन्होंने मेरे जीवन को प्रभावित किया, उन्होंने मुझे बहुत कुछ दिया। उनमें से कई लोग बाद में अपने कर्तृत्व से इतने बड़े हो गये कि यह बताते हुए गर्व महसूस होता है कि मुझे भी उनका स्नेह प्राप्त हुआ है।

अन्य बच्चों की तरह मैंने भी साइकिल चलाना सीखा। मुझे और मेरे छोटे भाई को साइकिल चलाना मेरे बड़े भाई के एक मित्र ने सिखाया। वह मित्र और कोई नहीं, मराठी के सुप्रसिद्ध लेखक श्री व्यंकटेश माडगुलकर थे। सच कहूं तो पिताजी की पुण्यायी के कारण ही मुझे माडगुलकर भाइयों का प्रेम प्राप्त हुआ। गदिमा और व्यंकटेश दोनों ही मेरे पिताजी के विद्यार्थी थे। *(गदिमा अर्थात् ग.*

दि. माडगुळकर : मराठी के महाकवि हैं, जिन्होंने विख्यात गीत रामायण काव्य की रचना की। उनके भाई व्यंकटेश भी मराठी के मशहूर लेखक हैं।) इन दोनों भाइयों ने जीवन भर विद्यार्थी का धर्म निभाया। इसी कारण जब मैं बी.कॉम. की पढ़ाई कर रहा था, तब गदिमा ने पुणे स्थित पंचवटी बंगले के अपने आउट हाऊस में मुझे ठहरने की सुविधा प्रदान की।

गदिमा और बाबूजी

उस वक्त मराठी सिनेमा जगत में धूम मचाने वाली त्रिमूर्ति गदिमा-सुधीर फडके-राजा परांजपे आदि महानुभवों की बैठकें पंचवटी में होती थीं। कभी कभी उनमें राजनीति के बारे में चर्चा होती थी, विवाद होता था। गदिमा थे कांग्रेस के समर्थक और सुधीर फडके (बाबूजी) ठहरे कट्टर संघ स्वयंसेवक! एक दिन गदिमा ने बाबूजी से मेरा परिचय कराते हुए कहा ''यह तुम्हारे ही बिरादरी का है।'' उसके बाद बाबूजी ने बड़े भाई जैसी माया एवं दुलार से मुझे अपना बना लिया, यह रिश्ता

राम नाईक को 'गदिमा स्नेहबंध पुरस्कार' से 14 दिसम्बर, 2012 को सम्मानित करते हुए दायीं ओर से महाराष्ट्र राज्य संस्कृति विकास महामंडल के व्यवस्थापकीय संचालक श्री लक्ष्मीकांत देशमुख, गदिमा के सुपुत्र श्री आनंद माडगुलकर व मशहूर संगीतकार श्री यशवंत देव

उनके जीवन भर वैसा ही बना रहा। ऐसे लोग बिल्कुल अलग मिट्टी के बने होते हैं।

समय रहते मैं पुणे से मुंबई आया। मैंने भारतीय जनसंघ का कार्य शुरू किया। राजनीतिक जीवन के उस शुरुआती दौर में गदिमा से जब भेंट हुई तब वे राज्यपाल द्वारा मनोनीत विधान परिषद के सदस्य थे। मेरा हौसला बढ़ाते हुए वे बोले, ''मैं आमदार (विधायक) हूं, देखना तुम तो नामदार (मंत्री) बनोगे!'' यह तब की बात है जब विधानसभा में जनसंघ के महज चार विधायक थे। शब्द प्रभु गदिमा के ये बोल विधाता ने 30–35 साल बाद सच में बदल दिये, तब मुझे उनका स्मरण न होता तो आश्चर्य की बात थी!

बाबूजी की रीत और निराली थी। इन दोनों के 'गीत रामायण' का जादू उन दिनों पूरे महाराष्ट्र पर सिर चढ़कर बोल रहा था। 1960 के साल की बात है। मैं नवपरणित पत्नी के साथ यात्रा पर निकला था। कर्जत स्टेशन पर मुझे देखकर बाबूजी ने ''राम! ऐ राम!'' कहकर जोरों से पुकारा। उनकी प्यार भरी पुकार सुनकर पत्नी को यकीन हो गया कि उसका पति भी शायद बड़ा आदमी है। विनम्र स्वभाव के बाबूजी ने संघ के स्वयंसेवक 'राम' को अंतःकरण की आवाज से पुकारा था। हमारे बीच अनोखे ऋणानुबंध थे, शायद इसीलिए उनके बेटे श्रीधर ने गीतरामायण के हीरक महोत्सव में मुझे आमंत्रित किया था। जब मैं रेल राज्य मंत्री बना तब स्वातंत्र्यवीर सावरकर सिनेमा के सिलसिले में बाबूजी मुझसे मिलना चाहते थे। वे भली भांति जानते थे कि वे फोन करते तो मैं स्वयं उन्हें मिलने चला आता। पर नहीं, वे मुझे सूचित किये बगैर आम लोगों के मिलने के समय के दौरान मेरे कार्यालय में आये। प्रेम से गले लगाकर बाबूजी ने कहा, ''काम मेरा है, इसलिए मेरा आना लाज़िमी है और तुम्हारे पद का सम्मान रखना मेरा काम है।'' या थी उनकी सदाशयता। उनमें खुद्दारी भी कूट-कूटकर भरी थी। सरकार ने उन्हें 'पद्मश्री' बहाल की तो उन्होंने यह कहकर लेने से साफ इनकार कर दिया कि यह मेरे सम्मान योग्य नहीं। लेकिन कभी इस बारे में उन्होंने सार्वजनिक रूप से चर्चा नहीं की, क्योंकि वे किसी को नीचा दिखाना नहीं चाहते थे। इन बुजुर्गों ने विरासत में मुझे क्या क्या दिया, इसकी गिनती करना क्या कभी संभव होगा?

राजभवन मिलने के लिए आए मित्र डॉ. माधव चितले और श्रीमती विजया चितले (दायीं ओर) के साथ राम नाईक व श्रीमती कुंदा नाईक

संघमित्र

कॉलेज की पढ़ाई के लिए मैं चार साल (1950-54) तक पुणे में रहा। बी.कॉम. की डिग्री तो प्राप्त की ही, उसके अलावा बहुत कुछ सीखा। मैं जब पुणे के वैदिकाश्रम शाखा का स्वयंसेवक बना तब रामभाऊ म्हालगी, जो आगे चलकर विधायक और सांसद बने, उस विभाग के कार्यवाह थे। जब भी विधायक-सांसद के रूप में कोई मेरी तुलना रामभाऊ से करता है तब मुझे यही लगता है कि उसके बीज इसी शाखा में बोये गये थे। संघ के डेक्कन जिमखाना क्षेत्र की विभिन्न शाखाओं में मुझे इतने मित्र मिले, जो जिंदगी भर के लिए काफी थे। मैं कॉमर्स का विद्यार्थी था पर मेरे तार जुड़े इंजीनियरिंग के एक मित्र से! उनका नाम है माधव चितले। जिन्होंने आगे चलकर जल-विशेषज्ञ के रूप में विश्व में ख्याति प्राप्त की। हम तरुण थे

तब वाद-विवाद कर के अपनी बौद्धिक भूख का शमन कर लेते थे। चितले के अलावा और तीन स्वयंसेवक मेरे जिगरी दोस्त बने। ये थे पुणे के ज्ञान प्रबोधिनी के लिए अप्पा पेंडसे के साथ अपना जीवन समर्पित करने वाले यशवंतराव लेले, ग्राहक आंदोलन से जुड़े शरद भिडे एवं मराठी के 'एकता मासिक' के संपादक रामदास कलसकर। पुणे में ये मेरे हमउम्र स्वयंसेवक थे, अतः मित्र बने। कुछ अर्से बाद रामदास नक्सलवादियों के विरुद्ध जनसंघ का कार्य बढ़ाने के लिए 1969 में पश्चिम बंगाल गये, जिन के आग्रह पर विकल्प के रूप में मुझे मुंबई जनसंघ के संगठन सचिव का दायित्व सौंपा गया। मेरे राजनीतिक जीवन की शुरुआत वहीं से हुई। ये ऐसे बड़े दिल वाले मित्र हैं, जो मध्यम वर्गीय होते हुए भी इस विचार से मेरे चुनाव के लिए अपनी सिमटी जेबें बड़े दिल से खाली कर देते हैं कि ''चलो, अपनों में से एक चुनाव लड़ रहा है।'' इन्हीं दोस्तों ने यह एहसास जगाए रखना सिखाया कि समाज का ऋण दोनों हाथों से चुकाना चाहिए।

सुसंगति का दरिया

यह कहना अतिशयोक्ति नहीं होगा कि महाविद्यालय सुसंगति का दरिया ही था। मैं गांव के स्कूल का सब से होनहार छात्र था। पर बीएमसीसी

शादी की स्वर्ण वर्षगांठ पर पुणे से चंपा के फूल लेकर अकस्मात् आए पुराने दोस्त (दाएं से) श्री यशवंतराव लेले, श्री शरद भिडे और श्रीमती ज्योत्स्ना भिडे को मिलकर भाव विठ्वल राम नाईक

डॉ. चि.ग. वैद्य के अमृत महोत्सव में उन्हें 'सम्मानपत्र' देते हुए राम नाईक व दाएं से डॉ. राम ताकवले, श्रीमती मंगला वैद्य व डॉ. अनिरुद्ध देशपांडे

कॉलेज में मेरी प्रतिभा का गुब्बारा हवा हो गया। कॉलेज में एक से एक बढ़कर गुणी छात्र थे पर आज के जैसी तनावपूर्ण, विचित्र स्पर्धा तब नहीं थी। सुंदर हस्ताक्षर वाले एक गुणी मित्र की नोटबुक मेरे लिए पाठ्यपुस्तक से भी अधिक उपयुक्त थी। उस मित्र का नाम है डॉ. चिं.ग. वैद्य, जिनके नोट्स के कारण मेरे जैसे अनेक छात्र डिग्री पाने में सफल रहें। जिस बीएमसीसी में हम विद्यार्थी थे उसी महाविद्यालय में हमारा यह मित्र लम्बे समय तक प्राचार्य रहा। मॉडर्न कॉलेज के प्राचार्य श्री मो.भा. लिमये, बारामती के कॉलेज के प्राचार्य स्व. डॉ. गोधा, गोखले महाविद्यालय के प्राचार्य डॉ. एम.एस. गोसावी, पुणे विश्वम विद्यालय के प्रबंधन शास्त्र विभाग के संचालक स्व. प्रो. गोपाल पेठे, पुणे के एकाउंटेंसी की 'गणपुले क्लासेस' के स्व. दादा गणपुले ऐसे शिक्षा क्षेत्र के नामांकित व्यक्ति मेरे सहपाठी थे। महाविद्यालय के 'व्यापार' संगठन के चुनाव में शहर के बाहर होते हुए भी मैं चुनकर आया, यह केवल उन मित्रों के कारण। और तो और उसके लिए खींचे गए फोटो के लिए मैंने पहना हुआ कोट भी दोस्त का ही था। ऐसे थे मेरे मित्र।

इन सभी में वैचारिक और परिस्थितजन्य मित्रता हुई तो राजाभाऊ चितले से। आज पुणे का मानबिंदु कहलाने वाले मिष्ठान्न व्यापार की

दुनिया भर में मशहूर 'चितले बंधु मिठाई वाले' के निर्माण में अहं भूमिका निभानेवाले वाले राजाभाऊ चितले का विश्वास था कि यश प्राप्ति के लिए श्रम के अलावा दूसरा विकल्प नहीं है। श्रम के प्रति आसक्ति के कारण ही हमारी मैत्री प्रगाढ़ हुई। 1950 के दशक में पुणे से कोसों किलोमीटर दूर भिलवडी से आने वाला उत्कृष्ट दूध ग्राहकों तक पहुंचाना है तो बड़ी सुबह निकलना पड़ता। दूध का अधिक समय तक संग्रह करना उस समय संभव ही नहीं था। फिर राजाभाऊ खुद साईकिल से घर-घर जाकर दूध बांटते थे। मैं भी मेरी पढाई के कारण पिताजी पर आ रहे आर्थिक बोझ को कुछ हद तक बांटने के लिए सुबह उठकर अखबार बेचता था। इस साइकिल यात्रा के दौरान हमारी नज़दीकियां बढ़ती गईं।

समय के साथ हमारे शहर बदले। मैं मुंबई में तो राजाभाऊ पुणे में थे। उस जमाने में आज के जैसा प्रत्येक क्षण की खबर देने वाला सोशल मीडिया तो था ही नहीं, पर फोन पर बात करना भी महगा प्रतीत होता था, ऐसे वे दिन थे। उस पर आज की भाषा में कहें तो हम दोनों ही अपने-अपने कैरियर बनाने में व्यस्त थे। फिर भी यदि किसी काम से पुणे जाना हुआ तो राजभाऊ दुकान में है क्या, यह देखने का अवसर मैं कभी नहीं छोड़ता था तो अनेक सांसदों, मंत्रियों से नजदीकियां होते हुए भी सामाजिक कार्यों के लिए राजाभाऊ पूरे हक से मुझसे काम करवा लेता था। आदमियों को पहचानने और उनसे संबंध बनाए रखने में राजाभाऊ को महारत हासिल थी। 1994 में मुझे कैंसर हुआ है, यह सूचना मिलते ही राजाभाऊ मुंबई आए। सांसद होने के कारण मेरा उपचार सरकारी खर्चे पर होगा, यह जानते हुए भी इससे जुड़े न दिखने वाले खर्चे भी बहुत होते होंगे, इसकी इस मित्र को चिंता हुई। फिर मेरे स्वास्थ्य का हालचाल लेकर निकलते समय "बहुत काम पड़े हुए हैं, जल्द ठीक हो जाओ और कुछ लगे तो बतलाना," ऐसा कहते हुए मेरी मुट्ठी में डिमांड ड्राफ्ट ठूंस दिया। बीमारी के डर से मेरे आंसू नहीं निकले थे किंतु मित्र के इस प्रेम के कारण आँखें भर आईं। मेरे मित्र के आर्थिक व्यवहार की पारदर्शकता देखने लायक थी। इतना बड़ा व्यापारी होकर भी आय-व्यय का हिसाब पारदर्शक होने के कारण नगद रकम न देते हुए डिमांड ड्राफ्ट दिया। आयकर अधिकारियों के माध्यम से भी मुझे मालूम

महर्षि कर्वे शिक्षण संस्था के 'चितले बंधु मिठाईवाले छात्रावास' का उद्‌घाटन करते हुए राम नाईक। उनके बायीं ओर श्रीमती व श्री राजाभाऊ चितले तो दायीं ओर श्रीमती व श्री ग.भा. उर्फ नानासाहेब चितले

था कि चितले बंधु आयकर की पाई-पाई सरकार को देते हैं। ड्राफ्ट के रूप में अपने पारदर्शक आर्थिक हिसाब-किताब की मानो पावती ही उसने दी थी। पुणे के चितले बंधु किसी को मुफ्त में कुछ देंगे, इस पर किसी का भी विश्वास नहीं बैठेगा। पर जब तक राजाभाऊ था तब तक मैं दिल्ली में हूँ या मुंबई में, इसका खुद पता लगाकर जहां भी मैं होता था, वहां हर दीवाली में श्रीखंड का डिब्बा भेजता था। यह मीठा सत्य आज भी कइयों को चौंका देता है।

सहृदयों की मेरी आकाशगंगा के एक नक्षत्र थे राजाभाऊ चितले, जो सामाजिक काम लेकर मेरे पास आते थे, उसमें मिठाई वालों के काम होना स्वाभाविक था। लेकिन उसी राजाभाऊ ने महाराष्ट्र में पहला महिला इंजीनियरिंग कॉलेज शुरू करवाने में महत्त्वपूर्ण योगदान किया है। एक बार हुआ यह कि महर्षि कर्वे के हिंगणे स्त्री संस्था के महिला इंजीनियरिंग कॉलेज की फाईल दिल्ली में अटकी हुई थी। महाराष्ट्र में स्त्री शिक्षा तथा विधवा पुनर्विवाह जैसे समाज सुधार के लिए महर्षि कर्वे सुविख्यात थे। राजाभाऊ ने मुझे उस मसले पर ध्यान देने के लिए कहा। उस वक्त के मानव संसाधन

सचिव को न महर्षि कर्वे के बारे में, न उनकी हिंगणे संस्था के बारे में कुछ भी पता था। इस शर्मनाक सच्चाई से हम सब को क्रोध आया। मंत्री से मिलकर मैंने वस्तुस्थिति बताई। वह काम हो गया। कॉलेज खुल गया। कुछ अर्से बाद चितले भाइयों ने इस कॉलेज के लिए छात्रावास बनवाया। उसके उद्घाटन के लिए भी मुझे बुलाना राजाभाऊ भूले नहीं।

इन मित्रों ने मेरे भीतर सामाजिक सरोकारों की ज्योत सदा जलाए रखी। समाज का ऋण चुकाने के साथ-साथ मैं इस कोशिश में रहता हूं कि मेरे इन अपनों का एहसान भी चुका सकूं।

(22 फरवरी, 2015)

❒

अपने सुवर्ण महोत्सव पर जगमगाती 'शिवस्मृति' : पंसदीदा निवास स्थान

आशियाना ढूँढता हूं...

बचपन आटपाड़ी में बीता, कॉलेज की पढ़ाई के लिए पुणे में डेरा डाला था। पर अब मैं असली मुंबईकर हूँ। मुझे पूरा एहसास है कि आज मैं जो कुछ हूँ, जहाँ हूँ, वह सब मुंबईकरों के समर्थन एवं साथ के कारण ही हूँ। पर इसी मुंबई की पहली भेंट याद आती है तो मन दुःखी हो जाता है। मैं बी.कॉम. के अंतिम वर्ष में था, छह माही परीक्षा के दिन चल रहे थे, तभी मुंबई से आए संदेश ने मेरे दिल की धडकनें बढ़ा दीं। ‘‘परीक्षा और पढ़ाई छोड़कर आने की जरूरत नहीं’’ ऐसा कहकर पिताजी के पुराने अल्सर का मर्ज तीव्र हो जाने के कारण माँ उन्हें लेकर ऑपरेशन के लिए मुंबई गयी थीं। उस ज़माने में यह ऑपरेशन आसान नहीं था, पर सोचा भी नहीं था कि वह जानलेवा होगा। स्वाभाविक ही फ़ौरन मुंबई आने का संदेश आते ही दिल की धड़कनें बढ़ीं! अनजान मुंबई में मैंने पहला कदम

रखा केईएम अस्पताल में और उसके बाद वहां से पिताजी का पार्थिव लेकर गया शिवाजी पार्क की शमशान भूमि में! मायूसी में पुणे लौटते समय तय किया कि पुनः मुंबई नहीं जाना! पर बी.कॉम. पास होते ही परिवार की ज़िम्मेदारी मुझ पर आन पड़ी। सो चार माह बाद ही नौकरी की तलाश में मेरे कदम पुनः मुंबई की धरती पर लौटे।

मुंबई का पहला आशियाना

पिताजी के देहांत के समय उनके एक स्वर्गवासी मित्र के परिवार से हल्का सा परिचय हुआ था। उसी अधकचरे परिचय की बिना पर मैं ठाकुरद्वार के बटुक मेंशन में प्रभाकर जोशी के घर पहुंचा। उमा चाची ने मुझे

बड़े प्रेम से सहारा दिया। स्व. पति के एक स्व. मित्र के बेरोज़गार बेटे को उनके घर में आसरा देने का न सिर्फ बड़प्पन उमा चाची ने दिखाया अपितु मुंबईकर बनने का अप्रत्यक्ष प्रशिक्षण भी दिया। उन्होंने सलाह दी, मुंबई में किसी के घर जाओ तो चाय के लिए मना मत करना, हर कोई पीने के लिए दूध थोड़ी दे सकता है? चाय पीने की आदत डाल लो। उम्र के 20 वें साल में मैंने पहली बार चाय के घूंट हलक से उतारे। वहीं से मैंने छोटी-छोटी बातों में दूसरों का विचार करना सीख लिया।

मुझे पहली नौकरी सरकारी मिली। एकाउटेंट जनरल के कार्यालय में क्लर्क के रूप में मैंने शुरुआत की। मैंने निर्णय किया था कि कमाई शुरू होते ही जोशी परिवार से अपना बसेरा हटा लूंगा। पेड़ मीठा है, अतः उसकी

'शिवस्मृति' के स्वर्ण जयंती पर एकसाथ 12 सदस्य (संस्थापक और उनके वारिस)

जड़ें खाई नहीं जातीं। जैसे भी हो, कहीं भी रह लूंगा, इस फैसले के साथ गिरगांव की खेतवाड़ी में मशहूर वायोलिन वादक पंडित पलुस्कर के घर 'पेईंग गेस्ट' बनकर रहने लगा। पंडितजी वाराणसी के संगीत विद्यालय में पढ़ाते थे। उनकी पत्नी, बेटा एवं बेटी मुंबई में रहते थे। खेतवाड़ी के प्रमुख सड़क पर गोवर्धन निवास के चॉल में उनका कमरा (छोटा सा घर) था। उसी कमरे के सार्वजनिक बालकनी में मैं सोता था, नहाने की सुविधा कमरे में ही थी। बारिश आने पर कमरे में सोने की छूट थी। नई नौकरी थी, माँ और छोटे भाई की ज़िम्मेदारी मुझ पर थी। वे दोनों पुणे में रहते थे, अतः मेरे पास कोई और उपाय नहीं था।

इस दौरान मेरे मित्र शरद भिडे भी नौकरी के लिए मुंबई आ पहुंचे थे। हम दोनों एक साथ मौज करते। छुट्टी के दिन अलग-अलग मार्ग की ट्राम में घूमते.. समय भी बीतता और मुंबई को देखने-समझने का मौका भी मिल जाता। रोज सवेरे तैयार होकर ऑफिस जाने से पहले तांबे (गिरगांव का मशहूर मराठी होटल) के भोजन गृह में 'राईस प्लेट' खाता था, उसी में से दो रोटी और सूखी भाजी दोपहर के लिए साथ में बांध लेता। ऑफिस से छूटने के बाद के.सी. कॉलेज में एल.एल.बी. की क्लास अटेंड करता। इधर संघ का कार्य जारी ही था। गिरगांव की शाखा में नाना आपटे से भेंट हुई। संपर्क रखने के उद्देश्य से हम किसी-किसी स्वयंसेवक के घर जाते थे। जब ऐसी योजना न हो तब नाना के घर पर डेरा जमाते। वहां नाना के बेटे विनय के साथ मैं खेलता। यह बच्चा आगे चलकर अपनी प्रतिभा के बलबूते पर मराठी नाट्यक्षेत्र का बड़ा कलाकार बना। तब भी उसका प्रेम कम नहीं हुआ। वह मेरे संपर्क में रहता था। इसी दौरान मैंने चॉलकरी मुंबईकर को समझा-बूझा।

संघ की छत के नीचे

थोड़े अर्से बाद चर्चगेट स्टेशन के पास ईश्वर भुवन स्थित रा.स्व. संघ के एक कमरे के कार्यालय में मेरे रहने की व्यवस्था हो गई। दिन भर वहां मराठी साप्ताहिक 'विवेक' के विज्ञापन विभाग का काम चलता, शाम को संघ की बैठक लगती। लेकिन सोने के मामले में मौज थी। उस एक कमरे में मैं और एक स्वयंसेवक ही सोया करते थे। जब ऐसा हो कि संघ की बैठक

में मेरी उपस्थिति की आवश्यकता नहीं हो, तब मैं अपनी पढ़ाई की पुस्तकें लेकर समुद्र किनारे मरीन ड्राईव चला जाता। वहां बत्ती के तले जो बेंच होती उसी पर बैठकर समुन्दर की खारी हवा का आनंद लेते हुए पढ़ाई करता। इस जगह एक बड़ी मुश्किल थी। प्रातःविधि निपटाने के लिए शौचालय नहीं था। उस इमारत में नौकरों के लिए सार्वजनिक शौचालय था, पर मुझे वहाँ जाना बिल्कुल अच्छा नहीं लगता था। वहाँ की गंदगी से चर्चगेट स्टेशन का सार्वजनिक शौचालय बेहतर लगता। स्नान करने की भी दिक्कत थी। फिर मैंने पास के एक गैरेज वाले से दोस्ती कर के उसके नल के तले नहाने का बंदोबस्त कर लिया। इसी अनुभव ने मुझे मुंबई के झुग्गी-झोंपड़ीवासियों की समस्याओं को बेहतर तरीके से समझने में सहायता की। पूरा दिन मज़े से गुज़र जाता। यहाँ वक्त ही कहाँ बचता था और कुछ सुनने-सोचने का? सुबह बेलॉर्ड इस्टेट स्थित कार्यालय जाता, शाम को के.सी. कॉलेज, रात में होटल में सेवारत लड़कों के लिए आजाद मैदान में शाखा का आयोजन होता...पूरा दिन काम में बीतता। आवाजाही के लिए साईकल थी। कभी-कभी बदलाव के लिए पुराने विधायक निवास के स्क्वेअर मिल कैंटीन में भोजन करने जाता। दस आने में 'राईस प्लेट' मिलती थी। उन दिनों यदि कोई यह कहता कि एक दिन मैं इसी कैंटीन में विधायक के रूप में भोजन करने आऊंगा तो मैं कहता, "पागल हो गये हो क्या?"

समय बीतता गया। एक दिन तत्कालीन मशहूर खिरा स्टील फर्निचर कंपनी की तरफ से एकाउटेंट पद के लिए मुझे इंटरव्यू का बुलावा आया। हमारे ज़माने में आज के जैसे कैंपस इंटरव्यू आदि की प्रथा नहीं थी। किंतु पुणे युनिवर्सिटी ने एम्पलायमेंट ब्युरो शुरू किया था। मैंने डिग्री मिलने के बाद उसमें अपना नाम दर्ज कराया था। उन दिनों प्रबंधन क्षेत्र में श्री एन. एच. आत्रेय का बड़ा नाम था। (बाद में प्रबंधन पर लिखी उनकी पुस्तकें इस क्षेत्र में बहुत पढ़ी गईं) खिरा कंपनी ने भर्ती का दायित्व उनको सौंपा था। उन्होंने जगह-जगह से काबिल उम्मीदवारों को इंटरव्यू के लिए बुलाया था। पुणे से मेरा नाम चुना गया था। कॉलेज के दिनों में मैंने बास्केट बॉल, खो-खो आदि खेल में कॉलेज का प्रतिनिधित्व किया था। मैं छात्र प्रतिनिधि भी था। शायद इसलिए चुना गया था। उस जमाने में सरकारी नौकरी के साथ

राष्ट्रीय स्वयंसेवक संघ (आर.एस.एस.) का काम करना टेढ़ा काम था। मेरा रुझान संघ एवं समाज कार्य की तरफ ही था। सरकारी नौकरी होते हुए निजी कंपनी में नौकरी करने की मेरी मंशा से उन्हें अचरज हुआ। उन्होंने मुझे सीधे-सीधे इसका कारण पूछा। मैंने भी प्रामाणिक जवाब दिया। कंपनी के मालिक स्व. जयानंदभाई खिरा ने मुसकुराकर मेरी ईमानदारी को दाद देते हुए मुझे नौकरी पर रख लिया। इसे उदारवादी रवैया नहीं कहेंगे तो और क्या कहें? कांग्रेस की विचारधारा वाले एक मालिक ने एक ऐसे युवक को चुना जो संघ कार्य करने की गुंजाइश बढ़ाने की मंशा से आया था। उनकी अपेक्षा थी कि मैं चाहे किसी विचारधारा का रहूं, काम सही और सटीक करूं। मैंने भी उन्हें शिकायत का मौका नहीं दिया, तेज़ी से तरक्की करने लगा। खिरा का कारखाना मुंबई के उपनगर सांताक्रुज में था, अतः मैंने अपना बसेरा उपनगर ले जाने का निर्णय किया।

घर में पाठशाला

सन् 1957-58 में जोगेश्वरी में एक दक्षिण भारतीय परिवार के साथ 'पेईंग गेस्ट' बनकर रहने लगा। यहां विश्व हिंदु परिषद् के श्री भास्करराव मुंडले, मराठी उद्यमी श्री बालासाहेब घलसासी आदि के संपर्क में आया। नौकरी में प्रमोशन पाकर मैं मुख्य एकाउटेंट बन गया। तब मैंने सोचा कि छाटा सा सही, मैं अपना मकान लूंगा। गोरेगांव के गोगटेवाडी में मुझे वैसी जगह किराये पर मिल भी गई। वहाँ अपना बसेरा डालने जा ही रहा था कि मेरे दोस्त शरद भिडे का तबादला हो गया। उसने गोरेगांव के हैपी होम चॉल में किराये पर घर लिया था। वह दो कमरों का घर जयप्रकाश नगर जैसी मध्यवर्गीय बस्ती में था, अतः उन्होंने वह मेरे हवाले कर दिया। मैंने अपना वह छोटा सा कमरा स्थानीय संघ परिवार की श्रीमती मृणालिनी चिरमुले को बालबाड़ी चलाने के लिए दे दिया। वह अपने घर में बालबाड़ी चलाया करती थीं। उस जगह बालबाड़ी चलाते समय 1958 में हमने 'सन्मित्र मंडल' नामक शैक्षणिक संस्था का बीज रोपा। नगरसेवक (पार्षद) बालासाहेब कानिटकर संस्था के अध्यक्ष बने। आज वह संस्था गोरेगांव क्षेत्र की मराठी माध्यम की एक प्रतिष्ठित शाला के रूप में जानी जाती है। यह संस्था किसी परिवार या कंपनी की बपौती नहीं है बल्कि उसके निदेशक

मंडल में समान विचार के लोगों का समावेश है। गत 57 साल से वह सफलतापूर्वक अपना कार्य कर रही है।

बालासाहेब कानिटकर मुंबई जनसंघ के नेता एवं नगरसेवक (पार्षद) थे। उनके महानगरपालिका चुनाव के लिए मैं गोरेगांव आया-जाया करता था। पर अब मैं गोरेगांव में रहने लगा था, अतः संघ परिवार ने मुझे उनके साथ जनसंघ के काम में ज्यादा ध्यान देने के लिए कहा। वहीं से मेरे राजनीतिक कार्य की शुरुआत हुई।

मेरा सपना

मैं गोरेगांव में जम गया। बाकी नौजवानों की तरह मैं भी अपने घर का सपना देखने लगा। ऐसा सपना सीने में सुलगाए रखने वाले कुछ और मित्र भी थे। हमें कुछ हटकर अलग सोचने की आदत थी, सपने सच करने की ज़िद हमारे दिल में वास करती थी। कमी सिर्फ पैसे की थी। उस ज़माने में बहुतेरे किराये के मकान में रहते थे। केवल भाग्यशाली लोग ही अपना छोटा सा अलग मकान बना पाते थे। हमें भी अपना अलग मकान चाहिए था, पर वह संभव नहीं था। उसी दौरान विलेपार्ले में परांजपे बिल्डर्स ने मध्यम वर्ग के लोगों के लिए इमारतें बनाईं और मालिकाना हक पर फ्लैट बेचे। सहकारिता तत्त्व पर आधारित हाउसिंग सोसायटी बनाने की कल्पना तब बहुत चर्चा में नहीं थी। हमने उससे दो कदम और आगे बढ़ने का निश्चय किया। एक ज्येष्ठ नागरिक ने अपना घर बनाने के लिए एक प्लॉट खरीदा था पर बाद में उन्हें अपना फैसला बदलना पड़ा। हम 12 दोस्तों ने मिलकर वह प्लॉट खरीद लिया। हममें से एक श्री सदानंद वैद्य आर्किटेक्ट इंजीनियर थे। उन्होंने स्वयं की देखरेख में इमारत बनाई। मैं खिरा कंपनी में था, अतः सीमेंट, लकड़ी, इलेक्ट्रिकल फिटिंग का सामान लाने की ज़िम्मेदारी मैंने स्वीकार कर ली। दो कमरों के उस फ्लैट की रसोई व बाहर की कमरे की दीवार की जगह दोनों ओर अलमारी बनाई गईं। बाहर के कमरे की अलमारी को आईनेवाला लकड़ी का दरवाजा बिठाया। आज 53 साल बाद भी वह आईना ज्यों का त्यों है, सामग्री का दर्जा इतना बढ़िया था कि बदलने की आवश्यकता नहीं पड़ी। हममें से एक श्री वसंत ओक महानगरपालिका के जल विभाग में थे, उन्होंने जल का दायित्व लिया। श्री लक्ष्मण घांग्रेकर

राम नाईक के बचपन का निवास। पाठशाला परिसर में बने इस घर में अब कार्यालय है, इसलिए साईन बोर्ड बदला है

इस्टेट विभाग में थे। उन्होंने वह काम किया। इलेक्ट्रिशियन श्री काशिनाथ आठल्ये ने पूर्ण इमारत की वायरिंग का काम देखा। कम पैसे में फ्लैट बनाने के लिए हर चीज में सावधानी बरती गई, जैसे दो फ्लैट के बीच एक शौचालय की ऐसी व्यवस्था की गई कि दोनों घर के अंदर से ही प्रवेश संभव हो। नये ज़माने की भाषा में कहें तो हर फ्लैट 'कस्टमाइज़्ड' बन गया। मतलब हर परिवार की गृहिणी के कद के हिसाब से रसोई का प्लैटफॉर्म, कपड़े सुखाने के लिए तार, उस पर कपड़े टांगने के लिये जो लकड़ी लगेगी, उसके लिए होल्डर की सुविधा निर्माण कर के कल्पनाशीलता का परिचय दिया। यह 1960 की बात है। हमारी शिवस्मृति इमारत शायद पहली ऐसी कोऑपरेटिव हाऊसिंग सोसायटी बनी थी, जो बिल्डर से एग्रीमेंट किये बगैर फ्लैटधारकों के बलबूते पर बनी। महज 10 हजार रुपए में 370 वर्गफूट फ्लैट बनकर तैयार हुआ। मैंने अपनी बचत से केवल एक हजार रुपया अदा किया था। शेष पैसा लोन से जुटाया। 1960 में यह कवायद करना चुनौती से कम न था। उसका सफल मुकाबला कर के मैं 26–27 की उम्र में ही छोटे से घर का मालिक बन गया। गोरगांव में हम समान विचार के नौजवानों की पहल पर बनी यह कोऑपरेटिव हाऊसिंग सोसायटी मुंबई में लंबे समय तक चर्चा का विषय रही। मैंने महसूस किया कि साथी अगर हिम्मत से हाथ

बढ़ाएं तो मिट्टी से भी सोना निकाला जा सकता है, यह तजुर्बा ज़िंदगी भर मेरा हौसला बढ़ाता रहा। अब तो मुंबई में चार कमरों का मेरा घर है पर शिवस्मृति ही मुझे अज़ीज़ है। वजह कोई भी हो, उसे चाहे घर का सपना सच करनेवाला कहें या एकजुटता का प्रतीक कहें या और जो चाहे कहें! मेरा मन लखनऊ के राजभवन से भी ज़्यादा शिवस्मृति की ओर ही खिंचा चला जाता है, मुझे ज्यादा सुकून उसी में मिलता है।

बचपन में आटपाड़ी गांव में तीन मकान बदले, कॉलेज के दिनों में पुणे में हर छह महीने बाद रहने की जगह बदलनी पड़ती··· कभी अनिवार्य कारणों से तो कभी पैसे कम पड़ जाने के कारण! गदीमा की पंचवटी में डेरा डालने से पहले छह स्थान बदले, मुंबई में सात और दिल्ली में तीन अलग-अलग जगह पर मैं रह चुका हूं। आजकल लखनऊ के राजभवन में रह रहा हूं। हर आशियाने ने मुझे कुछ नया सिखाया, नए लोगों से जोड़ा··· मुझे ढाला। अस्सी साल के जीवन में मुझे बीस बार अपना आशियाना बदलना पड़ा, पर अस्थिरता के इस दौर में मेरे कदम कभी डगमगाये नहीं··· मैं आगे बढ़ता रहा।

(8 मार्च, 2015)

❐

जनसंघ के पूर्णकालिक कार्यकर्ता के रूप में काम करते समय आयोजित सभा में हाथ में मेगाफोन लिए राम नाईक और साथ में सर्वश्री मोतीराम लहाने, वसंतकुमार पंडित, झमटमल वाधवानी और वामनराव परब

ज़िंदगी बदलनेवाले मोड़

कई बार ज़िंदगी में अनायास ही ऐसा मोड़ आ जाता है कि वह ज़िंदगी की दिशा ही बदल देता है। मेरे जीवन में ऐसे बहुत से मोड़ आये। हर मोड़ पर एक नई चुनौती मुंह बायें खड़ी थी। उनका सामना करते-करते मैं आगे बढ़ता रहा। हर मोड़ पर, हर सुख-दुख में मेरा साथ देने वाली मेरी पत्नी कुंदा के साथ विवाह भी एक मोड़ ही था। वह अनपेक्षित नहीं था, फिर भी मेरा जीवन बदल ही गया। हिंदू महासभा के आधारस्तंभ के रूप में विख्यात हुए वकील स्व. के.एन. धारप की पुत्री कुंदा से मैं परिणय सूत्र में बंधा। महात्मा गांधी की हत्या के बाद जब स्वातंत्र्यवीर सावरकर को गिरफ्तार किया गया था, तब अदालत में मामला चलाने के लिए श्री धारप ने ही कानूनी सहायता मुंबई से भेजी थी। अपनी रिहाई के बाद उन्हें मिलने के लिए सावरकर स्वयं श्री धारप के गिरगांव स्थित

घर गए थे। ऐसे महानुभाव की छाया में पली-बढ़ी कुंदा से मेरा विवाह हुआ। संपन्न परिवार की कुंदा के चरणों से मेरा घर सुख और संतोष से दमक गया। मेरी पत्नी जिंदगी के हर मोड़ पर दृढ़ता से मेरा साथ देती रही है, इतना ही नहीं, आगे बढ़ने के लिए निरंतर प्रोत्साहित भी करती रही हैं।

पानी परिषद्

विवाह के बाद मैं घर-संसार से ज्यादा भारतीय जनसंघ के कार्य में लिप्त रहने लगा था। दल में नई-नई ज़िम्मेदारी पूरी कर रहा था। इधर गोरेगांव में घर भी बसा लिया। उसी दौरान समाजवादी नेता मृणाल गोरे ने पानी का आंदोलन छेड़ा। जगह-जगह परिषद् में नागरिकों को आमंत्रित करने वाले पोस्टर लगाए गए। चूंकि यह मसला सर्वस्पर्शी था, हम स्थानीय जनसंघ के पदाधिकारियों को लगा कि दल भेद से ऊपर उठकर हमें इसमें शरीक होना चाहिए। मैं और मेरे सहयोगी परिषद में गये। हमारी उपस्थिति से मृणालताई समेत सभी समाजवादी हैरान दिखे। पर आंदोलन मजबूत करने के लिए उन्होंने हमें शामिल कर लिया। जिस पानी आंदोलन के कारण मृणालताई विख्यात हुई उस परिषद का मैं कोषाध्यक्ष था। इस अधिवेशन ने मुझे समान ध्येय के लिए सब को साथ लेकर काम करने की शक्ति एवं कला को आत्मसात् करना सिखाया।

जनसंघ का पूर्णकालीन कार्य

जनसंघ एवं रा. स्व. संघ दोनों की रीति रही है कि अच्छा काम करने वाले होनहार नौजवान को पूर्ण काल संगठन का कार्य करने की ज़िम्मेदारी दी जाए। ऐसे नौजवानों की थोड़ी बहुत आर्थिक जिम्मेदारी का वहन संगठन ही करता है। सन् 1968 में मेरे सामने पूर्णकालिक जनसंघ का कार्य करने का प्रस्ताव रखा गया। यह प्रस्ताव यानी एक तरह से मेरे कार्यक्षमता पर मुहर लगाई गई थी। उस पर यह भी था कि मेरा मन भी सामाजिक कार्यों में ज़्यादा रमता था। अतः 'नेकी और पूछ पूछ' की स्थिति हो गई। मैं हामी भरने के लिए बेसब्र था पर मन में सवाल कौंधा-बेशक, यह कार्य मेरी ज़िंदगी बदल सकता है पर घर में माँ, पत्नी और दो बेटियों की ज़िम्मेदारी मुझ पर है। परिवार में मैं ही एक मात्र कमानेवाला सदस्य हूँ। मैं दुविधा

में पड़ गया, पर कुंदा ने एक चुटकी में हल निकाल लिया। यह कहते हुए उसने मुझे सहमति दे दी, ''वैसे भी आप कितना घर पर रहते हो, चलो इस कार्य से शायद थोड़ा-बहुत आपका समय हमारे हिस्से में आने की उम्मीद रहेगी।'' पत्नी ने एक शर्त रखते हुए कहा, ''राजनीति मुट्ठी में रेत की तरह है। और फिर हमारी दो बेटियां हैं। दल की ज़िम्मेदारी ले रहे हो तो मुझे नौकरी करने की इजाज़त दे दो। घर में थोड़ी आर्थिक स्थिरता बनी रहने में मदद होगी।'' कुंदा की यह प्रेममयी, सुलझी शर्त मैंने मान ली। साल भर में उसने बी.एड. कर के मुंबई महानगरपालिका के स्कूल में शिक्षिका की नौकरी शुरू कर दी। परिवार का प्रमुख मैं था, पर घर-संसार चलाने की पूरी ज़िम्मेदारी बड़ी खुशी से उसने अपने सिर पर लेकर सामाजिक कार्य करने के लिए मुझे मुक्त किया और ताकत भी प्रदान की।

मैंने पूर्णकालीन काम छह साल किया। उसके बाद वापस नौकरी करने का निर्णय किया। मुंबई जनसंघ के तत्कालीन अध्यक्ष एवं उद्योगपति झमटमल वाधवानी ने अपनी कंपनी में मुझे प्रबंधक के पद पर काम करने का प्रस्ताव दिया। यह जानकर मैंने प्रस्ताव मंज़ूर कर लिया कि यहां मैं संगठन एवं नौकरी दोनों दायित्व सही तरीके से निभा सकूंगा।

आपातकाल के दिन

उन दिनों मुंबई में जनसंघ का दीप घर-घर पहुंचाने के लिए दिन-रात खपाने वालों की लंबी श्रृंखला तैयार हो गई थी। डॉ. वसंतकुमार पंडित, सर्वश्री झमटमल वाधवानी, वेद प्रकाश गोयल, बालासाहेब कानिटकर, वामनराव परब, बबनराव कुलकर्णी, नानुभाई पटेल, श्रीमती जयंवतीबेन महेता, मालतीबाई नरवणे आदि हम सब एक दिल से कार्य में जुटे हुए थे। देश में तब इंदिरा गांधी की सत्ता थी। अपनी गद्दी बचाने के लिए उन्होंने 25 जून, 1975 के दिन देश में आपातकाल की घोषणा कर दी। विविध राजनीतिक दलों, सामाजिक संगठनों के कार्यकर्ताओं को धड़ल्ले से जेल में बंद किया जाने लगा। जनसंघ में जिनके मशविरे से हम काम करते थे और जिन्हें हम बड़े-बुज़ुर्ग के रूप में देखते थे, उन सभी को गिरफ्तार कर लिया गया। नियत रूप से काम करने वाले जनसंघ के पदाधिकारियों में

मैं एवं बबनराव (पत्रकार वैजयंती कुलकर्णी आपटे के पिता) बाहर बचे। इस बारे में कई कथाएं सर्वविदित हैं कि आपातकाल के दौरान राजनीतिक कार्यकर्ताओं को किस त्रासदी से गुज़रना पड़ा। कमोबश सभी को एक जैसे हालात का सामना करना पड़ा था। मुंबई के जो जनसंघी कार्यकर्ता जेल में थे, उनके परिवारों से संपर्क करने तथा अन्य दलों के लोगों से समन्वय साधकर आपातकाल के विरुद्ध संघर्ष का आयोजन करने की ज़िम्मेदारी मुझे तथा बबनराव को सौपी गईं थी। संकट के इस दौर में हमारी मित्रता और गाढ़ी हो गई। एक दुपहरिया में हम दोनों ने मिलकर आपातकाल विरोधी पर्चे के दो प्रारूप तैयार किये। उसके अलावा कुछ और सामग्री दूसरे दिन बबनराव छपाई के लिए देने वाले थे। काम खत्म कर के दादर स्टेशन से हम अपने-अपने गंतव्य स्थान जाने के लिए अलग हुए। मैं स्कूटर से गोरेगांव की ओर निकला और बबनराव लोकल ट्रेन से मुलुंड के लिए रवाना हुए। घर पहुंचकर मैं हाथ-मुंह धो ही रहा था कि फोन आया··· बबनराव को लोकल में ही दिल का ज़बरदस्त दौरा पड़ा था। सहयात्रियों ने उन्हें अस्पताल पहुंचाया था, पर रास्ते में ही उन्होंने दम तोड़ दिया। मन शोक मग्न हो गया। आगे की सोचते ही पाँव तले की ज़मीन सरक गई। मामला ट्रेन में निधन का था, अतः पुलिस का हस्तक्षेप अनिवार्य होना था। बबनराव के बैग में छपाई के लिए तैयार हमारी सामग्री, प्रेस का पता और कुछ गोपनीय कागज़ात थे। मेरे वहां पहुंचने से पहले वे पुलिस के हाथ लग जाने की आशंका थी, ऐसा होता तो बहुत गड़बड़ हो जाती। दुःख की दशा में भी मेरा मन काबू में था, विचार-चक्र जारी था।

मैंने बबनराव के पड़ोसी और आकाशवाणी के न्यूज़ रीडर, हमारे मित्र शरद चव्हाण से अनुनय किया कि वे बबनराव का बैग अपने कब्ज़े में करने की कोशिश करें। सरकारी नौकरी में होने के बावजूद चव्हाण ने आनन-फानन उसी तरह का बैग ढूंढ़ निकाला और अस्पताल गये। बड़ी चतुराई से बैग बदलकर बबनराव का बैग लेकर लौट आये। आपातकाल से लड़ते समय देशहित के लिए जिगरी मित्र के निधन का शोक भी किनारे कर देने की ताकत संघर्ष ने ही हम में पैदा की।

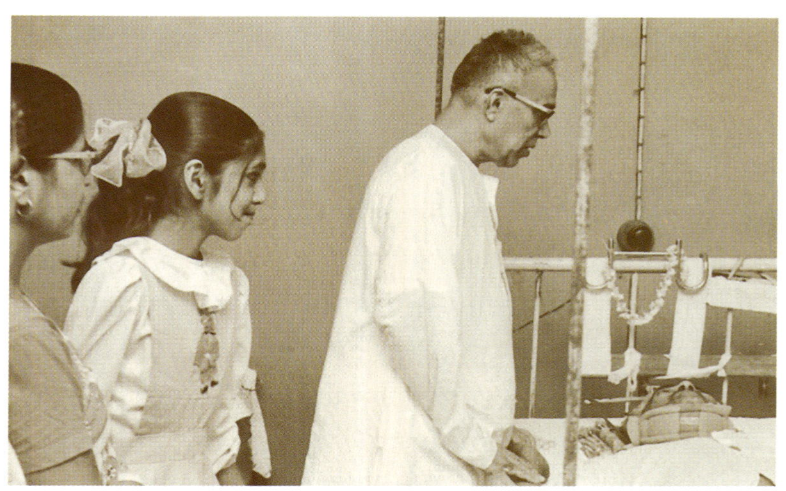

अस्पताल आकार राम नाईक का हालचाल पूछ रहे हैं सरसंघचालक श्री बालासाहब देवरस व साथ में श्रीमती कुंदा नाईक व कन्या विशाखा.

जानलेवा हादसा

आपातकाल में मेरी जान पर भी बन आई थी। आपातकाल हट जाने के बाद आम चुनाव घोषित हुए। सभी दलों ने साथ मिलकर चुनाव लड़े। श्रीमती इंदिरा गांधी को परास्त किया। बाद में आपातकाल के खिलाफ संघर्ष करनेवाले सभी राजनीतिक दलों का जनता पार्टी में विलय करने का निर्णय हुआ। उस पर अमल करने से पहले जनसंघ की अंतिम बैठक लोनावाला में हुई। हम कुछ साथी एक पुरानी जीप में मुंबई लौट रहे थे। मैं ड्राईवर के बगल में आगे की सीट पर बैठा था। पनवेल आया, तरबूज आदि की खरीदारी हुई। पुनः जीप में सवार होते समय उत्तर मुंबई जिला जनसंघ के अध्यक्ष एडवोकेट चंद्रबली सिंह (महाराष्ट्र की राज्य मंत्री विद्या ठाकुर के ससुर) ने कहा, तुम हवा खाओ, मैं बीच में बैठता हूं। वे जीप में मेरी जगह बैठ गये। डेढ़-दो किलोमीटर का फासला हमने तय किया ही था कि उल्टी दिशा से आनेवाले ट्रक को बचाने के चक्कर में हमारी जीप उलट गई। चंद्रबली की घटना स्थल पर ही मौत हो गई। मानो मृत्यु का बुलावा कबूल करने के लिए ही उन्होंने मेरे साथ सीट बदली थी। मेरी रीढ़ पर भी बुरी तरह चोट लगी थी। ठीक होने के लिए डेढ़ महीने तक शीव के

महापालिका अस्पताल में गरदन पर ट्रैक्शन लगाकर बिस्तर पर पड़े रहना पड़ा। तकलीफें बहुत झेलनी पड़ रही थीं, पर सामाजिक कार्य के कारण लोगों से जुड़ने का अनमोल अनुभव भी तो मिल रहा था। तब मैं 45 साल का भी नहीं हुआ था। लौकिक अर्थ में नाम भी नहीं कमाया था। एक अदद कार्यकर्ता था, फिर भी रा.स्व. संघ के तत्कालीन सरसंघचालक श्री बालासाहेब देवरस से लेकर मित्र दल समाजवादी पार्टी के नेता और केंद्रीय स्वास्थ्य मंत्री श्री राजनारायण जैसे महानुभाव मेरा हालचाल पूछने आये। ऐसे नेताओं की भेंट जब-जब तय होती तब-तब अस्पताल में खास तौर पर सफाई मुहिम चलती। आस पास के मरीज़ मजाक में कहते, 'रोज़ तुम्हें मिलने कोई बड़ा नेता आता रहना चाहिए'। श्रीकांत सरडे जैसा मध्य स्तर का कार्यकर्ता दिन भर नौकरी पर जाता और रात में मेरी देखभाल के लिए अस्पताल में सोता। वेदप्रकाश गोयल, वामनराव घैसास के घर से शाम-सवेरे भोजन भेजा जाता। मेरी पत्नी को परेशानियों से बचाने के लिए सब मेरी सहायता करते। इस वाकये ने मुझे एहसास दिलाया कि सामाजिक कार्य के कारण ही रिश्तेदारों के अलावा भी मेरे अपने कई स्वजन सहायता देने के लिए जुटते हैं। इसी एहसास ने और अधिक कार्य करने की ताकत दी।

मोड़ चुनाव का

स्वास्थ्य थोड़ा सँभलते ही सीने से गरदन तक लोहे का भारी कॉलर पहनकर मैं घूमने-फिरने लगा। उसी दौरान महाराष्ट्र विधानसभा के चुनाव घोषित हुए। मैं मुंबई जनता पार्टी का अध्यक्ष था। उससे पहले विलय के दौरान मैं मुंबई जनसंघ का संगठन मंत्री था। जनसंघ का एक अघोषित नियम था कि संगठन मंत्री चुनाव नहीं लड़ेगा। अतः चुनाव लड़ने का कोई विचार मेरे मन को नहीं छुआ था। हाँ, चुनाव की तैयारी में जरूर जुट गया था। जब घटक दल को कोई सीट दी जाती है, तब स्थानीय सांसद की राय को ध्यान में लिया जाता है। तब मृणालताई गोरे उत्तर मुंबई की सांसद थीं। उन्होंने पूर्व जनसंघ वालों को बोरिवली की सीट दी। महाराष्ट्र जनसंघ के तत्कालीन संगठन मंत्री स्व. वसंतराव भागवत ने मुझे इस सीट से

पहली चुनावी जीत के बाद राम नाईक की विजय यात्रा में उनके साथ पत्नी श्रीमती कुंदा नाईक, सांसद श्रीमती मृणाल गोरे तथा उलसित कार्यकर्ता गण

उम्मीदवारी देने का पार्टी को सुझाव दिया। मेरे लिए यह बिल्कुल अनपेक्षित था। एक तो इसलिए कि संगठन मंत्री के रूप में कार्य करते रहने के कारण चुनाव के लिए मानसिक रूप से तैयार नहीं था। दूसरा यह कि मैं गोरेगांव में रहता था और चुनाव उस क्षेत्र से बाहर जाकर लड़ना था। पर भागवतजी की राजनीतिक दृष्टि पर हम सबको गाढ़ा विश्वास था। पत्नी भी उलझन में पड़ गईं। आखिर चुनाव लड़ने के पक्ष में निर्णय हुआ। मैं जिंदगी के अलग मोड़ पर आ पहुंचा था, यही मोड़ नाम कमाने का सबब बना। आज जब मैं चुनावी टिकट के लिए आपाधापी एवं होड़ मची देखता हूँ तो महसूस करता हूँ कि पहले के दिन वाकई बहुत अलग थे।

संसद का रास्ता

सांसद बनने का अवसर भी मुझे बिन मांगे ही मिला। सच कहूँ तो मैं चाहता भी नहीं था। असल में उन दिनों विधानसभा में सरकार को आड़े

मुंबई जनता पार्टी के अध्यक्ष राम नाईक द्वारा आयोजित सभा में भाषण देते हुए श्री चंद्रशेखर और मंच पर सर्वश्री पन्नालाल सुराणा, कुशाभाऊ ठाकरे, प्रा. मधु दंडवते, बबनराव ढाकणे, नानुभाई पटेल, श्रीमती प्रमिला दंडवते, मोतीराम लहाने इत्यादी के साथ राम नाईक

हाथों लेने के मामले में धूम मचाने वाले दो 'राम' काफी मशहूर हो गये थे। एक थे प्राध्यापक राम कापसे और दूसरा मैं राम नाईक। मैं 1978, 1980 तथा 1985 में यानी तीन बार लगातार विधानसभा में चुनकर आया। मैं 1990 का विधानसभा चुनाव लड़ने की तैयारी में जुटा हुआ था कि 1989 में लोकसभा के आम चुनाव घोषित हुए। देश में अधिसंख्य प्रदेशों में बीजेपी एवं जनता पार्टी के बीच चुनावी गठजोड़ हुआ था। पर महाराष्ट्र में बीजेपी ने स्वतंत्र रूप से चुनाव लड़ने का निर्णय किया। यह लगभग तय हो गया था कि उत्तर मुंबई से बीजेपी के प्रत्याशी उद्योगपति श्री वीरेन शाह होंगे। पर ऐन मौके पर उन्होंने चुनाव लड़ने से इनकार कर दिया। जनता पार्टी की ओर से श्रीमती मृणाल गोरे मैदान में थीं। जिस विवाद के कारण जनसंघ को जनता पार्टी से अलग होना पड़ा, उसमें मृणालताई गोरे की सहभागिता उल्लेखनीय थी। अतः उनके विरुद्ध बराबरी का मज़बूत उम्मीदवार खड़ा करना बीजेपी के लिए अति आवश्यक हो गया था। उत्तर मुंबई की छह विधानसभा की सीटों में से सब से ज्यादा मतदाताओं की बोरिवली सीट का मैं विधायक था। इसलिए स्थानीय कार्यकर्ताओं को लग रहा था कि मैं ही मृणालताई गोरे को टक्कर दे सकूंगा। उधर राष्ट्रीय स्तर पर यह विचार व्यक्त किया जा रहा था कि मृणालताई की छवि बहुत अच्छी है, अतः उनके खिलाफ

चुनाव न लड़ा जाए। मेरा मन मुंबई की राजनीति, विधान सभा में लग गया था, मैं इसी में खुश था, दिल्ली जाना नहीं चाहता था। पर फिर एक बार वसंतराव भागवत ने ही मुझे आग्रह किया। पत्नी ने भी कहा "साल भर में छह महीने दिल्ली में रहोगे! बस··· इतनी ही बात है ना! ज़रूर जाएं, वहां आप और ज्यादा कार्य कर सकेंगे।" फैसला हो गया। सारे देश की निगाहें हमारे चुनाव पर टिकी हुई थीं। कांटे की टक्कर में मृणालताई को एक लाख से अधिक मतों से पराजित करके मैं सांसद बन गया।

जीवन का यह मोड़ अनमोल था। मैं जाग्रत सांसद के रूप में लोकप्रिय हुआ। लोकसभा में वंदे मातरम्, बॉम्बे का नाम मुंबई करने, सांसद निधि आदि कामयाब मामलों ने मुझे ख्याति दिलायी।

मंत्रीपद

1998 में लगातार चौथी बार मैं लोकसभा के लिये निर्वाचित हुआ। श्री अटलबिहारी वाजपेयी ने देश की कमान संभाली। सब को पूरा यकीन था कि मंत्रिमंडल में मेरा समावेश निश्चित ही होगा। मुझे मंत्री बनाया गया, पर राज्यमंत्री! अखबारों के संपादकों से लेकर आम पाठक तक, कईयों ने इस पर प्रतिकूल प्रतिक्रियाएं दीं कि इतने वरिष्ठ एवं प्रभावशाली सांसद को राज्यमंत्री ही क्यों बनाया गया? पर मुझे एहसास था कि साझा सरकार

रेल राज्यमंत्री राम नाईक द्वारा शुरू की गई 'महिला स्पेशल' गाड़ी का ज़ोरदार स्वागत

के गठन में वाजपेयीजी को बहुत से समझौते करने पड़ रहे हैं, अतः मैंने तनिक भी नाराज़गी नहीं जताई, मैं काम में जुट गया। मेरी पसंद को ध्यान में रखते हुए वाजपेयीजी ने मुझे रेल राज्य मंत्री बनाया, साथ में संसदीय कार्य, योजना एवं कार्यक्रम क्रियान्वयन विभाग भी सौंपा।

पंजाब के रेल हादसे के कारण नीतीश कुमार ने इस्तीफा दिया। राज्य मंत्री होने के बावजूद रेलवे का स्वतंत्र भार मुझे सौंपा गया। 20 साल विपक्ष में रहने के बावजूद मंत्री का दायित्व मैंने अपनी तरह से बखूबी संभाला। मैं यह साबित कर सका कि राज्यमंत्री होकर भी बहुत काम किया जा सकता है।

1999 में मध्यावधि चुनाव हुए, अटलजी पुनः प्रधानमंत्री बने। राज्यमंत्री के बतौर किये मेरे कामों की कद्र करते हुए उन्होंने मुझे कैबिनेट मंत्री बनाकर पेट्रोलियम जैसा अति महत्त्वपूर्ण एवं ज्वलनशील विभाग सौंपा। सुना था कि इस विभाग में भारी मिलावट का मसला है, रसोई गैस की भारी किल्लत है आदि··· पर एक बार जब ज़िम्मा लिया तो सर्वोत्तम ढंग से काम करने की मानों मेरी आदत ही रही है। उस नये पड़ाव पर वह मेरे काम आई। देश भर में गैस की प्रतीक्षा सूची समाप्त कर दी, इथेनॉल का उपयोग शुरू करवाया, विदेश में निवेश कर के तेल का उत्पादन बढ़ाया, समुद्र में गैस की खोज की। एक से बढ़कर एक काम कर के पेट्रोलियम विभाग में अक्षरशः क्रांति कर दी। जानकार लोग उसे पेट्रोलियम का स्वर्णयुग मानते हैं।

अनपेक्षित पराजय

मेरे काम का प्रभाव दूर-दूर छा गया था। मुंबई में घर-घर में पाईप गैस लगाने की तजवीज़ हो गई थी, वाहन सीएनजी पर चलने लगे थे। कभी सोचा नहीं था कि सन् 2004 में मुझे हार का सामना करना पड़ेगा। हिंदी सिनेमा के अभिनेता गोविंदा के कारण मेरी हार हुई। फिर एक बार मैं अजीब से मोड़ पर आ खड़ा हुआ। पर हताशा को छूने नहीं दिया, कार्य जारी रखा। एक बार नहीं, दो बार हारा, पर काम अखंड रूप से जारी रखा। उन दिनों मैंने यह मंत्र रट लिया था 'चुनाव हारा हूं, हिम्मत नहीं'। वर्ष 2013 आया··· लगा कि अब अवसर अच्छा आ रहा है, पर यह भी लगने लगा

कि दूसरों को भी चुनाव लड़ने का अवसर मिलना चाहिए, बिना चुनाव के भी तो काम कर सकते हैं! यही सोचकर मैंने जीवन को नया मोड़ दिया, चुनावी राजनीति से संन्यास लेने की घोषणा की। मेरे इस अनपेक्षित निर्णय से अनेक कार्यकर्ता, शुभचिंतक नाराज़ हो गये। यह जानकर भी कि 2014 के लोकसभा चुनाव में हवा बीजेपी के पक्ष में चल रही है, मैं अपने निर्णय पर अडिग रहा। चुनाव खत्म हुए, नई लोकसभा का गठन हुआ, नई सरकार ने सूत्र संभाले। श्री नरेंद्र मोदी प्रधान मंत्री बने। मुझे पक्का मालूम था इस बार मैं लोकसभा में नहीं रहूँगा।

मैंने सोच रखा था कि अब सहयोगी सलाह माँगेंगे तो दूंगा··· राजकाज करने वालों तक समस्याएं ले जाकर आसानी से हल भी कर लूंगा। तभी पुनः एक मोड़ आया। इस मोड़ पर देश के सब से बड़े प्रदेश उत्तर प्रदेश के राज्यपाल की ज़िम्मेदारी मुझे सौंपी गई। 22 जुलाई, 2014 को मैंने पदभार ग्रहण किया। देखें, अब आगे-आगे क्या होता है!

(22 मार्च, 2015)

❐

राज्यपाल पद की शपथ लेते हुए राम नाईक

लाइट हाउस

कुष्ठपीड़ितों का आशास्थान राम नाईक

जुड़े तार कुष्ठपीड़ितों से

आदर्श विधायक एवं सांसद स्वर्गीय रामभाऊ म्हालगी प्रायः कहा करते थे, ''आदर्श जनप्रतिनिधि वही होता है, जो उन सब का, जिन्होंने उसके हक में या फिर विरोध में मतदान किया, जिन्होंने मतदान किया ही नहीं, या जिन्हें मतदान का अधिकार मिला नहीं, ऐसे संपूर्ण वर्ग का प्रतिनिधित्व करता हो।'' उनका यह कथन मेरे दिल में उतर गया था।

1978 में पहली बार मैं बोरिवली विधानसभा क्षेत्र से चुनाव लड़ा और भारी बढ़त पाकर विजयी हुआ। इस जीत का प्रमुख कारण था जनता पार्टी की लहर। ज्यादातर मतदान केंद्रों में मुझे 70 प्रतिशत से अधिक मत मिले थे। दो मतदान केंद्र अपवाद थे। उनमें से एक में मुझे दो व एक में तीन मत मिले थे। इनका अध्ययन करने के बाद पता चला कि एक केंद्र कुष्ठपीड़ितों का था तो दूसरा सागर

के खाड़ी के उस पार के गोराई–मनोरी गांव का। उस गांव में बहुसंख्य लोग कोली एवं ईसाई थे, बोरिवली से उनका खास संबंध नहीं आता था। मैंने यह स्थिति बदलने का संकल्प किया। आज मैं पहले कुष्ठपीड़ितों से अपने तार जुड़ने की बात लिखूंगा। मछुआरों के बारे में बाद में बताऊंगा।

कुष्ठपीड़ितों ने मुझे मत क्यों नहीं दिया, इसका कारण बड़ा अजीबोग़रीब था। इस बस्ती के अधिकतर लोग हाथभट्ठी की अवैध शराब बनाते थे। मैं ठहरा निर्व्यसनी और कट्टर संघवाला। अतः ऐसा विरोधी प्रचार किया गया कि अगर मैं जीत गया तो मैं उनका धंधा बंद कर दूंगा। सही बताएं, अज्ञान के कारण अधिकतर लोग कुष्ठरोगियों की ओर देखना भी नहीं चाहते, उनके हाथ से पानी पीना तो मुमकिन ही नहीं। पर कुष्ठपीड़ितों द्वारा बनाई शराब पीने से उन्हें परहेज नहीं था। ऐसे समाज में जहाँ हर कोई ऐसे मरीजों को काम देने से मना कर देता है, कुष्ठपीड़ितों को भीख मांगने या दारू बनाने के अलावा कोई रास्ता नहीं था। यह करुण और कड़वा सच करीब से देखने के बाद मैंने निश्चय किया कि इनके पुनर्वास के लिए जी तोड़ प्रयत्न करूंगा। उन्हें भी सम्मान से जीने का हक है और वह उन्हें दिलवाकर रहूंगा।

कुष्ठपीड़ितों की यह बस्ती दहिसर नदी के किनारे है। चुनाव के दूसरे वर्ष में 1979 के मानसून की एक रात में इस नदी में बाढ़ आयी। कुष्ठपीड़ितों की बस्ती के दो लोग बह गये, 15–20 झोंपड़ों का पूरा सामान तहस–नहस हो गया। वहां की हालत देखकर मैं विचलित हो गया। उनका पुनर्वास करने की बात मन में ठान ली। आज 36–37 साल बाद मैं यकीन से कह सकता हूं कि मेरी तड़प, मेरी चाहत व प्रत्यक्ष कार्य के जरिए मैं उन तक पहुंच सका।

मुझसे पहले बोरिवली की इस बस्ती में कभी कोई नेता, कोई कार्यकर्ता गया ही नहीं था। अतः मैं खुद उनसे मिलने गया, यही बात उन्हें भा गयी, धीरे–धीरे हमारे बीच स्नेह बढ़ता गया। काम भी होते रहे। कभी उनकी बस्ती में गटर बनवा दिया तो कभी पगडंडी तो कभी शौचालय तो कभी कूपनलिका की सुविधा! इसे मलिन बस्ती के रूप में मान्यता दिलाई, ताकि सरकारी योजनाओं का लाभ मिल सकें। पर अभी भी मैं संतुष्ट नहीं था। उन्हें आर्थिक दृष्टि से सक्षम करने तथा समाज की मुख्यधारा से उन्हें जोड़ने के लिए मैं तत्पर रहा।

वसंतदादा, मैं और कुष्ठपीड़ित

बीमारी के कारण विकलांगता, बदसूरती का शिकार होने वाले कुष्ठपीड़ितों के बारे में समाज में गलतफहमियां फैली हुई है, लोग उन्हें पास नहीं आने देते, उन्हें काम नहीं देते। जाहिर है उन्हें सरकार की नगण्य सहायता एवं भीख के सहारे गुज़ारा करना पड़ता है। संजय गांधी योजना शुरू हुई तब उन्हें हर माह 60 रुपए का अनुदान दिया जाने लगा। पर थोड़े दिन बाद तहसीलदार ने वह भी बंद कर दिया। यह अन्याय दूर करने के लिए मैंने तत्कालीन मुख्यमंत्री वसंतदादा पाटील से भेंट करने का निर्णय किया। उनकी ओर से मुलाकात का समय भी दिया गया। प्रथा यह रही है कि जिनकी शिकायतें/समस्याएं लेकर आप आते हैं, उनका प्रतिनिधि मंडल भी आपके साथ होता है। लिहाजा कुष्ठपीड़ितों का दल मेरे साथ था। उनको मंत्रालय की लिफ्ट में आने से मना कर दिया गया। व्यवस्थापकीय अधिकारियों ने मुझे सूचित किया कि वे कुष्ठपीड़ितों को अंदर जाने नहीं दे सकते, आप अकेले मुख्यमंत्री से मिलने जाएं। यह सुनकर कुष्ठपीड़ितों को ठेस पहुंची, मुझे भी गुस्सा आया। ''जाऊंगा तो प्रतिनिधि मंडल के साथ,

मुंबई के कुष्ठपीड़ित पहली बार मंत्रालय पहुंचे। राम नाईक ने उनकी मुलाकात मुख्यमंत्री श्री वसंतदादा पाटील से कराई

वरना नहीं जाऊंगा।'' मैं अड़ गया। मामला बिगड़ गया। इधर हमेशा समय पर पहुंचने वाला मैं अभी तक क्यों नहीं आया, इस फिक्र में मुख्यमंत्री के सचिव ने पूछताछ शुरू की। मामले का पता चलने के बाद बात मुख्यमंत्री तक पहुंच गयी। वसंतदादा कांग्रेस के थे, मगर वह भी आम जनता से जुड़े हुए थे। पल भर में ही उन्होंने आदेश दिया कि प्रतिनिधि मंडल समेत राम नाईक को ले आयें। मंत्रालय में अफरातफरी मच गयी। मुझे और कुष्ठपीड़ितों के प्रतिनिधि मंडल को मुख्यमंत्री के कक्ष में ले जाया गया। पहली बार मुख्यमंत्री के कक्ष में कुष्ठपीड़ितों ने कदम रखा था। सामाजिक मान्यता की दृष्टि से हमारा वह पहला ठोस कदम था।

संजय नगर निवासी इस घटना से अभिभूत थे, और जल्द ही यह आम बात हो गई। उसके बाद महाराष्ट्र के अन्य कुष्ठ बस्तियों से लोग समस्या लेकर मेरे पास आने लगे। यह भी आम बात हो गई थी कि मैं उनकी समस्या लेकर सरकार के दरबार में पहुंचता हूँ। मुझे उनकी समस्याएं अधिक समझ में आने लगीं। वे भी अधिकार से अपने मसले मेरे सामने रखने लगे। मिलनेजुलने से निकटता बढ़ती गई, मसले समझ में आने लगे।

राज्यसभा को याचिका

विश्व स्वास्थ्य संगठन ने यह सिद्ध किया है कि कुष्ठ रोग संक्रामक नहीं, दृश्य स्वरूप के कुष्ठरोगियों से तो कतई संक्रमण का खतरा नहीं होता। पर बड़े दुःख के साथ कहना पड़ता है कि आज 21वीं सदी में भी इस रोग को 'अभिशाप' माना जाता है। हम यदि ठोस रूप में उनका पुनर्वास करना चाहते हैं तो कुष्ठपीड़ितों का सशक्तीकरण करने की आवश्यकता है। इस दिशा में विश्व स्तर पर प्रयास चल रहे हैं, हमारे देश में भी ऐसे प्रयासों की हकीकत में जरूरत है। कुष्ठपीड़ितों के लिए कार्य करने वाली संस्थाएं, समाजसेवक आदि इस दिशा में प्रयत्नशील हैं। ऐसे ही एक प्रयास के तहत महाराष्ट्र में आयोजित कुष्ठपीड़ितों के एक परिषद में मुझे भी आमंत्रित किया गया था।

मैंने एक पेशकश की कि कुष्ठपीड़ितों को सम्मान से जीने का हक हम यदि देना चाहते हैं तो उनका सशक्तीकरण करने के लिए सरकार को

राष्ट्रपति श्रीमती प्रतिभा पाटील को कुष्ठपीड़ितों के सशक्तीकरण के लिए ज्ञापन देते हुए राम नाईक के साथ बाईं ओर से कस्तूरबा ग्राम कुष्ठआश्रम के श्री वेणुगोपाल, इंटरनेशनल लेप्रोसी यूनियन (आयएलयू) के डॉ. शरदचंद्र गोखले, पद्मश्री डॉ. पी.के. गोपाल, हिंद कुष्ठनिवारण संघ के श्री उदय ठकार व आयएलयू के श्री राम बेलवडी

नियंत्रित करने वाली संसद के 'याचिका समिति' के दरवाजे हमें खटखटाने होंगे। परिषद में उपस्थित सभी को मेरी पेशकश पसंद आई। इस संसदीय आयुध यानी 'याचिका' के बारे में बहुत कम लोगों को जानकारी थी। परिषद् में इंटरनेशनल लेप्रोसी यूनियन के डॉ. शरदचंद्र गोखले, तामिलनाडू की आईडिया इंडिया के डॉ. पी.के. गोपाल, पनवेल हिंद कुष्ठ निवारण संघ के श्री उदय ठकार, महाराष्ट्र कुष्ठ संगठन के बोरिवली के श्री भीमराव मधाले उपस्थित थे। इन दिग्गजों ने कुष्ठ रोग क्षेत्र का गहरा अध्ययन किया हुआ है, उनका अनुभव भी ज्यादा है। मुझे उनसे हैरत भरी जानकारी मिली। मसलन, कुष्ठरोग को संक्रामक माना जाता था, इस कारण पति या पत्नी को कानूनन तलाक लेने की अनुमति दी जाती थी। चिकित्सा विज्ञान के लिहाज से अब तथ्य बदल गए हैं, मगर फिर भी कानून बदला नहीं है। हमने कुष्ठपीड़ितों के सशक्तीकरण हेतू 17 कानूनों में महत्त्वपूर्ण परिवर्तन की मांग करने का निर्णय किया। इसके समेत अन्य मांगों के लिए हमने 'याचिका' तैयार की।

वर्ष 2004 के बाद से मैं संसद में नहीं था, पर संसदीय कामकाज के बारे में मुझे पूरी जानकारी थी। अतः 5 दिसंबर, 2007 को हमारे ज्येष्ठ सहयोगी एवं राज्यसभा के सदस्य श्री वेदप्रकाश गोयल के माध्यम से राज्यसभा के सभापति डॉ. हामिद अंसारी के समक्ष यह अर्जी पेश की। इसके बाद याचिका समिति ने देश की कुछ कुष्ठपीड़ित बस्तियों में जाकर वस्तुस्थिति को समझने का प्रयास किया। अर्जदारों, केंद्र सरकार, राज्य सरकारें आदि सभी से चर्चा करने के बाद 24 अक्तूबर, 2008 को समिति ने अपनी रिपोर्ट राज्य सभा को प्रस्तुत की। उसके बाद सरकार से प्राप्त जानकारी के आधार पर 22 नवंबर, 2010 को एक्शन टेकन रिपोर्ट राज्यसभा के सामने रखी गयी। ये सिफारिशें केंद्र एवं राज्य सरकार द्वारा लागू करवाने के लिए हमने प्रयास आरंभ किए। प्रधानमंत्री डॉ. मनमोहन सिंह को हमने चार पत्र लिखे, मिलने के लिए समय मांगा, पर कुछ नहीं हुआ। उनसे कोई जवाब न मिलने के कारण हम राष्ट्रपति श्रीमती प्रतिभा पाटील से भी दो बार मिले। उन्होंने भी सरकार को निर्देश दिए, पर कोई सकारात्मक नतीजा नहीं निकला। अब देश के प्रधानमंत्री पद पर श्री नरेंद्र मोदी हैं। उनके साथ 9 जुलाई, 2014 तथा 10 फरवरी, 2015 को इस विषय में चर्चा हुई है। उनकी दिलचस्पी को देखकर अब सकारात्मक निर्णय की उम्मीद जगी है।

इंटरनेशनल लेप्रोसी यूनियन

इस कार्य के निमित्त कुष्ठपीड़ित क्षेत्र के अनेक वरिष्ठजनों से मेरा निकट से परिचय हुआ। मैं राजनीतिक कार्यकर्ता रहा हूं, मेरी धमनियों में सामाजिक कार्य ही बहता है। लिहाजा मतदाता क्षेत्र के कुष्ठपीड़ितों की समस्याएं सुलझाने के लिए पहल करना, जरूरत पड़ी तो उससे जुड़े संगठनों के प्रश्नों पर गौर करना, बस इतनी हद तक ही मेरा इस क्षेत्र में दखल हुआ करता था। अनायास वह हद विस्तृत हुई। पुणे के मराठी दैनिक 'केसरी' के पूर्व संपादक एवं इंटरनेशनल लेप्रोसी यूनियन के संस्थापक अध्यक्ष डॉ. शरदचंद्र गोखले ने एक दिन मुझसे यकायक एक अनुरोध किया। डॉ. गोखले उस समय 88 वर्ष के थे। भारी कद्दावर गोखले की कार्यबहुलता एवं क्षमता के

आगे उम्र ने घुटने टेक दिये थे। पर वे अपनी ढलती उम्र से वाक़िफ थे। उम्र को ध्यान में रखते हुए संस्था का काम अबाधित चलें, इस विचार से वे उत्तराधिकारी की तलाश में थे। डॉ. गोखले ने मुझसे कहा, ''जब तक संभव होगा, मैं काम करता रहूंगा, सलाह के लिए मैं उपलब्ध हूँ, पर संस्था की जिम्मेदारी किसी के सुपुर्द करने में उसकी बेहतरी है। इसलिए मैं चाहता हूँ कि आप इंटरनेशनल लेप्रोसी यूनियन का अध्यक्ष पद संभालें।'' मैं उस बात से अभिभूत हुआ कि कोई शख्स अपने काम में इतना एकरूप होने के बावजूद काम अबाधित रूप से जारी रखने की दृष्टि से वह कितना निस्स्वार्थ होकर विचार करता है। उनका आग्रह मेरे लिए अति सम्मान का विषय था। उस समय मैं अपने को गौरवान्वित महसूस कर रहा था कि सारी उम्र राजनीतिक कार्यकर्ता रहा होने के बावजूद गोखले जैसे विद्वान एवं ऋषितुल्य व्यक्ति ने मुझे ऐसे कार्य के लिए योग्य माना, जिसमें अत्यंत करुणा तथा सेवाभाव ही पहली शर्त होती है। शायद वे इसकी राह देख रहे थे कि मैं वह दायित्व स्वीकार कर लूं। उसके एक माह बाद ही श्री गोखले का देहांत हो गया।

इस नई जिम्मेदारी के चलते मैंने संकल्प किया कि देश भर के कुष्ठपीड़ितों की समस्याएं सुलझाने के लिए निरंतर प्रयत्नशील रहूंगा। करीब दो साल तक इस दायित्व का निर्वाह किया। देश भर में कुष्ठपीड़ितों की 700 बस्तियां हैं। इन बस्तियों में रहकर कुष्ठपीड़ितों के लिए काम करनेवाली 10 महिलाओं को 10 अप्रैल, 2013 के दिन उपराष्ट्रपति डॉ. हामिद अंसारी द्वारा सम्मानित करके संस्था के अध्यक्ष के नाते मैंने उन्हें प्रतिष्ठा प्रदान करने का कार्य किया। कुष्ठपीड़ितों के सशक्तीकरण के लिए केंद्र सरकार द्वारा नीति निर्धारित की जाने की दिशा में हमारे प्रयत्न जारी हैं। जुलाई 2014 में उत्तर प्रदेश के राज्यपाल पद की शपथ लेने के बाद अन्य किसी पद पर बने रहना परिपाटी के विरुद्ध होगा, इस कारण मैंने संस्था के अध्यक्ष पद से त्याग-पत्र दे दिया। अब डॉ. विकास आमटे को यह ज़िम्मेदारी सौंपी गई है। मैं आश्वस्त हू कि एक समर्थ व्यक्ति यह कार्य संभाल रहा है। डॉ. विकास आमटे प्रसिद्ध समाजसेवी स्व. बाबा आमटे के सुपुत्र हैं।

कुष्ठपीड़ितों का लखनऊ के राजभवन में स्वागत करते हुए राम नाईक

उत्तर प्रदेश के कुष्ठपीड़ित

उत्तर प्रदेश का राज्यपाल बनने के बाद मुंबई, दिल्ली में बसे उत्तर भारतीय, भाजपा के कार्यकर्ता, रेलवे और पेट्रोलियम मंत्री के रूप में काम करने के दौरान जो संपर्क में आए थे, वे सब उत्तर भारतीय मुझे खास तौर पर मिलने आये। पर सुखद आश्चर्य तब हुआ जब वहां के कुष्ठपीड़ितों के संगठनों ने आकर आदर सम्मान किया। मुझे खयाल आया कि याचिका समिति की सिफारिशों पर उत्तर प्रदेश में भी अमल होना बाकी है। मुझे लगा कि सारे निर्णय लागू करने में यदि दिक्कतें हैं तो कम से कम अनुदान बढ़ा दिया जाना चाहिए। उस सिलसिले में मैंने मुख्यमंत्री श्री अखिलेश यादव से बात की। मुझे यह बताने में हर्ष होता है कि विश्व कुष्ठ निवारण के दिन यानी 30 जनवरी, 2015 को उन्होंने कुष्ठपीड़ितों का अनुदान बढ़ाकर हर माह 2,500 रुपए करने की घोषणा की।

राज्यपाल द्वारा 15 अगस्त के स्वतंत्रता दिवस पर राज्य के प्रतिष्ठित व्यक्तियों को राजभवन में चाय पर आमंत्रित करने की परंपरा है। इस प्रसंग

पर मैंने कुष्ठपीड़ितों के संगठनों के पदाधिकारियों को भी आमंत्रित किया। उन्हें वहां देखकर कइयों की भौंहें सिकुड़ गईं, पर ज्यादातर लोगों ने उस कदम का स्वागत भी किया।

महाराष्ट्र से नाता

महाराष्ट्र से मेरा जन्म से ही नाता है। कुष्ठपीड़ितों के प्रश्नों को लेकर मैं महाराष्ट्र सरकार से संपर्क में रहा हूँ। उनके लिए निरंतर प्रयत्नशील होने के कारण कुछ मसले हल हो गए हैं, कुछ हल होने के कगार पर हैं। कल्याण-डोंबिवली महानगरपालिका उसके क्षेत्र के कुष्ठपीड़ितों को प्रति माह 2,500 रुपए निर्वाह भत्ता देती है, पिंपरी चिंचवड 1,500 तथा मुंबई-पुणे महानगरपालिका 1,000 रुपए देती है। मुझे एहसास है कि राज्यपाल के सांविधानिक दायित्व के चलते महाराष्ट्र सरकार से चर्चा करना परिपाटी के अनुरूप नहीं होगा। कुष्ठपीड़ितों के लिए मेरे मन में ममत्व का भाव भरा होने के कारण गत साल यानि 8 मार्च, 2015 को मैंने मुख्यमंत्री देवेंद्र फडणवीस से खास भेंट की। गत कई सालों में जो तीन-चार विषय अभी सुलझे नहीं हैं और जिन्हें सुलझाना बहुत आवश्यक हैं, उन विषयों पर मैंने उनसे बातचीत की। कहने की जरूरत नहीं कि इन विषयों में कुष्ठपीड़ितों के सशक्तीकरण का विषय भी प्रमुखता से था।

जीवन में बहुत से काम हम करते हैं, पर कुछ ऐसे होते हैं, जो चाहे पूरे हों न हों पर उसे करने भर से दिल को सुकून मिलता है। कुष्ठपीड़ितों के काम के लिए दिये गये हर पल से मुझे यह चैन मिला है। राजनीतिज्ञ कोई काम निरपेक्ष भाव से करता है, तब भी उसके भीतर न चाहते हुए भी मतों का गणित कौंध जाता है। मैं जिस बोरिवली विधानसभा क्षेत्र से तीन बार और लोकसभा से पाच बार चुना गया, उस क्षेत्र में कुष्ठपीड़ितों की संख्या हजार-बारह सौ से भी कम है। फिर भी मेरी जान उनमें बसती है। जहां 1978 में मुझे कुष्ठपीड़ितों के महज दो मत मिले थे, वहाँ आज 2016 में भारत भर के कुष्ठपीड़ितों से मेरा अटूट नाता बन गया है।

(5 अप्रैल, 2015)

❏

उपनगरीय रेल में महिलाओं के लिए आरक्षित सामान के डिब्बे के उद्‌घाटन के समय आनंदित मच्छिमार बहनें और राम नाईक

मछुआरों से मित्रता

अपना जन्म दिन मनाने का मेरा अपना तरीका है, उस खास दिन पर मैं अपने परिवार के साथ बेतकल्लुफी के साथ गपशप करते हुए भोजन करता हूं। वर्ष-गांठ पर बड़े बड़े होर्डिंग्ज, विज्ञापन, सत्कार समारोह आदि ताम-झाम मेरे सार्वजनिक जीवन का हिस्सा कभी नहीं रहे। तारीख के अनुसार 16 अप्रैल, 2015 और तिथि के अनुसार अक्षय तृतीया को मैंने उम्र का 81वां पड़ाव पार किया। लखनऊ में सहस्र चंद्रदर्शन का यह जन्म दिन मेरे मनचाहे ढंग से ही संपन्न हुआ। बस एक ही चीज़ की कमी थी, सातपाटी की पापलेट (पापलेट मछली की एक किस्म है) भोजन में नहीं थी। हर साल मेरे जन्मदिन पर सातपाटी के मेरे सहयोगी एवं महाराष्ट्र राज्य मच्छिमार सहकारिता संघ के मुंबई अध्यक्ष श्री राजेंद्र मेहेर की ओर से सातपाटी की मछली का उपहार घर पहुंच ही जाता था। वह

लखनऊ नहीं पहुंच सका, पर उनका और समस्त कोली बंधुओं का प्रेम मुझ तक पहुंच गया। मैं तृप्त हो गया।

मछुआरों से जुड़ा नाता

मछुआरों से मेरा नाता इतना प्रगाढ़ हो गया है कि मछुआरों की नई पीढ़ी को यदि मैं यह बताऊं कि 1978 के मेरे पहले विधानसभा चुनाव में मुझे बोरिवली-मार्वे की समुद्र खाड़ी के उस पार मनोरी के कोली गांव से महज़ 3 मत मिले थे तो उनको विश्वास नहीं होगा। यह स्थिति बाद में बदल गई है। दो बार लोकसभा हारा तब भी कोली गांव के एकमुश्त वोट मेरी ही झोली में पड़े थे। इनसे नाता जोड़ने के लिए मैंने सोच-समझकर पहल की थी। मुझे यहां से कम मत क्यों मिले? इसका पता लगाने और यह स्थिति बदलने की ज़िद से मैं मनोरी-गोराई गया। तब पता चला कि वहां पहुंचना कितना मुश्किल है। खचाखच भरी छोटी-छोटी नौकाओं में बैठकर ये लोग गोराई से बोरिवली और मनोरी से मालाड आवाजाही करते थे। कॉलेज के छात्र, नौकरीपेशा लोग, मछुआरनियां, सभी अपने बोझ ढोते हुए इसी तरह सफर करते थे। ये नौकाएं केरोसिन या डीज़ल पर चलती थीं। न कोई सुरक्षा, न कोई नियम! ये गांव वास्तव में बृहन् मुंबई महानगरपालिका के अंतर्गत आते थे, पर आम गांव की सुविधाएं भी इन्हें मुहैया नहीं थी। मुंबई की झुग्गीझोंपड़ियों में नल का पानी उपलब्ध था, पर यहां बावड़ियों पर जीवन चलता था। खाड़ी के करीब होने के कारण बहुत कम बावड़ियों में मीठा जल मिलता था। इससे भी हिंदू-ईसाई बस्तियों में बार-बार तनाव की स्थिति पैदा होती। ऐसे ही किसी तनाव की घटना के चलते मेल-मिलाप करवाने के लिए मैं मनोरी गया। वहां के फादर डिसूजा ने गांववालों को मुझसे खुलकर बात करने के लिए बुलाया। धीरे-धीरे मामला इतना सहज हो गया कि गांववाले कभी मुझे बुलाते या स्वयं मेरे घर आ जाते। मैंने मनोरी, गोराई में हैण्डपम्प के जल की सुविधा निर्माण की तथा स्कूल के लिए भी आवश्यक सहायता उपलब्ध कराई।

बेस्ट की जल यातायात व्यवस्था

बेस्ट बसों का उत्तम जाल मुंबई की विशेषता रही है। पर मनोरी-गोराई इस सुविधा से भी वंचित था, क्योंकि बीच में खाड़ी थी। मैंने खाड़ी के इस

खतरनाक सफर की त्रासदी खत्म करने का उपाय खोज निकाला। मैंने यहां के लिए 'बेस्ट' की सुरक्षित लांच सेवा शुरू करने की निराली मगर लाजवाब मांग की। शहरी यातायात यह 'बेस्ट' उपक्रम की जिम्मेदारी है, माध्यम भले कौन सा भी हो, ऐसी दलील मैंने दी थी। लगातार कोशिश करने के बाद बेस्ट ने लांच सेवा शुरू कर दी। मुझे इस बात का संतोष है कि गांववालों को अब सफर की त्रासदी झेलनी नहीं पड़ती। लांच सेवा अब नित क्रम बन चुका है। पर यहां महानगरपालिका से पानी उपलब्ध कराने के मेरे प्रयासों को सफलता नहीं मिल रही थी। खाड़ी के नीचे से पाईप डालकर पानी पहुंचाने का काम महानगरपालिका के आर्थिक गणित से मेल नहीं खाता था। तत्कालीन महानगरपालिका आयुक्त सदाशिव तिनईकर ने पाईप द्वारा पानी पहुंचाने का प्रस्ताव मानने से साफ इनकार कर दिया। बात अटक गई। इन प्रयासों के दौरान मनोरी गांव के संघर्षशील मछुआरे नेता स्व. भाई बंदरकर से मेरी निकटता, स्नेह बढ़ा। राजनैतिक दलभेद से ऊपर उठकर हम दोनों ने मछुआरों की समस्याओं के निवारण के लिए मिलकर काम किया।

घर-आंगन में गंगा आई

1989 में मैं सांसद और फिर 1999 में पेट्रोलियम मंत्री बना। गोराई-मनोरी को पानी फिर भी न दे सका। चंद हजार आबादी वाले इस क्षेत्र को समुद्र के नीचे से पाईप डालकर पानी पहुंचाने का अनुमानित खर्च तब तक 4 करोड़ हो गया था। यह काम अब अधिक चुनौतीपूर्ण हो गया था। तेल कंपनियों ने ऐसे कई पेट्रोलियम मंत्री देखे थे, जो दबाव डालकर काम निकाला करते थे। 1999 में पहली बार मैं मुंबई के सागर किनारे से 200-250 किलोमीटर अंदर 'मुंबई हाय' के गहरे समुद्र में तेल के कुएं देखने गया। उन कुओं से तेल एवं गैस किनारे पहुंचाने के लिए समुद्र में पाईप बिछाये गये थे। कुएं देखने के बाद हेलिकॉप्टर से मार्वे की खाड़ी के ऊपर से जुहू हवाई अड्डे पर हम लौट रहे थे। मेरे मन में विचार आया कि इतनी दूर से यदि पाईप द्वारा तेल-गैस लायी जाती है तो महज तीन किलोमीटर के फासले के लिए समुद्र में पाईप डालना क्यों कठिन होना चाहिए? मैंने इस बारे में इंडियन ऑईल कंपनी से बात की। तत्कालीन अध्यक्ष श्री एम.ए. पठाण ने हामी भरी। सरकारी कंपनियां सामाजिक सरोकार के निर्वाह के बतौर कुछ

मनोरी–गोराई के नागरिकों के लिए समुद्र के नीचे से पाइप लाइन डालकर जल आपूर्ति के उद्‌घाटन के समय स्थानीय मच्छिमार महिलाएं एवं राम नाईक

योजनाएं कार्यान्वित करती हैं। मैंने इसी सरोकार की अदायगी के रूप में इन दो गांवों को पानी पहुंचाने के लिए समुद्र के नीचे पाईप डालने का सुझाव दिया। बहुत कम समय में यह काम पूरा हुआ। मुंबई की जल पूर्ति सेवा के संदर्भ में यह ऐतिहासिक घटना थी। उस दौरान भाई बंदरकर का स्वास्थ्य ठीक नहीं था, उम्र भी बहुत हो गई थी। इसके बावजूद गोराई जल योजना उद्‌घाटन समारोह में उपस्थित रहने के लिए वे एम्बुलेन्स में आए। कुरसी में बैठे–बैठे भाषण करते हुए उनका गला रुंध गया, बोले, ''राम, तुम भगीरथ बनकर गंगा हमारे आंगन में ले आये हो, मैं अब मरने के लिए मुक्त हूँ।'' उनके कथन से मैं धन्य–धन्य हो गया।

डीज़ल का रिफंड

सन् 1989 में उत्तर मुंबई का सांसद बना तो मछुआरों की और भी कई समस्याओं से मेरा वास्ता पड़ा। मेरे चुनाव क्षेत्र के वसई, पालघर,

मालाड विधानसभा चुनाव क्षेत्र के मार्वे, मढ़, मालवणी तथा बोरिवली के मनोरी, गोराई आदि गांवों में मछुआरों की बड़ी तादाद है। वे केरोसिन या डीज़ल पर चलने वाली नौकाएं लेकर समुद्र में मछली पकड़ने जाते हैं। केरोसिन और डीज़ल का दाम बढ़ने से उनका जीवन प्रभावित हो रहा था। इधर विदेश से बड़े-बड़े ट्रालर भारत में आकर मत्स्य व्यवसाय में लग गये थे। विदेशी ट्रालरों को तब डीज़ल एक्साईज ड्यूटी में छूट दी जा रही थी। लिहाजा उन्हें डीज़ल सस्ता मिल रहा था। जाहिर है, स्थानीय मछुआरों के लिए उनके साथ स्पर्धा में टिकना नामुमकीन होता जा रहा था। सांसद बनते ही मैंने भारतीय नौकाओं को डीज़ल में रियायत देने की मांग की। तत्कालीन वित्त मंत्री प्रो. मधु दंडवते महाराष्ट्र के समुद्री क्षेत्र कोंकण के थे। उन्हें समस्या समझ में आ गई। श्री दंडवते ने डीज़ल के लिए प्रति लीटर 35 पैसे रिफंड देने की घोषणा की। कुछ अरसा बाद जब मैं पेट्रोलियम मंत्री बना तो यह रकम बढ़ाकर डेढ़ रुपए करने का प्रस्ताव प्रधानमंत्री अटलबिहारी वाजपेयी से मनवा लिया। 2004 में सरकार बदल गई। उसने डीज़ल की बढ़ी हुई कीमतों के कारण रिफंड की रकम 3 रुपए करने का ऐलान किया पर यह रियायत सिर्फ गरीबी रेखा के नीचे की श्रेणी के लिए ही लागू करने की शर्त जोड़ दी। नतीजन डेढ़ रुपए की रियायत भी मिलना बंद हो गई, क्योंकि मछली पकड़ने के लिए खुद की नौका का उपयोग करने वाला कोई मछुआरा गरीबी की रेखा के नीचे वाली श्रेणी में नहीं आता था।

इससे पहले 1992-93 में केंद्र सरकार ने मछली पकड़ने के लिए गहरे समुद्र में जाने के लिए विदेशी ट्रालर्स को परमिट दिये थे। मैंने उसके खिलाफ लोकसभा में आवाज उठायी। अन्य सांसदों ने भी साथ दिया। आखिर सरकार को मुरारी समिति गठित करनी पड़ी, जिसमें मुझे सदस्य नियुक्त किया गया। देश भर में समिति ने दौरे किये, मैं भी उसमें सक्रिय रहा। समिति की कुछ सिफारिशें सरकार ने स्वीकार कीं। अतः मछुआरों को राहत मिल सकी। आंदोलन शुरू था, उस दौरान 1994 में मुझे कैंसर की बीमारी ने चपेट में ले लिया। कीमोथेरैपी खत्म होते ही 'पुनश्च हरी ओम्' का नारा देते हुए मैं दोबारा कार्य में जुट गया। जिस पहले कार्यक्रम में मैं शरीक हुआ, वह था मछुआरों का 'सागर मोर्चा'। मोर्चे में मेरी सहभागिता

कैंसर से मुक्त होते ही महाराष्ट्र के मच्छिमारों के आंदोलन में राम नाईक सहभागी हुए। साथ में श्री भाई बंदरकर और ज्येष्ठ कम्युनिस्ट नेता श्रीमती अहिल्या रांगणेकर

मच्छिमार संगठन के नेता भाई बंदरकर, थॉमस कोचरी, कम्युनिस्ट नेता अहिल्या रांगणेकर के लिए हैरत एवं प्रशंसा का विषय बनी।

नारियली पूनम–रक्षा बंधन

जनप्रतिनिधियों को कई सार्वजनिक कार्यक्रमों में जाना पड़ता है। पर मच्छिमार समाज से मैं इस कदर आत्मीयता से जुड़ा था कि मैं हर रक्षाबंधन का त्योहार वसई–सातपाटी परिसर में उनके साथ मनाता। कोली बहनों की राखियों से मेरी कलाई पूरी भर जाती थी। इन बहनों के लिए कुछ करना चाहता था। यह मौका मुझे मिला, जब मैं रेल राज्य मंत्री बना। कोली बहनों को मछली की पानी बहती टोकरियां लेकर मुंबई लोकल की महिला डिब्बे में यात्रा करनी पड़ती थी। इनकी टोकरियों को लेकर अकसर इनके तथा आम महिला यात्रियों के बीच तू–तू, मैं–मैं हो जाती। टोकरियों से बहते पानी के कारण महिला यात्रियों को काफी परेशानी होती थी। पर कोली महिलाएं भी क्या करें? रोजी–रोटी कमाने के लिए ट्रेन से मुंबई जाना उनकी मजबूरी थी। अन्य कोई व्यवस्था नहीं थी। इंजन के पास गार्ड के बगलवाला एक डिब्बा सामान के लिए आरक्षित था। मगर उस डिब्बे में

मच्छिमार महिलाओं से राखी स्वीकार करते राम नाईक

भारी बोझ ढोने वाले पुरुष यात्री सफर करते थे। मैंने समस्या पर गौर किया। मैंने देखा कि मछली खरीद–बिक्री के लिए आवाजाही का एक खास समय होता है। उतने समय के लिए मैंने चर्चगेट स्टेशन की तरफ का सामान का डिब्बा महिलाओं के लिए आरक्षित करने का निर्णय किया। इस तरह मैंने कोली बहनों को राखी का उपहार दिया। उन्हें तथा आम महिलाओं को भी यह निर्णय बहुत जँचा। इस सुविधा के बाद कोली महिलाओं से मेरा रिश्ता और गहरा हो गया।

तारापुर परियोजना पीड़ित मछुआरे

मच्छिमार समाज के लोगों का जीवन मैंने करीब से देखा था। इसीलिए तारापुर परमाणु परियोजना पीड़ित पुनर्वास कार्यक्रम के तहत मछुआरों के लिए अलग नीति अपनाने पर में जोर देता रहा हूँ। उन्हें मकान के बदले मकान देना काफी नहीं था, सवाल यह था कि सागर किनारे से यदि उन्हें दूर बसाया गया तो उनकी रोजी–रोटी का क्या होगा? उनके पुनर्वास के लिए मुंबई हाईकोर्ट में रिट याचिका दायर की गई, गत दस साल मैं खुद ही कोर्ट में दलील पेश करता रहा हूँ। पर अब राज्यपाल हूँ। अतः सांविधानिक

मर्यादाओं के चलते पैरवी के लिए मैं खुद कोर्ट के सामने नहीं जा सकता। लिहाज़ा प्रधानमंत्री नरेंद्र मोदी एवं महाराष्ट्र के मुख्यमंत्री देवेंद्र फडणवीस से मिलकर इस मामले का निर्णय करने का अनुरोध भी किया है। मैंने व्यक्तिगत रूप से मुंबई हाई कोर्ट के मुख्य न्यायाधीश से भी याचिका अविलंब निस्तारित करने का अनुरोध किया है।

अर्नाला किले में बिजली की रोशनी

वसई तालुका में कोली समाज का बाहुल्य है। हर जगह वहाँ बड़ी आत्मीयता से मेरा स्वागत किया जाता है। पर अर्नाला किले के स्वागत की बात ही निराली है। ज्वार के समय किले पर जाना हो तो खाड़ी में घुटनों तक पानी से होकर जाना पड़ता है। मैं भी अनेकों बार गया हूँ। जैसे ही नाव से मैं उतरता हूँ, कोली बंधु लपककर आगे आते हैं और हाथों पर मुझे उठाकर ले जाते हैं। उनकी इस प्रेममयी पालकी में बैठने से इनकार करना संभव ही नहीं होता। यह किला मुंबई से चंद किलोमीटर दूर है, पर आजादी के 50 साल बाद भी वहाँ बिजली का नामोनिशान नहीं था।

अर्नाला किनारे पर हाथों की पालकी में राम नाईक को ले जाते हुए कोली बन्धु

पाचूबंदर, वसई के श्री फिलीप मस्तान और उनकी नाव समुद्री चक्रवात से सुरक्षित बचकर आने पर उनके हालचाल जानने पहुंचे राम नाईक। साथ में दायीं ओर से सर्वश्री केदारनाथ म्हात्रे, हरेंद्र पाटील, श्रीमती मनीषा चौधरी एवं जनार्दन लोयली

कठिनाई थी कि पानी में बिजली के टॉवर बनाना आर्थिक रूप से सरकारी बिजली कंपनी के लिए संभव नहीं था। इस मामले में भी मैंने मंत्री पद का उपयोग किया। सामाजिक प्रतिबद्धता के बतौर ओएनजीसी ने समुद्र में टॉवर बनाकर अर्नाला किले को रात में उजियारे से भर दिया, अंधेरा छंट गया।

मेरे विवाह में तो बारात नहीं निकली थी, पर अर्नाला के गांववालों ने उद्घाटन समारोह के समय गाते-नाचते, धूमधाम से मेरी और मेरी पत्नी की बारात निकाली। आज भी जब उनके प्रेम दर्शाने का वह माहौल याद आता है तो आंखें भर आती हैं।

सातपाटी की दीवाली

पालघर स्थित सातपाटी के मछुआरों के स्नेह की कहानी और भी अलग है। यहां की पापलेट मछली निर्यात होती है। सातपाटी आने से पहले कभी मैंने इतनी बड़ी पापलेट नहीं देखी थी। यहां के मछुआरे हथेली से डेढ़ गुना बड़ी पापलेट पकड़ते हैं। समुद्र में जाकर मछली पकड़ने वाले समुद्र किनारे पर ही बसते हैं। सागर किनारे के तेज़ भूस्खलन के कारण कई बार ज्वार के समय पानी इनके घरों में घुसने लगता था। विस्थापन इनकी नियति बन गई थी। जलभराव रोकने के लिए कई बार बांध बनाने की मांग के बावजूद राज्य सरकार द्वारा कोई व्यवस्था नहीं की गई। मैंने भारत पेट्रोलियम

एवं मेरी टाईम बोर्ड के अधिकारियों को सागर किनारे का मुआयना करने के लिए कहा। अंततः भारत पेट्रोलियम ने तीन करोड़ रुपए की लागत से बांध बनाकर दिया। नतीजतन बरसों से हो रहा नुकसान रुक गया। बांध के उद्घाटन के लिए जब मैं गाँव पहुँचा, तब वहाँ दीवाली सा माहौल देखने को मिला। हर घर के बाहर रंगोली बनाई गई थी, सड़कों को भी रंगोली से सजाया गया था। जुलूस में मुझ पर फूल बरसाए गए। विभिन्न मच्छिमार संगठनों ने राज्यपाल बनने के बाद सातपाटी में ही मेरा सत्कार भी किया।

एक बहुत मजेदार वाकया मुझे याद आ रहा है। पहले लोकसभा चुनाव के बाद जहाँ कहीं दौरे पर जाता था तो किसी कार्यकर्ता के घर पर ही भोजन का इंतजाम होता था। सातपाटी में कोली कार्यकर्ता के घर पर भोजन रखा गया हो तब भी वे शाकाहारी भोजन ही परोसा करते थे। साल भर मैं देखता रहा, चुप रहा। फिर एक दिन स्थानीय अध्यक्ष से पूछ ही लिया,आप लोगों पर क्या पांडुरंग शास्त्री आठवले का प्रभाव है? (पांडुरंग शास्त्री आठवले जी ने मछुआरों को शराब और मांसाहार की आदत से मुक्ति दी थी) क्या आप लोग 'मालकरी' (विट्ठल भक्तों की एक धारा जो पूर्णतः शाकाहारी होते हैं) हो? मेरे सवाल से वे झेंप गए। दबी आवाज में बोले, ''आप ब्राह्मण हैं,

10वे इंडियन फिशरीज़ एक्वाकल्चर फोरम के अधिवेशन में उद्घाटन भाषण देते हुए राम नाईक

हम समझे मांसाहार से परहेज़ होगा, अतः आप के साथ हम सभी शाकाहार का सेवन करते हैं।'' यह पता चलने पर कि मैं मछली खाता हूं, वे जोश में आ गए। अब मुझे मछली के अलग-अलग व्यंजन परोसे जाते हैं। मैं भी जी खोलकर उन पर टूट पड़ता हूँ।

नहीं जानता कि इन नातों के धागे कब और कैसे पक्के हो गए, पर शायद पिछले जन्म का ही कोई रिश्ता रहा होगा!

मत्स्य व्यवसाय के लिए स्वतंत्र मंत्रालय

असल में मछली पकड़ने का काम समुद्र में खेती करने के बराबर है, पर किसानों जैसी रियायतें मछुआरों को नहीं दी जाती। किसानों को 4 प्रतिशत ब्याज पर ऋण तथा अन्य आर्थिक सहायता दी जाती है। मत्स्य व्यवसाय से 15 लाख परिवार रोजी-रोटी कमाते हैं। कृषि उत्पादन की तुलना में मत्स्य व्यवसाय द्वारा जीडीपी का प्रतिशत काफी ज्यादा, याने 5.4 है। देश में हर वर्ष करीब 96 लाख टन मछली का उत्पादन होता है। गत वर्ष रु. 30,213 करोड़ की मछली निर्यात की गई। चीन को छोड़कर बाकी देशों के मुकाबले भारत में मत्स्य उत्पादन सब से अधिक है। वह और भी बढ़ाया जा सकता है। पर इनकी माँगें गत दस साल से प्रलंबित हैं। मछुआरों ने किसानों की तरह ऋण पर 4 प्रतिशत व्याज से आर्थिक सहायता, डीज़ल रिफंड पुनः शुरू करने, समुद्र में सुरक्षा के लिए कानून बनाने की मांग की है। मैं उत्तर प्रदेश का राज्यपाल बना तो 12 नवंबर, 2014 को लखनऊ में 10वें इंडियन फिशरीज एक्वाकल्चर फोरम के अधिवेशन का मेरे हाथों उद्घाटन हुआ। उस अवसर पर एक प्रस्ताव पारित कर के मत्स्य उद्योग के लिए अलग मंत्रालय स्थापित करने की मांग की गई। 10 फरवरी, 2015 को मैंने प्रधानमंत्री श्री नरेंद्र मोदी से मिलकर मछुआरों की इस मांग से उन्हें अवगत कराया। मुझे आशा है कि केंद्र सरकार इस विषय में सकारात्मक निर्णय करेगी।

(19 अप्रैल, 2015)

❐

राजस्थान के राज्यपाल का अतिरिक्त कार्यभार संभालने के बाद राज्य के मुख्य न्यायाधीश श्री सुनील अंबानी, मुख्यमंत्री श्रीमती वसुंधरा राजे और महाराष्ट्र की राज्यमंत्री श्रीमती विद्या ठाकुर के साथ राम नाईक

महिला साथियों की तीन पीढ़ियों के संग

राज्यपाल बनने के बाद गत नौ महीनों में मैं कम से कम पांच-छह बार काशी गया, पर पत्नी के लिए बनारसी साड़ी नहीं ला पाया हूँ। उसे भी कोई शिकायत नहीं। हमारी शादी को इस महीने 55 साल पूरे हो जाएंगे। ऐसा नहीं कि इतने लंबे साथ के बाद उसे साड़ी की अपेक्षा नहीं होती। पर उसी की जबान में बताएं तो "आपके साथ महिला सहयोगी हों तभी साड़ी मेरे हिस्से में आती है वरना मेरा ऐसा भाग्य कहां?" सच में इस मामले में मैं निहायत नीरस हूँ। संगठन में साथ कार्य कर रही महिला सहयोगी मेरी इस कमज़ोरी से भली-भांति परिचित हैं। अतः जब भी किसी दौरे पर साथ जाते तो वे हक से मुझसे पैसा मांगकर मेरी पत्नी के लिए खरीदारी कर लेतीं। शादी के 18-19 साल बाद पहली बार मैं नागपुर से एक साड़ी ले आया था। साड़ी देखकर पत्नी को हैरत हुई। मैंने यह जताने की

भरपूर कोशिश की कि साड़ी मैं लाया हूँ, पर उसे यकीन था कि मैं इतनी सही खरीदारी कर ही नहीं सकता। आखिर मुझे स्वीकार करना पड़ा कि मेरी सहयोगी विधायक एवं मराठी की प्रसिद्ध लेखिका कुसुमताई अभ्यंकर मुझे बताए बिना ही तुम्हारे लिए साड़ी खरीद लाई हैं। पत्नी ने खुशी-खुशी कुसुमताई को रत्नागिरि फोन लगाया। उसके बाद साड़ियों की खरीदारी का सिलसिला जारी रहा। साड़ी देखकर वह पहचानने लगी कि वह जयवंतीबेन महेता की पसंद है या मालतीबाई नरवणे की।

सात्त्विक नेता

मेरे प्रदीर्घ राजनीतिक, सामाजिक जीवन में अनेक महिला साथियों ने कीमती हिस्सेदारी की। इतना ही नहीं, मेरा व्यक्तित्व गढ़ने में योगदान भी किया। भारतीय जनसंघ की पहली पीढ़ी की तथा उम्र में मुझसे बड़ी नागपुर की सुमतिबाई सुकलीकर, पुणे की प्रो. मालतीबाई परांजपे के लिए मुझे विशेष आदर था। उनके चेहरों पर सात्त्विक भाव झलकता रहता। एक कर्तव्यशील गृहिणी की छवि के अनुरूप दिखने वाली वे दोनों जब मंच से भाषण देतीं तो अपने धाराप्रवाह वक्तृत्व से श्रोताओं को मुग्ध कर देतीं। वे हिंदी में भी धाराप्रवाह भाषण कर सकती थीं। उनका रहन-सहन सादा था। शुरू के दिनों में दोनों ही जनसंघ की ज्योत देश के कोने-कोने तक पहुंचाने के लिए दौरे करती थीं, सभाएं लेती थीं। दौरे करने वाली महिला कार्यकर्ताओं को आज भी कठिनाइयों का सामना करना पड़ता है। इसकी हम कल्पना भी नहीं कर सकते हैं कि अपनी जेब से पैसे खर्च करके जनसंघ का प्रचार करने के उन मुश्किल दिनों में इन बहनों ने दौरे कैसे किए होंगे? सुमतिबाई देर रात को सभाओं का कामकाज खत्म करके जिस किसी कार्यकर्ता के घर रहने जातीं, वहाँ कुछ घंटे नींद लेकर सवेरे उस मेज़बान गृहिणी से पहले उठ जातीं और घर के काम में हाथ बंटाती। आज भी होटल में ठहरना महिलाओं के लिए कठिन होता है। उन दिनों गांवों में होटल कहाँ होते थे? मैंने देखा है कि मालतीबाई किस तरह भूख मारकर भी दौरे करती थीं। मालतीबाई ने 89 की उम्र में अपनी आत्मकथा लिखी थी। गत वर्ष मैंने उसके प्रकाशन में सहायता करके उनके प्रति कृतज्ञता व्यक्त की।

राजमहल की सादगी

बीजेपी की स्थापना के बाद मालतीबाई की हमउम्र राजमाता विजयाराजे सिंधिया से निकट परिचय हुआ। उनकी सादगी से मैं अचंभित हुआ। न राज वैभव की नुमाइश और न ही सत्ता का घमंड। हरदम शुभ्र वस्त्र पहनतीं, कोई गहना नहीं। असल में उनकी आवाज थोड़ी भारी थी पर बातचीत में इतनी मिठास हुआ करती थी कि आप खुद–ब–खुद ही नतमस्तक हो जाएं। सांसद बनने के बाद मेरी उनसे निकटता बढ़ी। 1994 में मुझे कैंसर हुआ था तब अनेक वरिष्ठजन मुझे देखने, स्वास्थ्य पूछने के लिए आए थे। उनमें विजयाराजे की मुलाकात मेरे मन में गहरी छाप छोड़ गई। उनके कार्यवाह सरदार आंग्रे के साथ वह मेरा हालचाल पूछने मेरे घर आई थीं। मेरे छोटे से घर में अंदर आने से पहले उन्होंने जूते बाहर उतार दिए। दिल्ली संस्कृति से परिचित मेरी बेटी ने धीरे से कहा, ‘‘चलेगा, जूते पहने रहें।’’ उस पर वे बोलीं, ‘‘मैं शिंदे हूं, जानती हूँ कि महाराष्ट्र में बाहर के जूते पहनकर घर में नहीं आते।’’ मुसकराते हुए वह अंदर आईं और कमरे में प्लास्टिक

राम नाईक के अनुरोध पर विश्वप्रसिद्ध पोर्ट्रेट चित्रकार श्री वासुदेव कामत की कला–प्रदर्शनी का अवलोकन करतीं राजमाता विजयाराजे सिंधिया

की कुर्सी पर में बैठकर सबसे बतियाने लगीं। उन्होंने मेरे आहार के बारे में कुछ उपयुक्त जानकारी मेरी पत्नी को दी। उनका बरताव इतना ममतामयी था मानो राजमाता नहीं, मेरी बड़ी बहन हों। उनकी बेटी एवं राजस्थान की मुख्यमंत्री वसुंधरा राजे भी मेरी कर्तव्यपरायण सहयोगी हैं। उनकी माताजी के एक सहयोगी के भाव से ही वह मेरा आदर करती हैं। कुछ समय के लिए मुझे राजस्थान के राज्यपाल का भार सौंपा गया था। तब शपथ विधि समारोह के लिए मेरी पत्नी साथ आई थीं, उन्हें चलने में थोड़ी असुविधा हो रही थी। हवाई अड्डे पर स्वागत करने के लिए उपस्थित हुई वसुंधरा ने मेरी पत्नी से कहा, ''व्हीलचेयर क्यों, मैं ले चलती हूं।'' उनके इस अपनेपन के व्यवहार से वहां उपस्थित सभी लोग हैरत में पड़ गए।

भाई जैसा रिश्ता

महिला साथियों से स्नेह बढ़ने का प्रमुख कारण था उन्हें मेरी उपस्थिति उनके बेफिक्र रहने में मददगार होती। दूसरी पीढ़ी की एक कार्यकर्ता ने बताया, ''रामभाऊ, आजकल रात में बैठक हो तो डर लगता है। अकेले जाएं तो डर, साथ में कोई मर्द हो तो और ज्यादा डर! आप ही बताओ, पुरुषों को कि बरताव कैसा होना चाहिए।'' गोरेगांव की चिरमुलेताई कहा करती थी, ''रामभाऊ बैठक में होते हैं तो चाहे कितनी देरी हो, फिक्र नहीं होती। वे घर तक छोड़ने आते हैं।'' सच कहूं तो यह विश्वास पैदा करने के लिए मैं कुछ अलग बरताव नहीं करता था पर औरतों को अच्छी-बुरी नीयत पहचानने का बोध जन्म से ही प्राप्त होता है। जो भी हो यह सच है कि मेरे प्रति उनका विश्वास बना हुआ है। इन रिश्तों के कारण ही चरित्र का मोल समझ में आता है। कभी-कभी ऐसी सुखद घटनाएं होती है कि अभिमान से सिर ऊंचा हो जाता है। एक सहयोगी महिला विधायक के पति ने उसे कहा था, ''विधायक निवास में हमेशा रामभाऊ के बगल वाला कमरा लेना ताकि मैं बेफिक्र रहूं।''

कुछ हिम्मती महिलाएं अपना खयाल रखने में समर्थ होती हैं। उनके दमदार व्यवहार, चरित्र-संपन्नता के प्रभाव के चलते पुरुष सहयोगी भी आदर से ही पेश आते हैं। मुझे मुंबई के वे दिन याद आते हैं जब श्रीमती

मुंबई भाजपा महिला मोर्चा द्वारा आयोजित गैस ग्राहक परिषद में महिला नेता (बाईं ओर से) सर्वश्री शालिनीताई कुलकर्णी, मालतीबाई नरवणे, जयवंतीबेन महेता व पुष्पा वागळे के साथ राम नाईक

जयवंतीबेन महेता, मालतीबाई नरवणे, पार्षद पुष्पाताई वागळे, श्रीमती शालिनीताई कुलकर्णी के संग मैं कार्य किया करता था। वह 1970–80 का काल था। घर–परिवार का दायित्व संभालकर भी वे राजनीति में जिस कदर प्रभावशाली कार्य करती थीं, उसकी तुलना में आज की कॉरपोरेट जगत की अग्रणी महिलाओं की उपलब्धि फीकी लगती है।

जयवंतीबेन, कुसुमताई के अलावा और भी महिला विधायक मुझे याद आ रही हैं। कामगार नेता डॉ. दत्ता सामंत की पत्नी डॉ. विनिता एवं कांग्रेस की शालिनीताई पाटील विरोधी दल की थीं। उनसे मेरी बातचीत आठ–दस वाक्यों में सिमटी रहती। पर शालिनीताई को इस बात का बड़ा कौतुहल था कि मध्यवर्गीय होकर भी मैं राजनीति में कैसे पैर जमाए हुआ हूँ! चुनाव में पैसे की जरूरत पड़ती ही है। पर बिना मांगे जो मिलता है, वह ज़्यादा कीमती लगता है। लोकसभा के चुनाव में जब–जब मेरी उम्मीदवारी घोषित हुई, शालिनीताई ने शुभेच्छा के रूप में खुद से ही दस हजार रुपए भेजे। सहायता के बाजारू मूल्य से इनकी स्नेह भरी मदद का मूल्य कई गुना ज़्यादा है। डॉ. विनिताताई की रीत और निराली थी। बात तब की है

विधायक निधि से निर्मित पहले दो-मंजिले शौचालय के उद्‌घाटन के अवसर पर डा. विनिता दत्ता सामंत के साथ राम नाईक

जब विनितताई के पति डॉ. दत्ता सामंत का मुंबई में जलवा था। एक दिन विनितताई ने फोन करके मुझे कहा, ''भाई बनकर मेरा एक काम करें पर आप किसी को बताएंगे नहीं, डॉक्टर को तो कतई नहीं।'' डॉ. सामंत ने गुस्से में रिश्ते में बहुत करीब के एक शख्स से नाता तोड़ दिया था। उस शख्स के बेटे को पसंदीदा स्कूल में दाखिला नहीं मिल रहा था। वह स्कूल मेरे चुनाव क्षेत्र में था। हालांकि स्वयं विनितताई स्कूलवालों को फोन करतीं तो भी काम हो सकता था पर उस व्यक्ति के प्रति स्नेह और डॉक्टर के गुस्से के बीच दुविधा में फंसी वह चाहती थीं कि यह काम मैं करूं। इस किस्से के बाद कई बार डॉ. दत्ता सामंत से मेरी मुलाकात हुई पर कभी मैंने उसका ज़िक्र नहीं किया। विनितताई जब भी मिलती दूसरों से मेरा परिचय 'मेरे भाई' के रूप में कराती। राजनीतिक-सामाजिक जीवन में ऐसे कई रिश्ते सहज ही पनपते हैं।

मेरे विरोधी

मेरे राजनीतिक-सामाजिक जीवन में समाजवादी नेता मृणाल गोरे की भूमिका उल्लेखनीय रही है। हमारे दल अलग-अलग थे; तब भी गोरेगांव के पाणी परिषद में हमने साथ-साथ काम किया। पाणी परिषद एवं जनता

वसई में चुनाव प्रचार के बाद रेल से गोरेगांव लौटते समय गपशप करते हुए श्रीमती मृणाल गोरे और राम नाईक

पार्टी की स्थापना की अवधि को छोड़ दें तो हम एक-दूसरे के विरोध में ही रहें। पर वैचारिक-राजनीतिक लड़ाई के दौरान हम दोनों ने शालीनता की मर्यादा नहीं लांघी। असल में मुझसे चुनाव हारने के कारण उन्हें राजनीति से संन्यास लेना पड़ा। पर हमारे बीच आदर बरकरार रहा। कई बार ऐसा भी हुआ कि चुनावी सभा में हम एक-दूसरे पर तीखे हमले करते और वसई से ट्रेन में आते-आते गपशप करते हुए साथ घर लौटते। यह पता चलने पर कि मुझे कैंसर हो गया है, वे सारी कड़वाहट भुलाकर हालचाल पूछने मेरे घर आई थीं। बाद में वे भी बीमारी की चपेट में आईं तो बेतकल्लुफ़ होकर सवाल पूछतीं। उनकी 80वीं वर्षगांठ समारोह में मैं प्रमुख अतिथि के रूप में शामिल हुआ। इस तरह की निरीह राजनीतिक लड़ाई आज की राजनीति में दुर्लभ हो गई है। एक और तेज-तर्रार कम्युनिस्ट महिला नेता थीं, जो हमारी कट्टर विरोधी थीं पर उनके प्रति भी मेरा बेहद सम्मान था। उनसे भी मैंने बहुत कुछ सीखा। उनका नाम था अहिल्याताई रांगणेकर।

महिला सांसद सहयोगी

सांसद बनने के बाद देश की अनेक महिला सांसदों से मेरा करीब से परिचय हुआ। वहां भी कम्युनिस्ट महिला नेता गीता मुखर्जी मुझसे बड़ी

आत्मीयता से पेश आतीं। 'फायर ब्रांड' कही जाने वाली सुश्री ममता बैनर्जी जब स्नेह से 'कैसे हो दादा' कहकर अभिवादन करतीं तो मेरे सन्मित्र प्रो. राम कापसे चिकोटी काटते हुए कहते, "आपसे तो यह बड़े अदब से पेश आती हैं, भई।" प्रो. कापसे और अण्णा जोशी जैसे मेरे सहयोगी शब्दों के बाण चलाने और मज़ाक करने में उस्ताद थे। चेहरे के हावभाव बदले बिना ऐसी विनोदी बातें कहने में निपुण थे कि सुननेवाला हंस-हंसकर लोटपोट हो जाए। लोकसभा में मैं दोनों के बीच में बैठता। ज़ाहिर है सदन की ऊबाऊ कार्यवाही उनके कारण दिलचस्प बनी रहती। मराठी भाषी होने का लाभ हम उठाते रहे पर एक दिन पीछे की बेंच से एक सदस्य ने हमें डांटते हुए कहा, "हमें आप लोगों की बात पीछे तक सुनाई देती है, अनायास ही हंसी फूट जाती है पर मेरे बगल वाले सदस्य को मराठी समझ में नहीं आती। अतः वे बड़ी विचित्र नजरों से मेरी ओर देखते हैं। मजाक मत करो, किसी दिन मैं यदि हँसी रोक नहीं पाई तो हम सब मुसीबत में फंस जाएंगे।" डांट लगाने वाली वह अन्य कोई नहीं बल्कि श्रीमती सुमित्रा महाजन थीं, जो आज लोकसभा की अध्यक्ष हैं।

ज्येष्ठ पुत्री निशिगंधा के जन्मदिवस पर नाईक परिवार के साथ लोकसभा अध्यक्ष श्रीमती सुमित्रा महाजन

श्रीमती महाजन का पीहर महाराष्ट्र के चिपलून में है। उनके भाई अरुण साठे मुंबई में मेरे साथी हैं। ऐसे अनेक कारणों से सुमित्रा महाजन और मेरी केमेस्ट्री अच्छी जमती। मैं जब पेट्रोलियम मंत्री बना तब वह मेरे विभाग की राज्य मंत्री थीं। हमारे बीच कभी कोई मनमुटाव या विसंवाद का प्रसंग नहीं आया। लिहाज़ा विभाग में हम कठिनतम कार्य करके दिखा सके। श्रीमती सुषमा स्वराज एवं सुश्री उमा भारती तो बीजेपी की स्थापना से ही केंद्रीय कार्यकारिणी की सदस्य रही हैं, अतः उनसे और अन्य सांसदों से मेरा संपर्क रहा है।

मुझे एक घटना याद आती है। 1992-93 में बीजेपी की महिलाओं ने महंगाई के विरोध में दिल्ली में जोरदार आंदोलन किया था। उसमें भाग लेने के लिए महाराष्ट्र से भी भाजपाई महिलाएं दिल्ली आई थीं। पुलिस ने महिलाओं को गिरफ्तार करके रात दस बजे रिहा किया। महाराष्ट्र से आई भाजपाई महिलाएं दिल्ली में किसी को नहीं जानती थीं, उस वक्त बीजेपी का कार्यालय भी बंद हो चुका था। अतः उनकी समझ में नहीं आ रहा था कि इतनी रात में वे कहां जाएं? उन्हें दिल्ली का कुछ भी पता नहीं था। पुलिस ने उनसे कहा कि कोई एक पता बताएं तो वे उन्हें छोड़ सकते हैं। उनके ध्यान में एक ही नाम आया – राम नाईक! उन 13-14 महिलाओं को मेरे घर पहुंचाया गया। सुबह से वे भूखी और थकी हुई थीं। मैं अकेला आदमी घर में रहता था। घर में न खाने-पीने की व्यवस्था थी, न पकाने की सामग्री। उस वक्त पूर्व केंद्रीय मंत्री वेदप्रकाश गोयल (वर्तमान ऊर्जा मंत्री पीयूष गोयल के पिता) मेरे घर ठहरे हुए थे। वे भोजन के लिए उन्हें बाहर ले गए। ठंड के दिन थे। उन सबके सोने-रहने का इंतजाम हमने किया। दूसरे दिन जयवंतीबेन महेता मेरे घर आईं। उन्होंने नेता का चोला उतारकर मेरी बेटी की मदद से उन महिलाओं के लिए भोजन बनाया। शाम को उन महिलाओं को मुंबई रवाना किया।

महिला सहयोगियों की तीसरी पीढ़ी

मुझे यह बताते हुए खुशी होती है कि मेरे बाद की तीसरी पीढ़ी की महिला कार्यकर्ताओं का हौसला बढ़ाने में मैं कामयाब रहा। उनमें से कइयों

राम नाईक से मिलने लखनऊ आई पार्षद श्रीमती आसावरी पाटील व श्रीमती बीना दोषी

ने आगे चलकर नाम कमाया। इनमें मुख्य रूप से शैला पतंगे सामंत, सांसद किरीट सोमैया की पत्नी मेधा, मुंबई की पूर्व उपमहापौर तथा वर्तमान राज्य मंत्री विद्या ठाकुर, शैलजा गिरकर, आसावरी पाटील, बीना दोशी, सुनीता यादव, उज्ज्वला मोडक, सुचित्रा नाईक, भारती केणी, शिल्पा मिठबांवकर, दक्षा पटेल शामिल हैं। इनमें से अनेक पार्षद बनीं। मेरे चुनाव क्षेत्र उत्तर मुंबई से निर्वाचित सक्षम पार्षद से विधायक बनीं मनीषा चौधरी पर मुझे गर्व है। वे भी फ़ख्र से बताती हैं कि उनकी सफलता में मेरा बड़ा योगदान है।

अनेक महिला साथियों से मेरी पत्नी की दोस्ती हुई पर उनमें गोवा की राज्यपाल बनीं मृदुला सिन्हा से उनकी दोस्ती गाढ़ी है। साहित्यकार मृदुलाजी दिल्ली में जयवंतीबेन महेता से मिलने मेरे घर आया करती थीं। यह

राम नाईक से शिष्टाचार मुलाकात करते हुए गोवा की राज्यपाल श्रीमती मृदुला सिन्हा

पता चलने पर कि मेरी पत्नी ने हिंदी-मराठी विषय में एम.ए. किया है, वह किताबें भेजने लगीं। 'राजमाता' फिल्म के सिलसिले में वह हेमा मालिनी से मिलने एक बार गोरेगांव आई थीं तो बड़े अधिकार से आराम करने के लिए हमारे घर आईं जबकि मैं स्वयं मुंबई में नहीं था। तब से मेरी पत्नी ताना देते हुए मुझे कहती रहती हैं, "देखो, मेरी तरह मृदुलाजी को भी दोपहर में दस मिनट की झपकी काफी हो जाती है।"

नए ज़माने की उदीयमान महिला कार्यकर्ता भी मुझसे खुले दिल से सलाह-मशविरा करती हैं, अपनी व्यथा-कथा सुनाती हैं। मुंबई की अधिसंख्य नौकरीशुदा महिलाएं मेरे प्रति अपनत्व का भाव रखती हैं। उसका कारण है – मैंने बड़ी जद्दोजहद से मुंबई में विश्व की पहली महिला लोकल शुरू करवाई है। इस उपलब्धि से मेरा नाम जुड़ा है, पर यह कहानी फिर कभी!

(3 मई, 2015)

❐

वसई तहसील में सांसद निधि से निर्मित कूपनलिका का उद्घाटन करते राम नाईक

महिलाओं की सुविधाओं के लिए जद्दोजहद

आज 17 मई है। मेरे वैवाहिक जीवन के 55 साल पूरे हो गए हैं। इन सालों में मेरी पत्नी कुंदा ने मुझे क्या दिया, इसकी चर्चा करने की आवश्यकता नहीं है, न यह सही अवसर है। पर यह सच है कि उसी के समर्थ साथ के कारण महिला वर्ग तथा उनकी समस्याओं की ओर देखने का मेरा दृष्टिकोण परिपक्व हो सका। लिहाज़ा राजनीति एवं सामाजिक स्तर पर मैंने महिलाओं को लाभ पहुंचाने वाले अनेक कार्य किए। विनम्रता से कहना चाहूंगा कि उनमें से कुछ तो पथदर्शी हैं।

हमारे विवाह के सपनीले शुरुआती दिन मुंबई के चॉल में बीते। मेरे साथ जीवन बिताते हुए कुंदा को अनेक समझौते करने पड़े, उसने खुशी-खुशी वह सब निभाया। पर एक समझौता मायके से संपन्न घर की उस जैसी स्त्री को बड़ा कठिन लग रहा था। चॉल

के सार्वजनिक शौचालय का इस्तेमाल उसे बिल्कुल ही नहीं जंचता था। उसी कारण मुंबई की महिलाओं के संकोच, शर्म और समस्याओं का मुझे एहसास हुआ।

महिलाओं के लिए शौचालय, पानी

इसी एहसास ने मुंबई की झुग्गी बस्ती में विधायक फंड से दुमंजिला शौचालय बनाने के लिए मुझे प्रेरित किया। मेरे सामने चुनौती यह थी कि अपर्याप्त जगह में महिलाओं के लिए पर्याप्त शौचालय हो तथा पुरुषों के लिए भी वह सुविधाजनक बने रहें। इसी सोच से बोरिवली के सुकरवाडी में दुमंजिला शौचालय साकार किए। आपको यकीन नहीं होगा पर शौचालय उद्घाटन के लिए उस बस्ती की महिलाएं संभ्रांत परिवारों की महिलाओं से भी अधिक सज-धजकर आई थीं। वह दृश्य देखकर मेरी खुशी का पारावर नहीं रहा। फिर ये नजराना रोज का हुआ। मैंने अनगिनत झुग्गी-झोंपड़ियों में शौचालय बनावाए। जिनका विशेष रूप से वहां की महिलाओं ने स्वागत किया।

दूसरा गंभीर प्रश्न था पानी का! घर में नल न हो तो महिलाओं को बाहर से भारी बाल्टियां उठा-उठाकर पानी लाना पड़ता है। अकसर घर के पुरुष इस काम से जी चुराते हैं। लिहाजा इस कमरतोड़ सेवा का भार महिला के ज़िम्मे आ जाता है। मैंने अपने चुनाव क्षेत्र में विधायक तथा सांसद निधि से कई जगह नल लगवाए। इस काम के लिए हजारों महिलाओं की दुआओं का मैं हक़दार बना।

मुंबई की नौकरीशुदा महिलाएं

एक हृदयविदारक रात मैं अब तक नहीं भूला हूँ। 13 अक्तूबर, 1993 की शाम को आकाश में यकायक काले बादल छा गए थे, फिर पानी बरसने लगा। माहौल धुंधला हो गया था। नौकरी से घर लौटने वाली महिलाओं से लोकल का डिब्बा खचाखच भरा था। वह लोकल कांदिवली स्टेशन के कुछ पहले रुकी हुई थी। किसी को पेंटोग्राफ से धुआं निकलता दिखा। घबराहट में महिलाएं बाहर कूद पड़ीं। धुंध के कारण पास के ट्रैक पर सामने से आ रही लोकल उन्हें नहीं दिखी। वह लोकल 22 महिलाओं की ज़िंदगी

निगल गई। वे सभी मेरे चुनाव क्षेत्र की निवासी थीं। मैं उनके परिवार को सांत्वना देने गया तो था, पर क्या दिलासा देना संभव था? उनमें लगभग सभी परिवार के आर्थिक बोझ में हाथ बंटाने वाली वीरांगनाएं थीं। उनके जाने से परिवार की अपूरणीय क्षति हुई थी। उस घटना ने दुःखद तथ्य का एहसास दिलाया कि हवाइ एवं कार दुर्घटनाग्रस्तों के लिए जैसे बीमा सुरक्षा का प्रावधान है, वैसे रेल दुर्घटना में नहीं। मैंने लोकसभा में यह समस्या बयान की। उसके बाद रेल दुर्घटनाग्रस्तों के लिए बीमा सुरक्षा का प्रावधान किया गया।

विशेष रूप से नौकरी

बहुतों को जयबाला आशर के साथ लोकल ट्रेन में हादसे की घटना याद होगी। मैं तब रेल राज्य मंत्री था। लोकल ट्रेन में हमलावरों का बहादुरी से सामना करते समय उसे पैर गंवाने पड़े। उसे बीमा की रकम मिलने में विलंब होगा, वैसे भी वह रकम अपर्याप्त है, इसी विचार से जयबाला का इलाज करवाया। उसे 50 हजार रुपए का 'वीरबाला पुरस्कार' प्रदान करके उसका हौसला बढ़ाया। रेल दुर्घटना में एक आंख खोने वाली सोनी जोसेफ तथा जयबाला को अपवाद के रूप में रेल सेवा में समाहित कर लिया। इस तरह नौकरी देने का रेल प्रशासन में प्रावधान नहीं है, अतः कइयों ने आलोचना की पर उससे ज्यादा लोगों ने प्रशंसा भी की। मैंने कोई प्रतिक्रिया

मुंबई उपनगरी रेल में गुंडों से मुकाबला करते हुए दोनों पैर गंवाने वाली कु. जयबाला आशर को अस्पताल जाकर 'वीरबाला पुरस्कार' देते राम नाईक

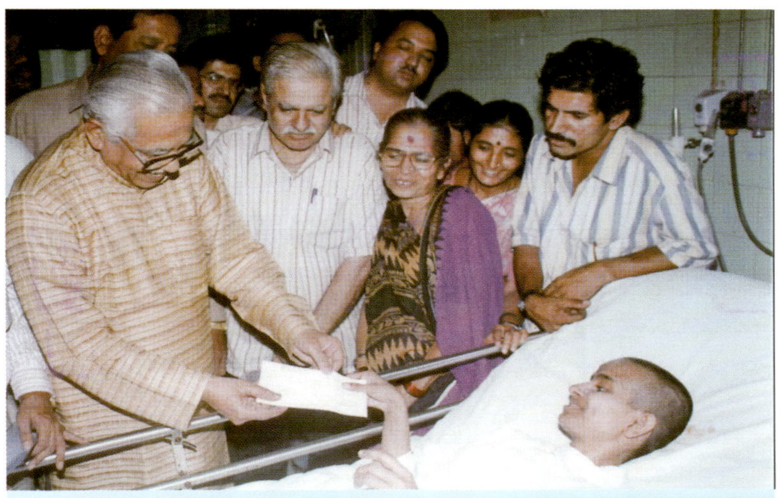

व्यक्त नहीं की पर आज भी जब हर दीवाली पर मेरी डाक में आया जयबाला का शुभेच्छा पत्र पढ़ता हूं तो खुशी से दिल फूला नहीं समाता। रेल-यात्रा में महिला सुरक्षा की समस्या भी मैंने उठाई। रेल राज्य मंत्री था तब मध्य रेल में देश की पहली महिला पुलिस बटालियन का उद्घाटन किया।

स्तनपान को प्रोत्साहन

सांसद के रूप में मैं एक और अनूठा कार्य कर सका। वैसे तो वह महिलाओं के लिए था पर असल में देशहित का भी था। नब्बे के दशक में बेबी फूड (शिशु आहार) के विज्ञापनों का बोलबाला था। इनके कारण पढ़ी-लिखी और अनपढ़ महिलाओं में यह भ्रांति फैल रही थी कि स्तनपान के बजाय यह तैयार आहार यदि शिशु को दिया जाए तो वह ज्यादा तंदुरुस्त होगा और माता का सौंदर्य भी बरकरार रहेगा। इस भ्रांति के कारण देश की भावी पीढ़ी का स्वास्थ्य खतरे में पड़ने की आशंका पैदा हो गई थी। इधर पश्चिम के देश की इस धारणा को गलत बताते हुए विश्व स्वास्थ्य संगठन स्तनपान को बढ़ावा दे रहा था। वैज्ञानिक स्तर पर यह साबित भी हो चुका था कि स्तनपान के कारण शिशु की प्रतिरोधक क्षमता एवं स्वास्थ्य उत्तम रहता है। अतः डॉ. नरसिंह कुमठा, डॉ. श्याम अग्रवाल, डॉ. पवन सुरेका आदि विशेषज्ञ यह विज्ञापन रोकने की गुहार लगाते हुए मुझसे मिलने आए। मैंने लोकसभा के विशेषाधिकार का इस्तेमाल करते हुए गैर सरकारी विधेयक के रूप में सरकार के सामने यह प्रश्न रखा। विधेयक में स्तनपान को प्रोत्साहन तथा शिशु आहार के विज्ञापनों पर पाबंदी लागू करने की मांग की। विषय का महत्त्व समझकर मानव संसाधन राज्य मंत्री सुश्री ममता बैनर्जी ने मेरे निजी विधेयक को कानून बनाने का वादा किया। वादे के मुताबिक सुश्री ममता बैनर्जी ने इन पर पाबंदी का कानून लागू किया। आज भी शिशु आहार के विज्ञापनों पर पाबंदी लागू है। शिशु आहार के इन डिब्बों पर वैधानिक सलाह छापना अनिवार्य है कि 'स्तनपान सर्वोत्तम है'। मेरा निजी विधेयक सरकारी विधेयक के रूप में स्वीकार किए जाने की घटना संसदीय इतिहास के पन्नों में दर्ज हुई। उसके बाद वाजपेयी सरकार ने स्तनपान अवकाश मंजूर करने का नियम बनाया। इस बात से मैं संतुष्ट हूं कि देश की भावी पीढ़ी का स्वास्थ्य बनाए रखने की प्रकिया में मैं कुछ योगदान कर सका।

महिला राज

मेरे परिवार में 'महिला राज' है। दो बेटियां हैं तथापि मेरी व्यस्तता के कारण पत्नी ही नौकरीपेशा होने के बावजूद घर की जिम्मेदारी बखूबी संभालती रही हैं। इतना ही नहीं, मेरे सामाजिक कार्यों में भी वह हाथ बंटाती है। चुनाव के दौरान छुट्टी लेकर वह कार्य में जुटा करती थी। शुरू के दिनों में वही मेरी टाइपिस्ट थी। मेरी बेटियां उसी की छाया एवं संस्कार में पलीं। बड़ी बेटी निशिगंधा रिसर्चर (शोधकर्ता वैज्ञानिक) है। उसे हम 'झाँसी की रानी' कहते हैं। जहाँ कहीं कोई गड़बड़ी दिखती है, कमर कसकर वह ठीक करने में लग जाती है। स्कूल में थी तब एक बार सरकारी छात्रवृत्ति के पैसे बच्चों को नहीं मिले थे। उसने एक निवेदन बनाकर मेरे हाथ में थमाया और वह मसला हल करने की हठ की। मैंने वह प्रश्न विधान सभा में पूछा। नतीजन राज्य के सैकड़ों बच्चों की छात्रवृत्ति का पैसा अदा कर दिया गया। श्रेय मुझे मिला, पर इसी तरह रोजमर्रा के जीवन में आम आदमी को सताने वाले प्रश्न वे तीनों मुझ तक पहुंचाती रही हैं। घर की ये तीनों महिलाएं रेल में यात्रा करती हैं, अतः महिला रेल यात्रियों की समस्याएं समझने के लिए मुझे बाहर जाने की जरूरत ही नहीं पड़ी। स्त्री की शक्ति पर मुझे पूरा भरोसा है। इसी कारण महिलाओं के लिए 33 प्रतिशत आरक्षण का मैंने तहे दिल से समर्थन किया। संसद में यह आरक्षण लागू करने के लिए कम्युनिस्ट नेता श्रीमती गीता मुखर्जी की अध्यक्षता में एक समिति बनी थी। मैं उसका सदस्य था। दुर्भाग्य से यह प्रावधान लागू नहीं हो सका।

इस 21वीं सदी में कन्या भ्रूणहत्या की खबरें सुनते हैं तो क्रोध आता है। बेटियों की परवरिश के दौरान मेरे मन को कभी यह विचार छुआ तक नहीं कि ये बोझ हैं या उन्हें यह करना चाहिए, यह नहीं। बड़ी बेटी निशिगंधा जब छोटी थी तब मैं थोड़ा कम व्यस्त हुआ करता था। मैंने उसे घरेलू बिजली का फ्यूज ठीक करने से लेकर नल का वॉशर बिठाने तक का काम सिखाया। छोटी बेटी विशाखा स्कूल में थी, जब मैं पहली बार विधायक बना, सो और भी व्यस्त हो गया। उसे मुझसे बहुत लगाव था। मेरा कार्यालय घर में ही था। वह आकर वहां बैठ जाती। उससे मैं छोटे-मोटे काम कराता। अब 20-25 साल से वहीं मेरा कार्यालय संभालती है।

कारगिल शहीद की वीरपत्नी को गैस एजेंसी वितरित करते हुए राम नाईक

मेरे घर की महिला ब्रिगेड ने मुझे अन्य महिलाओं के लिए बड़े काम करने की प्रेरणा दी।

एक काम में मेरे इस ब्रिगेड को मेरी जरूरत पड़ती थी। गैस सिलिंडर उठाने का काम मेरे ज़िम्मे होता। वक्त पर सिलिंडर न मिलने पर गृहणियों को किस कदर परेशानी होती है, यह मैंने घर में ही अनुभव किया, जो पेट्रोलियम मंत्री बनने पर मेरे काम आया। बचपन गांव में ही बीता, अतः यह एहसास भी था कि लकड़ी का चूल्हा फूंक-फूंककर महिलाओं का कितना बुरा हाल होता है! मैं चाहता था कि हर घर की रसोई धुआं मुक्त हो। इसी चाह ने मुझे देश भर में लाखों गैस कनेक्शन दिलाकर 'न भूतो न भविष्यति' का रिकॉर्ड स्थापित करने का अवसर दिया। जब मैं पेट्रोलियम मंत्री बना तब गैस कनेक्शन की प्रतीक्षा सूची में एक करोड़ दस लाख लोग थे। उनके समेत मैंने कुल तीन करोड़ 50 लाख नए कनेक्शन दिए। शहरों की झुग्गीबस्ती तथा गांवों तक 15 किलो वजन का सिलिंडर ढोकर ले जाना कठिन था, अतः मैंने 5 किलो के छोटे सिलिंडर बनवाए। मुंबई में पाईप गैस घरों में पहुंचाने का महत्त्वाकांक्षी प्रोजेक्ट मैंने सफलता से क्रियान्वित किया।

वीरपत्नियों का सम्मान

पेट्रोलियम मंत्री के रूप में क्या-क्या काम किए, यह चर्चा बाद में करूँगा। फिलहाल मुझे एक मर्मस्पर्शी वाकया याद आ रहा है। कारगिल

युद्ध के बाद आम आदमी से लेकर प्रधानमंत्री तक सब को युद्ध में शहीद हुए वीरों की विधवाओं या उनके परिवारों के लिए कुछ कर गुजरने की इच्छा थी। मुझे भी चाह थी। मैंने मंत्रिमंडल के समक्ष ऐसी विधवाओं या उनके परिवार जन को पेट्रोल पंप या गैस एजेन्सी देने का प्रस्ताव रखा। एक पैट्रोल पंप के लिए 40- 50 लाख और गैस एजेन्सी के लिए 20-25 लाख रुपए सरकारी निवेश की आवश्यकता थी। प्रस्ताव सर्वसम्मति से मंजूर हो गया। सरकार की ओर से प्रदान की गई, यह सुविधा स्वीकार करते समय दुखी वीरपत्नियों की आंखें यह सोचकर छलक आईं कि उनके बच्चों के लालन-पालन का सहारा मिल गया। उनके दर्शन से मुझे लगा मानो चारों धाम की यात्रा का पुण्य मिल गया। मुझे संतोष है कि मैं देश के लिए शहीद होने वाले वीरों के परिवार के लिए कुछ कर सका।

कारगिल के दौरान एक और अविस्मरणीय घटना हुई। देश भर से सहायता की बरसात हो रही थी। इस बीच मुझे किसी ने वसई से फोन पर स्वतंत्रता सेनानी श्री वासुदेव पै के निधन की खबर दी। उनके दो बेटे पार्टी में मेरे साथी हैं। सांत्वना देने मैं उनके घर पहुंचा। जब मैं वहां से निकला तो भारी शोकमग्न होने के बावजूद इन बेटों की वृद्ध मां ने एक बक्सा मुझे थमाते हुए कहा, ''युद्धवीरों के सहायतार्थ यह धन प्रधानमंत्री अटलबिहारी वाजपेयी को सौंपें।'' उसमें श्रीमती पै का स्त्री धन एवं आभूषण थे। मेरी आंखें नम हो गईं, भारतीय स्त्री का यह समर्पित, त्यागमय रूप देखकर मैं नतमस्तक हो गया।

(17 मई, 2015)

❐

मराठवाड़ा विश्वविद्यालय के नामांतर की मांग लेकर आए
आंदोलनकारियों को विधानसभा के बाहर संबोधित करते राम नाईक और
पीछे विधायक श्री अण्णा जोशी

बात विधायक था तब की - 1

विधानसभा में मुंबई से लगातार तीन बार और सर्वाधिक मतों से विजयी होने का दोहरा रिकॉर्ड सब से पहले मैंने अर्जित किया। 1978 से 1989 के दौरान मैं विधायक रहा। मेरे जीवन का यह दौर सुंदर और तूफानी था। इस काल में मैं पहले जनता पार्टी का व बाद में भारतीय जनता पार्टी का मुंबई अध्यक्ष भी था। मुझ पर दोहरी जिम्मेदारी थी। एक ओर दल का प्रभाव क्षेत्र बढ़ाने, दूसरी तरफ विधानसभा में दल की छवि को और निखारने का काम मुझे करना था। 1978 से 80 तक केंद्र में जनता पार्टी का राज था। हमारे काफी विधायक चुनकर आए थे। चुनाव क्षेत्र तथा विधानसभा में कार्य करने के संदर्भ में प्रशिक्षण देने का काम स्व. रामभाऊ म्हालगी, स्व. दत्ताजी ताम्हाणे, स्व. ग.प्र. प्रधान किया करते थे। स्व. उत्तमराव पाटील, स्व. हशु आडवाणी, स्व. प्रा.जी.बी.

कानिटकर आदि दिग्गज सदन में हमारा मार्गदर्शन करते थे। किंतु 1980-85 के बीच विधानसभा में बीजेपी के महज 14-15 सदस्य थे, मुंबई के तो हम दो ही थे। एक मैं जो मुंबई के आखिरी उपनगर बोरिवली से सर्वाधिक मतों से निर्वाचित हुआ था और दूसरे प्रेम कुमार शर्मा, जो दक्षिण मुंबई के खेतवाड़ी विधानसभा क्षेत्र से महज 32 मतों से विजयी हुए थे। ग्रामीण महाराष्ट्र के युवा चेहरे के रूप में स्व. गोपीनाथ मुंडे ने सदन में प्रवेश किया था। कुल मिलाकर हमारी पार्टी की राजनीतिक स्थिति अच्छी नहीं थी। दो ही वर्ष का अनुभव होने के बावजूद मुझे एवं प्रा. राम कापसे को वरिष्ठ सदस्य का दायित्व संभालना पड़ा। तीसरी बार जब मैं चुनकर आया तब तक स्थिति बदल गई थी। मेरी छवि ऐसी मजबूत बन गई थी कि जो भी मुद्दे मैं उठाता, वे खबर बन जाते। मुझे खबरों के बड़े स्रोत के रूप में देखा जाने लगा।

मित्रता का माहौल

मैं तरक्की की दिशा में तेज़ी से आगे बढ़ रहा था। सहयोगी हौसला बढ़ा रहे थे, पूरा साथ दे रहे थे। विचारों के आदान-प्रदान, विषय का ज्ञान बढ़ाने, मंथन करने के बढ़िया अवसर नागपुर के विधानसभा सत्र के दौरान हमें मिलते। दल भेद से ऊपर उठकर विभिन्न विषयों पर दिलचस्प चर्चाएं वहां होतीं। गंभीर चर्चाओं के दौरान हंसी-मजाक का तड़का भी लगता।

सहयोगी कार्यकर्ता श्री धीरूभाई शाह के घर मित्रता भरे माहौल में भोजन करते हुए राम नाईक, साथ में डॉ. वासुदेव शृंगी, हरिश्चंद्र पालीवाल

फर्राटेदार अंग्रेजी बोलने वाले मधु देवलेकर चुनिन्दा शब्दों के माध्यम से चिकोटियां काटने में पारंगत हैं। उन्हें कुछ ज्यादा ही ठंड लगती है, इसी बात को लेकर हम लोग उनका मजाक उड़ाते। पर एक अलग मज़ेदार किस्सा प्रोफेसरों के भुलक्कड़पन को लेकर हुआ। हम लोग गपशप का अड्डा अकसर प्रो. ग.प्र. प्रधान के कमरे में जमाते। एक दिन प्रो. बालासाहेब कानिटकर के कमरे में महफ़िल जमी। नींद आने तक वह जमी रही। हम लोग जब निकलने लगे तो कानिटकर भी साथ हो लिये। प्रधान ने उन्हें पूछा, ''आप कहां चल दिए?'' कानिटकर बोले, ''चलो, आज आप ही के कमरे में सो जाते हैं।'' उनके कथन से हम सब की हंसी छूट गई, ठहाकों से गलियारा गूंज गया। प्रोफेसर साहब बिल्कुल भूल गए कि वे अपने ही कमरे में हैं।

श्री हशु आडवाणी ने हमें विधानसभा के कामकाज की बारिकियों पर गौर करना सिखाया। विभाजन की त्रासदी के दौरान हजारों हिंदुओं को भारत भेजने के बाद सब से आखिर में भारत पहुंचे स्वयंसेवक थे श्री हशुजी!

राम नाईक मुंबई भाजपा अध्यक्ष होते हुए आयोजित मोर्चे में उनके साथ श्री नानूभाई पटेल, श्रीमती जयवंतीबेन महेता, सर्वश्री रामदास नायक, प्रा. ग.भा. कानिटकर, प्रेमकुमार शर्मा, हशु आडवाणी आदि नेतागण

उनका व्यक्तित्व विलक्षण, देश कार्य के लिए अविवाहित हशुजी के लिए हम सहयोगी और कार्यकर्ता ही उनका परिवार थे।

हशुजी का आदर्श

1980 में जनता पार्टी से अलग होकर भाजपा ने विधानसभा का चुनाव लड़ा। उन दिनों मतगणना केंद्र में आप हों तो बाहर के नतीजे जानने की कोई व्यवस्था नहीं थी। जीत के बाद जब मैं केंद्र से बाहर आया तो सैकड़ों कार्यकर्ता बाहर उपस्थित थे। उनमें श्री हशुजी सब से आगे थे। मैं हैरान हो गया, मन शंकाओं से घिर गया। अपना चेंबूर क्षेत्र छोड़कर वे यहां क्यों आए हैं? मैंने पूछ ही लिया। पहले पार्षद , बाद में जनता पार्टी सरकार के नगर विकास मंत्री के रूप में दो साल व्यापक कार्य करने वाले हशुजी की जीत पक्की मानकर हम चले थे। उन्होंने बताया, ''सारे रिजल्ट आ गए हैं, सिर्फ प्रेम कुमार शर्मा के यहां पुनः मतगणना हो रही है। सिर्फ तुम अकेले जीते हो। तुम्हारी जीत का जश्न मनाने आया हूं।'' इतना बड़प्पन, इतनी ममता, हे ईश्वर मेरे हिस्से आई है! मैं गद्‌गद हो गया। बहुत सिखाया उस क्षण ने! जिन्हें यह लगता है कि सन् 2004 और 2009 की हार मैंने बहुत ही सहजता से स्वीकार की है, सच कहता हूं, उन्होंने हशुजी को करीब से नहीं देखा होगा।

सीमेंट घोटाला

मैंने बतौर विधायक के 11 साल सदन में और सदन से बाहर बहुत काम किया। कोई काम जब सब मिल-जुलकर करते हैं तो कमाल का नतीजा हासिल होता है, इस मंत्र का जीता-जागता उदाहरण यानी 'सीमेंट घोटाला'। इसके विरुद्ध मैंने विधानसभा में, मधु देवलेकर ने विधानपरिषद् में तथा रामदास नायक ने अदालत में लड़ाई शुरू की। उसी दौरान समता मंच के श्री बाबूराव उर्फ पी.बी. सामंत तथा श्रीमती मृणालताई गोरे भी मैदान में उतरीं। हमने सीमेंट आबंटन में हुए भ्रष्टाचार तथा आबंटन के लिए तत्कालीन मुख्यमंत्री अब्दुल रहमान अंतुले द्वारा उनके इंदिरा प्रतिष्ठान को चंदा देने की जबरदस्ती किए जाने के घोटाले का सबूत समेत पर्दाफाश किया। हम लगातार एक-एक करके भ्रष्टाचार की परतें उधेड़ते रहे। आखिर

श्री अंतुले को पद से त्यागपत्र देना पड़ा। उनके राजनीतिक जीवन के लिए वह बड़ा झटका था, पर हमारा संघर्ष तब भी राजनीतिक, सामाजिक धरातल पर था। श्री अंतुले के साथ में हमारे निजी रिश्तों में कोई आंच नहीं आई।

विधायक निधि

मुख्यमंत्री श्री अंतुले से कई मामलो में हमारे गहरे मतभेद थे। उनमें से एक था- कानून एवं व्यवस्था की स्थिति। भारी बहस के बाद मैं यह बात उनसे मनवाने में सफल रहा कि पश्चिम उपनगर में रेल पटरी के पूर्व क्षेत्र में पुलिस थाने बनने चाहिए। मेरे चुनाव क्षेत्र के दहिसर एवं बोरिवली पूर्व में कस्तूरबा पुलिस थाना शुरू किया गया। उसके बाद समता नगर, कुरार, दिंडोशी, गोरेगांव पूर्व में भी नए थाने बने। ऐसे कई काम मैंने किए।

श्री अंतुले के बाद राज्य की बागडोर श्री वसंतदादा पाटील के हाथ में आई। तब जिला योजना समिति का विवाद चल रहा था। इस समिति के माध्यम से हर जिले को छोटे-छोटे विकास काम के लिए 40 लाख रुपए की निधि मुहैया कराई जाती थी। इस रकम के खर्च के बारे में स्थानीय विधायक एवं अधिकारियों की बैठक में निर्णय किए जाते थे। मुंबई के बाहर के जिलों में विधायकों की संख्या कम थी, अतः वे अनेक मनचाहे काम करवा पाते थे, पर मुंबई में 36 विधायक और रकम सिर्फ रुपए 40 लाख। यह विसंगति दूर करने की आवश्यकता मुख्यमंत्री वसंतदादा को बताने में हम सफल रहे। इसी मंथन से 1984 में ऐतिहासिक 'विधायक निधि' योजना का जन्म हुआ।

राष्ट्रीय उद्यान की समस्याएं

हर बार सफलता आपके हाथ नहीं लगती, पर प्रयास करने का संतोष जरूर होता है। रंज इस बात का है कि कई समस्याएं भारी प्रयास के बावजूद नहीं सुलझीं। बोरिवली के संजय गांधी राष्ट्रीय उद्यान से जुड़ी समस्याएं अभी तक अनसुलझी हैं। 1978 में विधायक बना, तब इस बात से बहुत खुश हुआ था कि देश भर में जाना जाने वाला 'कृष्णगिरी उपवन' मेरे बोरिवली क्षेत्र में है। धीरे-धीरे समस्याओं की परतें खुलने लगीं। संजय गांधी के निधन

विधायक निधि से संजय गांधी राष्ट्रीय उद्यान में स्थापित हैंडपंप का उद्घाटन करते हुए राम नाईक

के बाद इसका 'कृष्णगिरी' से नाम बदलकर 'संजय गांधी राष्ट्रीय उद्यान' कर दिया गया। वास्तव में वह राष्ट्रीय उद्यान नहीं है। प्रायः राष्ट्रीय उद्यान शहर से दूर होता है, पर यह शहर में ही था, फिर भी उसे राष्ट्रीय उद्यान बताया गया। नतीजतन कई समस्याएं खड़ी हो गईं। स्थानीय आदिवासी आबादी के पुनर्वास का प्रश्न था। समय-समय पर जारी होते फरमानों ने कइयों के जीवन बरबाद कर दिए। इनमें आर.टी.ओ. के लाइसेंसधारी टांगेवाले, अधिकृत स्टॉलधारकों का समावेश है। रोजगार का वैकल्पिक साधन दिए

विधायक राम नाईक के प्रयत्नों से प्रथमत: संजय गांधी राष्ट्रीय उद्यान जाने के लिए बेस्ट ने बससेवा शुरू की

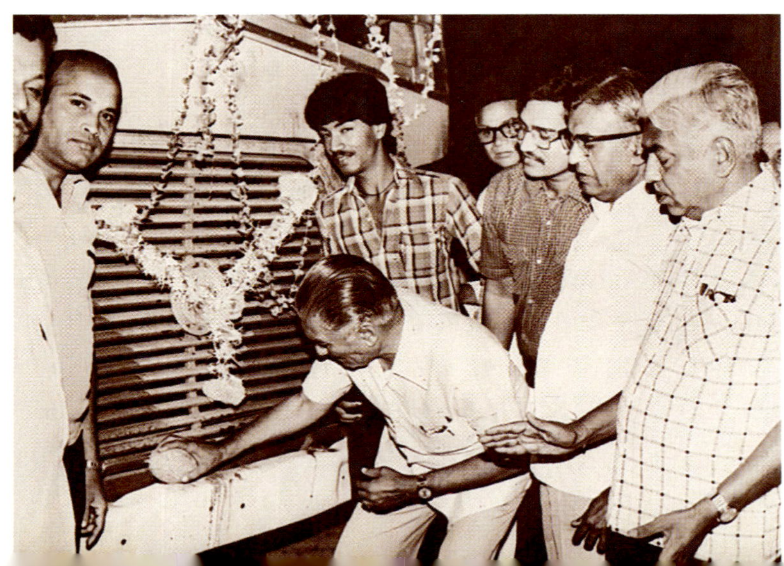

बिना ही तांगेवालों और स्टॉलधारकों को खदेड़ा जाना अन्यायकारी था। उनके परिवार सड़क पर आ गए। मैं जब विधायक था, तब तांगे वालों के लिए और सांसद बना तो स्टॉलधारकों के लिए मैंने बहुत प्रयास किए। इतने साल बाद जाकर अब कहीं स्टॉल धारकों का प्रश्न हल होने के कगार पर है, यही दिलासा देने वाली बात है! गत माह मैंने मुख्यमंत्री श्री देवेंद्र फडणवीस से उसके बारे में बात की, मैंने महसूस किया कि उनका रवैया सकारात्मक है।

शांति का माहौल

कुछ समस्याएं भले न सुलझी हों, पर कुछ सही में स्थायी रूप से हल करने में मुझे सफलता मिली। मनोरी-गोराई एवं ठाणे से सटे जिले के भाईंदर से आगे के उत्तन क्षेत्र में व्याप्त हिंदू-ईसाई तनाव समाप्त करने में मैं कामयाब हुआ। उनमें हमेशा झगड़ा-बखेड़ा होता। उत्तर में राष्ट्रीय स्वयंसेवक संघ के 'केशव सृष्टि' परियोजना का काम शुरू होते ही कुछ लोग बैचैन हुए। उसी के चलते मारपीट की बड़ी घटना हुई। वहां शांति स्थापित करने की दृष्टि से पहल करते हुए मैंने मनोरी चर्च के फादर डिसूजा एवं वसई के जनता दल विधायक डॉमनिक गोंसाल्विस से चर्चा करने की पेशकश की। उन्होंने चर्च में ही एक बैठक आयोजित की। उसके बाद कई बैठकें हुईं, शांति प्रस्थापित करने में हमें कामयाबी मिली। इसी कवायद के दौरान प्रसिद्ध विचारवंत एवं लेखक फादर फ्रांसिस दिब्रिटो से मेरा जुड़ाव गहरा हुआ। 'केशव सृष्टि'

मनोरी चर्च में फादर डिसूजा और अन्य मान्यवरों के साथ राम नाईक

और 'रामभाऊ म्हालगी प्रबोधिनी' जैसी संस्थाएं भी स्थापित हो सकीं। ये संस्थाएं सामाजिक विश्वविद्यालय जैसा अनुकरणीय कार्य कर रही हैं, अन्य संगठनों को इनका अनुकरण करना चाहिए।

यह मैंने क्या कहा?

विधायक के कार्यकाल में एक बार मैं ज़रा नाज़ुक संकट में फंस गया था। तब मेरे परम मित्र प्रो. राम कापसे ने मुझे संकट से उबारा। विधानसभा में किसी मामले पर सरकार को जवाबतलब करते वक्त मैं कह बैठा कि 'यह सदन मूर्खों का नंदनवन बन गया है।' इसी बात पर सदन में हंगामा शुरू हो गया। कोई माफी मांगने, कोई शब्द वापस लेने की मांग करने लगा तो किसी ने विधानसभा का अपमान होने एवं सदन के विशेषाधिकार हनन की बात कही। वास्तव में मैं संयत बोलने वालों में से था, पर अनायास ही यह बात मुंह से निकल गई। मैंने नहीं सोचा था, इतना हंगामा मच जाएगा। मेरी

युवावस्था में सहयोगी विधायक के रूप में साथ काम शुरू करने वाले भाजपा के ये 'दो राम' – प्रो राम कापसे व राम नाईक, देखते-देखते गहरे दोस्त बने। राजनीति के परें के महाराष्ट्र में ये मिसाल बने।

समझ में नहीं आ रहा था कि क्या करूं! अध्यक्ष श्री शरद दिघे भी शोरगुल से अचंभित हो गए।

हंगामे के बीच प्रो कापसे बोलने के लिए खड़े हुए। बाज़ी संभालते हुए उन्होंने कहा, ''मैं मराठी का प्राध्यापक हूं। इसलिए दावा कर सकता हूं कि राम नाईक ने किसी का अपमान नहीं किया है। मूर्खों का नंदनवन एक रूपक है। किसी एक को या सदस्यों को उन्होंने मूर्ख नहीं कहा है। 'मूर्खों का नंदनवन' एक कल्पना है, राम नाईक ने बतौर रूपक के इस वाक्य का उपयोग किया है।'' कापसे तीन-चार मिनट तक बोलते रहे। धीरे-धीरे सब शांत हो गया। बीच में टोकते हुए अध्यक्ष ने उनसे कहा, ''माना कि राम नाईक ने कुछ गलत नहीं कहा, पर आप अब व्याकरण की क्लास मत लीजिए।'' बात संभल गई थी, पर उसी क्षण मैंने ठान ली कि मैं कभी कुछ गलत नहीं बोलूंगा। आगे चलकर मेरे बारे में ऐसी धारणा बनती गई कि मैं गलत बोल ही नहीं सकता। लोकसभा के अध्यक्ष ने भी एक बार यही राय व्यक्त की, जिसे सुनकर मैं भावविभोर हो गया, पर इस के बारे में पुनः कभी बताऊंगा।

(31 मई, 2015)

❒

विधायक निधि से दहिसर के शांतिनगर में मुंबई के पहले 'मोबाईल शौचालय' के उद्‌घाटन के अवसर पर राम नाईक के साथ दाएं से सर्वश्री नाना चुडासामा, विनोद घेडिया, गिरीश गोखले व वामनराव परब

बात विधायक था तब की - 2

एक बार तो एक मुहावरे के कारण मैं संकट में फंस गया था तो एक बार मेरे द्वारा इस्तेमाल किया हुआ एक वाक्य दूसरे दिन के अखबारों की सुर्खियों में छा गया। 1983-84 के बजट के बाद पूरक मांगों की चर्चा के दौरान मुंबई की झुग्गी बस्तियों की समस्या पर बोलते हुए मैंने कहा था, 'आमची मुंबई' बहुत सुंदर थी, अब वह 'टॉयलेट सिटी' बन गई है। क्योंकि मुंबई की 59 लाख की आबादी में 28 लाख झुग्गी बस्तियों में रहते हैं। उनमें से अधिसंख्य के लिए शौचालय की सुविधा उपलब्ध नहीं है। मजबूरी में ये लोग खुली जगहों में प्रातःविधि करते हैं। हर बीस लोगों के बीच एक टॉयलेट के हिसाब से सरकार को मुंबई में कम से कम एक लाख टॉयलेट बनाने चाहिए। पहले तो सब को लगा कि यह क्या कह रहे हैं, पर शीघ्र ही इस भयंकर वास्तविकता का उन्हें भी एहसास हुआ। दूसरे

दिन 'टॉयलेट सिटी' संबोधन समेत समस्या की गंभीरता की बात सुर्खियों में छपी। पर्यावरण विशेषज्ञ श्री रश्मी मयूर ने सोचा भी नहीं था कि एक रिपोर्ट में इस्तेमाल किए गए उनके ये शब्द इतने मशहूर हो जाएंगे। दुर्भाग्य से आज भी मुंबई में सार्वजनिक टॉयलेट की भारी क़िल्लत है।

एक बात से मैं संतुष्ट हूं कि मजबूरी में झुग्गी बस्तियों में बसे लोगों को पानी, बिजली तथा शौचालय जैसी मूलभूत सुविधाएं मुहैया कराने (चाहे जमीन किसी की भी हो) की नीति अपनाने के लिए सरकार को मैं विवश कर सका। मुंबई की झुग्गी बस्तियों के हित के लिए मैं इतना कर सका, यही मेरे लिए प्रसन्नता की बात है।

केशवनगर और पत्थर की खदान

मुंबई के बाहर रहने वाले इसकी कल्पना भी नहीं कर सकते कि झुग्गी बस्तियों में लोग कितनी बदहाली में रहते हैं। कितने ही गुणवान या मेहनतकश हों, लाखों लोग गंदी बस्तियों में रहने को अभिशप्त हैं। मेरे चुनाव क्षेत्र दहिसर के केतकी पाड़ा में पत्थर की खदान है। वहां के लोगों की बदहालत मैं देख नहीं सकता था। खनन कार्य के लिए दिन भर विस्फोट किए जाते, चारों तरफ से उड़ते पत्थर लोगों की जान का खतरा बने रहते। पत्थर भरे ट्रक घरों से करीब-करीब सटकर ही गुजरते। खदान से इतनी धूल हवा में उड़ती है कि सांस लेना मुश्किल हो जाता। किंतु लोग वहां से कहीं जा नहीं सकते थे। गरीबी के कारण वहीं रहने को मजबूर थे। मैंने खनन कार्य के खिलाफ संघर्ष करने तथा वहां के निवासियों को खदान से दूर वैकल्पिक घर दिलाने की मानो प्रतिज्ञा कर ली। वह पूरी भी की। खदान क्षेत्र में रहनेवालों के लिए केशवनगर बनवा लिया। इस दौरान मेरे सहयोगियों को हमेशा डर लगा रहता कि यह संघर्ष कहीं तूल न पकड़ ले। श्री रामब्रिज यादव, ॲड. जयप्रकाश मिश्र, श्री करुणाशंकर ओझा छाया की तरह मेरे साथ रहते। पर पुलिस सुरक्षा लेने का विचार भी मन को नहीं छुआ। मेरा संघर्ष किसी व्यक्ति के विरुद्ध नहीं था अपितु झोंपड़ीवासियों का जीवन सुखमय बनाने के लिए था। दृष्टिकोण सकारात्मक हो तो बिना बताए ही सामने वाले की समझ में आ जाता है। ऐसा नहीं होता तो जिस खदान मालिक के.एन. शेख

दहिसर की पत्थर खदानों के नजदीक के झोंपड़पट्टीवासियों के लिए राम नाईक के प्रयत्नों से बनाई जा रही केशवनगर सहकारी गृहनिर्माण संस्था

के खिलाफ मैंने संघर्ष किया, वह एक रात जब भीषण दुर्घटना में घायल हुआ तो उनका बेटा हिंदुजा अस्पताल में उन्हें दाखिल कराने में मदद के लिए मुझे फोन नहीं करता। मैंने भी तत्काल फोन कर के मदद की। सौभाग्य से वह बच गए।

झोंपड़ी में मिला शिल्पी

झोंपड़वासियों की समस्याएं बिल्कुल अलग होती हैं। कुछ अर्सा पहले सिने कलाकार सलमान खान सडक़ दुर्घटना केस में मैंने पढ़ा कि कुछ लोग यह बेतुका सवाल करते हैं कि लोग फुटपाथ पर सोते ही क्यों हैं? उनकी इस बात से मुझे प्रसिद्ध शिल्पकार श्री उत्तम पाचारणे से मेरी पहली भेंट याद आती है।

1984-85 में बोरिवली पश्चिम में गोराई रास्ते के फुटपाथ पर ट्रक से कुचलकर एक गर्भवती की दुर्भाग्यपूर्ण मौत हो गई थी। उसका गर्भ भी बाहर निकल आया था। मैं बतौर स्थानीय विधायक घटनास्थल पर गया था। वहां से थोड़ी दूर सड़क पर छिले पत्थर की पतली पट्टियां बिखरी पड़ी

थीं। उस गमगीन माहौल में भी पट्टियां बरबस मेरा ध्यान खींच रही थीं। जिज्ञासावश मैंने पूछा, "यहां कौन रहता है?" पता चला, एक मजदूर रहता है। एक व्यक्ति मुझे उस झोंपड़ी तक ले गया। अंदर झांककर देखा तो मैं दंग रह गया। झोंपड़ी में सुंदर मूर्तियां रखी हुई थी। उस मजदूर का बेटा जे. जे. स्कूल ऑफ आर्ट्स का स्नातक था, उसका नाम था उत्तम पाचारणे। उत्तम के सिर पर छत नहीं थी, पर उसकी अंगुलियों में कमाल का जादू था। मुझे लगा कि उन को अवसर मिलना चाहिए। कुछ अरसा बाद वह अवसर मिल ही गया। बोरिवली में स्वामी विवेकानंद रोड पर स्वामी की पूर्ण प्रतिमा स्थापित करने के लिए नागरिकों से पांच-पांच रुपए इकट्ठा करने का हमने निर्णय किया। प्रतिमा बनाने का काम श्री उत्तम को दिया। उन्होंने कल्पना से भी ज्यादा सुंदर प्रतिमा साकार की।

इस प्रतिमा के लोकार्पण समारोह में आने का आमंत्रण रा.स्व. संघ के सरसंघचालक पू. बालासाहेब देवरस ने स्वीकार किया। मेरी मंशा थी कि समारोह में मुख्यमंत्री श्री शंकरराव चव्हाण भी आएँ। उन्हें आमंत्रित करने के लिए मैं गया। श्री चव्हाण ने साफ-साफ कहा कि जिस मंच पर देवरस होंगे, वहां मैं नहीं आ सकूंगा, पर आपका यह कार्य वाकई बहुत प्रशंसनीय

राम नाईक के प्रयत्नों से स्वामी विवेकानंद मार्ग पर स्थापित स्वामी विवेकानंद की प्रतिमा के अनावरण समारोह में रा.स्व. संघ के सरसंघचालक सर्वश्री बालासाहेब देवरस, महापौर रमेश प्रभू, सुधीर फड़के आदि

है, और किसी तरह की मदद की ज़रूरत हो तो आप बेशक कह सकते हैं। उसी क्षण मुझे उत्तम की झोंपड़ी याद आई। मैंने श्री चव्हाण से कहा, इतनी सुंदर कलाकृति साकार करने वाला शिल्पी फुटपाथ की झोंपड़ी में रहता है, उसे मुख्यमंत्री के कोटे से एक घर दे दीजिए। श्री चव्हाण ने वहीं के वहीं उत्तम के नाम मालाड के रहेजा कॉम्प्लेक्स में तीन बेडरूम का घर आवंटित करते हुए कहा, "अर्जी बाद में देंगे तो भी चलेगा।" मैंने लौटकर जब उसे यह खबर सुनाई तो उसे यकीन नहीं हुआ। गत 27 साल से उत्तम उसी मकान में रहकर कला साधना कर रहा है। वह अब 100 साल पूरे कर चुकी बॉम्बे आर्ट सोसायटी का अध्यक्ष है वह। उसी ने अंडमान में स्वतंत्रता ज्योत बनाई है। महाराष्ट्र विधानसभा में शाहू महाराज की, बोरिवली में स्वातंत्र्यवीर सावरकर की, दहिसर में अश्वारूढ शिवछत्रपति की प्रतिमा तथा मराठवाड़ा के सभी जिलों में हैदराबाद मुक्ति संग्राम स्मृति स्तंभ श्री उत्तम पाचारणे की अद्भुत शिल्पकारी के साक्ष्य हैं। परमवीर चक्र प्राप्त शहीदों के भित्ती शिल्प बनाने की चाहत वे लंबे समय से संजोए हुए थे। उन्होंने उसकी प्रतिकृति मुझे दिखाई भी थी। मुझे पता था कि वह भित्तीचित्र कांस्य की होगी, अतः अप्रतिम होगी, पर खर्चीली भी होनी थी। उसका जतन भी महंगा होता

शिल्पकार श्री उत्तम पाचारणे की संकल्पना से लखनऊ में निर्मित भित्तीशिल्प का उद्घाटन करते हुए राम नाईक

है। तथापि उन्हें साकार करने की इच्छा मुझमें भी दबी रही। उत्तर प्रदेश का राज्यपाल बनने के बाद वह पुनः उभर आई। सेना के मध्य कमान का मुख्यालय लखनऊ में है, अतः राज्यपाल से शिष्टाचारिक भेंट करने वहां के प्रमुख आते हैं। एक भेंट के दौरान मैंने ले. जनरल राजन बख्शी से उत्तम की कल्पना के बारे में बातचीत की। उन्हें वह पसंद आई। मध्य कमान के तीन वीरों को परमवीरचक्र से सम्मानित किया गया है। प्रथम परमवीरचक्र प्राप्त करनेवाले वीर जदुनाथ सिंह उत्तर प्रदेश के ही थे। उनके समेत पाकिस्तान के टैंक की धज्जियां उड़ानेवाले वीर अब्दुल हमीद तथा कारगिल युद्ध के शहीद कैप्टन मनोज कुमार पांडेय के भित्तीचित्र श्री उत्तम ने साकार किए। 22 दिसंबर 2014 के दिन 'मध्य कमान के स्मृतिका' युद्ध स्मारक में इसकी स्थापना की गई। इस स्मारक की गणना अब सेना के विशेष स्थलों में होती है। उत्तम पाचारणे का नाम भी विश्व स्तर पर जाने लगा है। मुझे खुशी है कि उनके जीवन को रोशन करने में मेरे विधायक पद की अहम भूमिका रही।

राज्यपाल को चुनौती

विधायकों को कई बार सही कारणों से बड़े-बड़े लोगों को भी चुनौती देनी पड़ती है। महाराष्ट्र के पूर्व राज्यपाल श्री कोना राव से एक बार मेरा इसी तरह सामना हुआ। उन्होंने नियमों को ताक पर रखकर तत्कालीन मुख्यमंत्री के परिजन को उत्तीर्ण करने का विश्वविद्यालय को आदेश दिया था। उनके इस कदम की हमने सिर्फ निंदा ही नहीं की बल्कि राष्ट्रपति से मिलकर सबूत पेश किए। आखिर कोना राव को स्वास्थ्य का सबब बताकर इस्तीफा देना पड़ा।

शिवसेना प्रमुख स्व. बालासाहेब ठाकरे के बारे में मेरे मन में बेहद आदर है। पर जब बोरिवली नेशनल पार्क के वन अधिकारी की गलती का उन्होंने समर्थन किया, तब मैंने उनका डटकर विरोध किया। प्रायः यह धारणा बनी रही कि मैं और मृणालताई गोरे एक दूसरे के विरोधी हैं, पर बता दूं, जनहित के मुद्दे पर कई बार विधानसभा में हम दोनों ने मिलकर सरकार से संघर्ष किया है। हम 1985 से 1989 के दौरान सदन में साथ थे। तब फ्लैटधारकों की सहकारिता संस्थाओं को जमीन के मालिकाना हक

का मुद्दा मैंने उठाया था। बिल्डरों की मनमानी एवं चालबाजी के कारण संस्थाओं को इस हक से वंचित रखा जाता था। इस बारे में कठोर कानून लाने के लिए मैंने सदन में निजी विधेयक रखा था। इस विधेयक के समर्थन में मृणालताई ने धुआंधार भाषण कर के मुद्दों पर एक साथ लड़ाई करने के अनकहे समझौते पर मुहर लगाई। ऐसी कई यादें मन में कौंध जाती हैं जब विधायक रहने के दौर की चर्चा होती है।

सड़कछाप मजनुओं को दंड

ऐसी ही एक और घटना है। महिलाओं के साथ छेड़खानी करने वाले शोहदों को सजा दिलाने के लिए कानून में संशोधन प्रस्तावित करने हेतु मैंने सदन में निजी विधेयक रखा था। इस प्रस्ताव का सत्तारूढ़ तथा विरोधी दल के सभी सदस्यों ने जोरदार समर्थन किया, जिसके जवाब में गृह राज्य मंत्री श्री जी.तु. महाजन ने सात साल की सजा समेत अन्य कानूनी प्रावधान करने का वादा किया। अंततः छेड़खानी की घटनाओं पर कानूनी नियंत्रण लाया जा सका।

मैं संतुष्ट हूं कि विधायक के रूप में जहां मैं अपने चुनाव क्षेत्र में अनेक कार्य कर सका, वहीं विधानसभा काररवाई के तहत विभिन्न आयुधों का उपयोग कर के महाराष्ट्र की जनता के हित में अनेक फैसले करवा सका। विधानसभा में जमा की गई अनुभव की पूंजी लोकसभा में सांसद का दायित्व निर्वाह करने के दौरान बहुत काम आई ।

(14 जून, 2015)

❒

जनता पार्टी की ओर से आयोजित महाराष्ट्र गृह निर्माण मंडल रहिवासी परिषद् की सभा को सम्बोधित करते हुए राम नाईक। साथ में बाईं ओर से सांसद डॉ. वसंतकुमार पंडित, केंद्रीय गृहनिर्माण मंत्री श्री सिकंदर बख्त, विधायक श्री बाबूराव सामंत, सांसद श्रीमती मृणाल गोरे और राज्य मंत्री प्रो. सदानंद वर्दे

जनता पार्टी का दौर

आपातकाल के काले अध्याय ने हाल ही में तीस साल पूरे किए। आपातकाल के विरोध में संघर्ष करने के उद्देश्य से विभिन्न विचारधारा वाले अनेक दल जनता पार्टी की छतरी तले एकजुट हुए। आंधी की तरह छा गई जनता पार्टी के उदय से देश में नए युग की शुरुआत हुई। अतीत में झांककर जब देखता हूं तो मुझे लगता है कि मेरे जैसा मूलत: जनसंघ का कार्यकर्ता दो ही साल जनता पार्टी में रहा, पर इन दो सालों में मेरा पूरा राजनीतिक जीवन ही बदल गया।

जनता पार्टी की स्थापना के बाद श्री एस.एम. जोशी महाराष्ट्र के तथा मेरे राजनीतिक गुरु विधायक प्रा. ग.भा. उर्फ बालासाहब कानिटकर मुंबई के अध्यक्ष नियुक्त किए गए। नए जनता पार्टी में सारे दल एकजुट हुए थे, पर दिलों की दूरी पाटी नहीं जा सकी थी। घटक दल के कुछ लोग शह-मात के खेल में रचे-बसे रहते। इस

न्यायमूर्ति शाह आयोग की रपट के आधार पर आपातकालीन अत्याचार के लिए श्रीमती इंदिरा गांधी पर काररवाई की माँग करने बतौर जनता पार्टी, मुंबई के अध्यक्ष राम नाईक ने जगह-जगह नुक्कड़ सभा संबोधित की

खेल के पहले शिकार हुए मुंबई अध्यक्ष कानिटकर। उनकी जगह डॉ. शांति पटेल को मुंबई का अध्यक्ष बनाने में वे लोग कामयाब रहे। उनकी नियुक्ति ने जनता पार्टी में पनप रहे अंदरूनी असंतोष ने चिंगारी का काम किया। जनसंघ के लोग तो आगबबूला हो गए, पर अच्छे-बुरे की पहचान रखने वाले अन्य लोग भी नाराज हो गए। पटेल हटाओ मुहिम शुरू हुई। मामला गरमाने के कारण मुंबई के अध्यक्ष पद का चुनाव घोषित किया गया।

काँटे का ताज

जनसंघ से जुड़े हम लोगों ने गुटबाजी करने वालों को सबक सिखाने का पक्का निश्चय कर लिया था। प्रा. कानिटकर समेत अनेक लोगों की राय बनी कि आपातकाल में सभी दलों से समन्वय का काम मैंने किया था, अतः मैं यदि चुनाव में खड़ा हुआ तो अन्य घटक दल के कुछ सदस्य मुझे मत दे सकते हैं। अतः अन्य के मुकाबले में मेरे जीतने की संभावना अधिक है। मैंने नामांकन भरा। पटेल गुट ने अपनी रणनीति बदलकर उनकी जगह संगठन कांग्रेस के श्री मुकुंदराव भुजबल को चुनाव लड़ने के लिए राज़ी कर लिया। मेरे लिए यह बिल्कुल ही नई पारी थी। जनसंघ में संगठन का इतना बड़ा चुनाव लड़ने की नौबत नहीं आती थी। हर निर्णय आपसी परामर्श एवं सर्वसम्मति से हुआ करते थे। पर अब पीछे हटना भी संभव नहीं था, सब का माथा गरम हो चुका था। उस टक्कर में आखिर मैंने बाजी मार ली, पर

वास्तव में मेरे लिए कांटे का ताज पहनने की चुनौती व एहसास का वक्त शुरू हुआ था।

जनता पार्टी के कार्यकाल के दौरान अच्छे कामों के लिए भी रूठने-मनाने, अनुनय करने में काफी समय व्यय होता था। रोज आपस में विवाद होता रहता। जनसंघ में एक बार निर्णय हो जाने के बाद मिलजुलकर काम में जुट जाने के हम अभ्यस्त थे। संगठन के निर्णय के खिलाफ कोई काम नहीं करता था। पर यहां तो बार-बार टकराव की चिनगारियां फूटती रहतीं। पर कभी यह नहीं सोचा था कि प्रधानमंत्री मोरारजीभाई देसाई तक से तीखे विवाद की नौबत आएगी।

मोरारजीभाई से विवाद

प्रायः जब कोई वरिष्ठ केंद्रीय नेता किसी शहर में जाते हैं तो उनकी अनुमति से दल की ओर से दौरे की रूपरेखा बनाई जाती है। दल के स्थानीय अध्यक्ष की वह जिम्मेदारी होती है। प्रधानमंत्री का दौरा हो, तब भी यही प्रक्रिया अपनाई जाती है। प्रधानमंत्री मोरारजीभाई देसाई का मुंबई

प्रधानमंत्री मोरारजीभाई देसाई का मुंबई हवाई अड्डे पर स्वागत करते हुए राम नाईक सहित दाईं ओर से सर्वश्री प्रद्युम्न वधेकर, डॉ. इसाक जामखानवाला, डॉ. शांति पटेल, महापौर डॉ. ए.यू. मेमन, वसंतराव भागवत, डॉ. सुब्रह्मण्यम स्वामी आदि

आना तय हुआ तो हमने कार्यक्रम बनाया। शिवाजी पार्क पर उनकी सभा तथा जसलोक अस्पताल में इलाज करा रहे माननीय जयप्रकाश नारायण की सेहतपुर्सी का कार्यक्रम बना। पहले अस्पताल और वहां से शिवाजी पार्क आने का तय हुआ। इस कार्यक्रम के बारे में प्रधानमंत्री कार्यालय को पहले से सूचित कर के उनसे अनुमति ले ली गई थी। प्रधानमंत्री बनने के बाद मोरारजीभाई पहली बार मुंबई आए थे। हवाई अड्डे पर हमने उनका भव्य स्वागत किया। उनके लिए सब के मन में आदर युक्त डर था। मैं भी उनमें से ही था। मुंबई के अध्यक्ष के बतौर उनके दौरे का सारा दायित्व मेरे पर था। अतः थोड़ा तनाव भी था, पर हृदय खुशी एवं अभिमान के भाव से सराबोर था। मोरारजीभाई हवाई अड्डे से सीधे अपने निवास जाने वाले थे। शिष्टाचार निभाते हुए उन्होंने मुझे गाड़ी में साथ बिठाया। बातचीत में उन्होंने बताया कि वे जयप्रकाशजी से मिलने नहीं जाएँगे, सीधे सभास्थल पहुंचेंगे। यह सुनकर मुझे झटका लगा। हम पूरा कार्यक्रम घोषित कर चुके थे। यदि वे अस्पताल नहीं जाते तो समाज एवं मीडिया में आलोचना होती और यह कहे जाने की आशंका थी कि मोरारजीभाई ने जयप्रकाशजी का अपमान किया, सत्ता में आने के बाद जनता पार्टी के लोग उन्हें भूल गए, वगैरह-वगैरह, मैंने मोरारजीभाई को ऐसा न करने की नम्र विनती की, पर वे नहीं माने। मैं समझ गया था कि इसके पीछे उनके पुत्र कांतिभाई का दिमाग था। मैं उलझन में पड़ गया। मुझे गुस्सा आ रहा था कि इतने बड़े नेता होकर वे ऐसा व्यवहार क्यों कर रहे हैं? कसमसाहट में फंसे मेरे मन ने सोचा, अध्यक्ष के नाते सभा का आयोजन मैंने किया है तो वह रद्द करने का भी अधिकार मुझे है। मैंने उन्हें कह दिया कि अस्पताल की भेंट रद्द हुई है तो अब सभा भी रद्द होगी! मोरारजीभाई सचमुच में बड़े दिलवाले थे! उन्होंने भांप लिया कि उनके निजी आग्रह के कारण कार्यकर्ताओं को परेशानी होगी। निर्णय बदलते हुए उन्होंने कहा, "मैं अस्पताल जाऊंगा, आप सभा की तैयारी करो।" कहने की जरूरत नहीं कि दोनों कार्यक्रम निर्विघ्न संपन्न हुए।

पहला चुनाव

जनता पार्टी के कार्यकाल में ही मैंने अपने जीवन का पहला चुनाव फरवरी 1978 में लड़ा। तब भी जनसंघ के प्रमुख नेताओं ने आपसी परामर्श

1978 में पहली बार विधान सभा के उम्मीदवार बने राम नाईक के चुनाव प्रचार सभा को संबोधित करते श्री लालकृष्ण आडवाणी। मंच पर दाएं से सर्वश्री प्रो. ग.भा. कानिटकर, झमटमल वाधवानी, मोहनलाल पारीख आदि

से तय किया कि मुझे चुनाव लड़ना चाहिए। पर समाजवादी नेतागण गोरेगांव की सीट जनसंघ वालों को देने के लिए तैयार नहीं थे। उस समय मृणालताई गोरे उत्तर मुंबई की सांसद थीं। सीटों के बंटवारे में उनका निर्णय अंतिम माना गया। उन्होंने सिर्फ बोरिवली की सीट जनसंघ को दी। हमने चुनौती समझकर पूरी ताकत लगा दी। मैं बाहरी होने के बावजूद एक बार नहीं लगातार तीन बार बोरिवली विधानसभा सीट से चुनाव जीता। उसके बाद पांच बार लोकसभा में विजयी हुआ। मुंबई की चुनावी राजनीति में इतिहास रचा गया। उत्तर मुंबई से खासकर बोरिवली से पिछले जन्म के ऋणानुबंध जैसा मेरा रिश्ता बन गया है, पर यह भूल नहीं सकते कि वहां से चुनाव लड़ने के लिए जनता पार्टी के मित्र दलों ने मुझे विवश किया था।

कालांतर में जनता पार्टी में इस तरह की रुकावटों की स्पर्धा और तीव्र हो गई। 1978 में मुंबई महानगर पालिका के चुनाव हुए। इसके लिए टिकट बंटवारे का काम सिरदर्द बना। इससे पहले के चुनाव में सारे घटक दलों ने करीब-करीब सभी सीटों पर चुनाव लड़ा था। अब हर किसी को कम

सीटों से संतुष्ट होना था, किसको कौन-सी सीट मिले, इस बात पर जंग अपरिहार्य थी। मुंबई के अध्यक्ष के नाते मैंने यह चुनौती भी झेली। हर घटक दल से अलग-अलग और सामूहिक चर्चा की। जनसंघ के लिए सही सीटें चुनने के मकसद से विस्तृत अध्ययन किया। हर घटक के दावे की पुष्टि या खारिज करने के लिए चुनावी आंकड़ों का सूक्ष्म गणित तैयार किया। इस बहाने चुनाव का गणित बारीकी से सीखने का मौका मुझे मिला। अध्यक्ष था, अतः सभी बैठकों में मेरी उपस्थिति आवश्यक थी। भाई जीवनजी लेन स्थित कार्यालय में तीन दिन और तीन रात बैठकर मैंने चर्चाएं कीं, बंटवारा किया। कुल 184 सीटों में से जनसंघ को 45 मिलीं। सीट दर सीट गुत्थी सुलझाता गया। सबसे आखिरी में शीव क्षेत्र से श्रीमती चंद्रकांता गोयल (वर्तमान केंद्रीय ऊर्जा मंत्री पीयुष गोयल की माताजी) की उम्मीदवारी तय कर ली। बहुत कम समय मिलने के बावजूद उन्होंने चुनाव जीता। जनसंघ के प्रत्याशी 27 जगहों पर विजयी हुए, उनमें मधु चव्हाण जैसा युवा नगरसेवक बना। खुशियां बटोरते समय यह एहसास भी चुभता रहा कि हर छोटी बात के लिए हमें यूं ही लड़ना-झगड़ना पड़ रहा है।

गंदी राजनीति

एक ओर जहां पुराने समाजवादी प्रभुभाई संघवी, संगठन कांग्रेस के प्राणलाल वोरा, नटुभाई शाह, प्रद्युम्न बधेका जैसे गैर जनसंघी दिग्गजों से मित्रता एवं प्रेम का रिश्ता जुड़ रहा था, वहीं कुछ लोग लगातार खुराफाती कार्यों में जुटे हुए थे। ईद के अवसर पर मुस्लिम समाज द्वारा आजाद मैदान में प्रार्थना का आयोजन किया जाता है। मैं मुंबई का अध्यक्ष था, लिहाजा मुझे आयोजन में शरीक होने का निमंत्रण दिया गया। वहां नमाज़ पढ़ी जाती है। मैं गया। निजी तौर पर मैं कर्मकांड में विश्वास नहीं करता, पर जब भी किसी सार्वजनिक धार्मिक आयोजनों में जाता हूं, तब उनकी श्रद्धा के आदर स्वरूप प्रथा का पालन करता हूं, जैसे पूजा में जाते समय जूते बाहर निकालता हूं, गुरुद्वारा में प्रवेश करते समय सिर रुमाल से ढक लेता हूं। उसी सहजता से मैं मुस्लिम समाज के आयोजन में उन्होंने दी हुई टोपी पहनकर साथियों के साथ बैठा। उसी को लेकर जनता पार्टी के अन्य विचारधारा

वाले सदस्यों ने मेरे खिलाफ गलत प्रचार शुरू कर दिया। यह कहा गया कि जनसंघी मुसलमानों का अनुनय कर रहे हैं। रा.स्व. संघ से संलग्न अंग्रेजी साप्ताहिक 'ऑर्गनाइजर' को उस कार्यक्रम की तस्वीरों के साथ गुमराह करने वाला एक पत्र भेजकर मुझे बदनाम करने का यत्न किया। यह खबर पढ़ने के बाद अनेक लोगों ने मुझे पत्र भेजे।

मैंने ऐसी हरकतों की ओर यह सोचकर अनदेखी की कि अवाम ने जनता पार्टी को जनादेश दिया है, उसी के आदर के अनुरूप हमारा व्यवहार होना चाहिए। पर केंद्र में भी मतभेद चरम पर पहुंच गए थे। वरिष्ठ लोगों में मतभेद, तकरार का क्रम बढ़ता जा रहा था। किसी को मोरारजीभाई की आर्थिक नीति से विरोध था तो किसी को हमारी संघ निष्ठा अखर रही थी। कोई सत्ता के लिए लालायित था तो किसी-किसी को अस्थिरता का शौक चर्राया था। जॉर्ज फर्नांडिस तथा मृणाल गोरे जैसे 'फायरब्रांड' नेताओं ने भी जनमत को भुलाकर मोरारजीभाई का विरोध किया। चारों ओर से बढ़ते दबाव के कारण केंद्र की सरकार डगमगाने लगी। माना कि इन नेताओं ने त्याग किया था, पर आम कार्यकर्ताओं में उनके रवैये से असमंजस का माहौल फैल गया। विवाद, मतभेदों ने चरम सीमा छूई तो सरकार टूट गई, देश में मध्यावधि चुनाव की घोषणा हुई।

मुंबई का गढ़ जीता

मुंबई में हमारी हालत बुरी थी। जनता पार्टी से बाहर निकले लोगों को कोई क्षमा करना नहीं चाहता था। पर मृणाल गोरे, अहिल्या रांगणेकर जैसी लोकप्रिय नेताओं का विकल्प तलाशना बड़ा मुश्किल था। अध्यक्ष पद पर मुझ जैसा तरुण एवं राजनीति में नया खिलाड़ी कमान संभाल रहा था। पर हमारे साथ हौसला था, निश्चय था। अहिल्याताई के विरुद्ध उन्हीं जैसी लड़ाऊ प्रमिलाताई दंडवते को मैदान में उतारा। मृणालताई के विरुद्ध संगठन कांग्रेस के केरल के अपेक्षाकृत नए उम्मीदवार रविंद्र वर्मा पर हमने दांव लगाया। मृणालताई तथा अहिल्याताई के प्रति सब के मन में गहरे आदर की भावना थी। पत्रकार भी उनकी ओर झुके हुए थे। दिल्ली के लोगों की राय थी कि दोनों को बाहर से समर्थन देकर उनकी सीटें छोड़ दी जाएँ

जनता पार्टी, मुंबई का अध्यक्ष निर्वाचित होने के बाद बोरिवली में हुए सत्कार समारोह में संबोधित करते हुए राम नाईक

पर मुंबई के हम लोगों की राय अलग थी, सब के मन में जुनून भरा था। विश्वासघात की चोट ने भीतर तक जख्म किए थे। सच कहें तो यह नौबत आनी ही नहीं चाहिए थी, पर अब हम एक अलग लड़ाई के लिए स्वयं को तैयार कर रहे थे।

हमने पूरी ताकत झोंक दी। आसपास के लोग बार-बार मुझे एहसास दिला रहे थे कि अध्यक्ष के नाते सारी जिम्मेदारी बाद में मुझे ही स्वीकार करनी होगी। 'जो होगा देखा जाएगा' के भाव से मैं काम में जुट गया। एक यह बात थी कि 'सत्य हमारे पक्ष में है', मेरा हौसला बढ़ाती रही और चमत्कार हुआ। देश भर से जनता पार्टी को 31 सीटें मिलीं पर मुंबई का गढ़ हमने जीता। मुंबई की छह में से पांच सीटों पर जनता पार्टी विजयी हुई। देश में जनता पार्टी के कई दिग्गज हार गए, पर मुंबई में रविंद्र वर्मा जैसा नया चेहरा भी बाजी मार गया। प्रमिलाताई दंडवते भी जीतीं। रतन सिंह राजदा, राम जेठमलानी, डॉ. सुब्रमण्यम स्वामी ऐसे तीन लोग दूसरी बार जनता पार्टी के सांसद चुने गए। खलिश यह थी कि रिपब्लिकन पार्टी के बी.सी

कांबले को हमने समर्थन दिया था, पर वे हार गए। पर तसल्ली यह मिली कि वहां भी कांग्रेस का प्रत्याशी नहीं जीता। कामगार नेता डॉ. दत्ता सामंत को वहां सफलता मिली। मुंबई की सफलता के लिए कइयों ने मेरी प्रशंसा की।

इस जीत का श्रेय मेरे अकेले का नहीं था पर इस चुनाव में प्राप्त अनुभव मेरे राजनीतिक जीवन में बहुत काम आया। मैं राष्ट्रीय स्तर पर पहचाना जाने लगा। इस चुनाव के बाद रा.स्व. संघ के प्रति हमारी निष्ठा के मुद्दे पर जब पुनः अंदरूनी विवाद खड़ा हुआ तब कुछ लोगों ने आर या पार की यानि या तो संघ से नाता खत्म करें या जनता पार्टी से गठबंधन तोड़ दें, की भूमिका अपनाई। थोड़े ही अर्से बाद पुराने जनसंघ के नेताओं ने जनता पार्टी के संदर्भ में अपना रुख तय करने के लिए दिल्ली में एक बैठक बुलाई तो उसमें मुझे भी आमंत्रित किया गया। मैं तब नहीं जानता था कि एक और नई मंजिल की ओर मैं कदम बढ़ा रहा हूं। भारतीय जनता पार्टी के रूप में शुरू हुआ वह युग मेरे हृदय में संजोई धरोहर है।

(28 जून, 2015)

❐

संसद भवन में स्वातंत्र्यवीर सावरकर के तैलचित्र के अनावरण समारोह में
राम नाईक (26 फरवरी, 2003)

स्वातंत्र्यवीर सावरकर की प्रेरणा

'देशभक्ति का यह व्रत हमने आँख मूँद कर नहीं लिया है', स्वातंत्र्यवीर सावरकर की यह अजरामर काव्य पंक्तियां जिस पर उकेरी गई हैं, उस स्वतंत्रता ज्योत का अंडमान के सेल्युलर जेल में 4 जुलाई, 2015 को दोबारा भूमिपूजन करते हुए मुझे लगा, जैसे जीवन सार्थक हो गया, दिल की कसक कम हुई, कसमसाहट खत्म हुई और मानो दिल के जख्म भर रहे हों।

जी हां, हमारे राष्ट्रीय दैवत स्वातंत्र्यवीर सावरकर की काव्य पंक्तियों समेत 24 घंटे निरंतर सुलगती ज्योत अंडमान में बनाने की योजना पहले साकार हुई थी, पर जब वह हकीकत में स्थापित हुई तब उस पर से उनकी काव्यपंक्तियां मिटा दी गई थीं। यह खलिश, यह अपमान गत 11 साल से मेरे मन को कचोट रहा था। यकीनन

इस भूमिपूजन के बाद अब कोई वह पंक्तियां हटाने और हमारे दैवत का अपमान करने का साहस नहीं जुटा पाएगा।

सबसे पहले मैं अंडमान गया था घरेलू गैस सिलेंडर के बॉटलिंग प्लांट का उद्घाटन करने के लिए। आप जानते होंगे कि देश के दुर्गम भागों में गैस सिलेंडर पहुंचाना कितना खर्चीला होता है। उस क्षेत्र के लिए सरकार को भारी अनुदान देना पड़ता है, लोगों को भी ज्यादा पैसे देने पड़ते हैं। इस समस्या के हल स्वरूप मैं जब पेट्रोलियम मंत्री था, तब मैंने दुर्गम क्षेत्र में बॉटलिंग प्लांट लगाने का निर्णय किया। देश के दक्षिण छोर पर समुद्र में स्थित अंडमान पर सिलेंडर ले जाना वाकई बड़ा मुश्किल काम होता था। अतः वहां स्थापित बॉटलिंग प्लांट का मैंने 20 अप्रैल, 2003 को उद्घाटन किया।

अंडमान – मेरा तीर्थस्थल

राष्ट्रभक्तों के तीर्थस्थल अंडमान पहली बार जब मैं गया, तब वह सेल्युलर जेल देखने को अधीर था, जहां सावरकर को बंदी बनाकर रखा गया था। मेरे साथ मुंबई एवं दिल्ली के कुछ पत्रकार तथा और भी लोग थे। मंत्री रहते हुए अंडमान एक मात्र ऐसी जगह थी, जहां मैं अपने परिवार को साथ ले गया। भावना यही थी कि जिस जगह हमारे आराध्य देव ने 11 साल कारावास की यातनाएं भुगतीं, उस पवित्र जगह को सब साथ में देखें, मनन करें। सावरकर को कोने की जिस कोठरी में एकांतवास में रखा था, उसे हमने नमन किया। मैं बहुत भावुक नहीं हूं, पर मुझे वहां सावरकर की अजरामर मराठी कविता 'ने मजसी ने परत मातृभूमिला' (हे सागर! मुझे मेरे मातृभूमि को वापस ले के चलो!) सुनने का मन किया। सुरसाम्राज्ञी लता मंगेशकर की आवाज में रेकॉर्ड की गई इस कविता की कैसेट मैं साथ ले गया था। मैंने सब से वहां रुकने का अनुरोध किया। वहां इतनी तपिश थी कि गाना सुनते हुए केवल 4-5 मिनट में ही हम लोग पसीने से तरबतर हो गए। उस कोठरी में ऊपर की तरफ एक छोटी झरोखानुमा खिड़की थी। वहीं खिड़की, जहां पर कभी-कभार चिड़िया आकर बैठती थी और जिससे सावरकर बतियाया करते थे। बेहद गरमी के कारण परेशान हुए

एकाध-दो ने गुस्साई आवाज में कहा, ''चलो, चलो, कितनी देर रुकेंगे, गरमी में मरना है क्या?'' वे चलते बने। मेरी आंखें डबडबा गईं, मैं इतना ही कह पाया, ''सावरकर ने इसी नरक में 11 साल गुजारे, हमें इस तरह बोलने की आजादी दिलाने के लिए।'' भारी दिल से हमने वह जेल देखी। आज़ादी के लिए बंदीवास की यातनाएं झेलने वाले सभी स्वतंत्रता सेनानियों की कहानी सुनकर रोंगटे खड़े हो गए, हम बरबस नतमस्तक हो गए। हर एक का त्याग, हर एक की कहानी ऐसी कि मैं ही नहीं, पूर्ण देश उन्हें सलाम करे। मैंने मन ही मन तय किया कि वीरों के त्याग की कहानी याद दिलानेवाला योग्य स्मारक यहां भी बनाना होगा।

मणिशंकर की ओछी मानसिकता

मैं चाहता था कि अंडमान में भी दिल्ली के इंडिया गेट जैसा भव्य स्मारक बने। बॉटलिंग प्लांट बनाने वाली इंडियन ऑइल कंपनी को मैंने सुझाव दिया कि इंडिया गेट पर 24 घंटे सुलगती मशाल जैसी स्वतंत्रता ज्योत अंडमान में वह स्थापित करे। कंपनी को भी यह कल्पना पसंद आई। हम सब ने वह ज्योत स्थापित करने की ठान ली। यह विचार भी मान लिया गया कि ज्योत-शिल्प के चबूतरे की चारों तरफ चार राष्ट्र पुरुषों के सुविचार अंकित हों, उनमें एक सावरकर का हो। टेंडर, शिल्पी का चयन आदि प्रक्रिया पूरी होने तक 2004 के चुनाव घोषित हो गए। उससे पहले शिल्पकार उत्तम पाचारणे का चयन हो गया था। उनका काम भी लगभग पूरा हुआ था। पर आचार संहिता लागू होने के कारण उद्घाटन नहीं हो सका। चुनाव के बाद कांग्रेस की यूपीए सरकार सत्ता में आई। श्री मणिशंकर अय्यर पेट्रोलियम मंत्री बने। मैंने नई सरकार से उस राष्ट्रीय स्मारक का जल्द से जल्द उद्घाटन करने और मेरी भावनाओं का खयाल कर मुझे समारोह में बुलाने का अनुरोध किया। 9 अगस्त, 2004 को समारोह हुआ, मुझे भी बुलाया गया, पर मंच पर न बुलाकर जानबूझकर अपमानित किया गया। स्मारक के लोकार्पण के बाद परदा हटा तो मैं दंग रह गया, बहुत क्रोध भी आया। श्री मणिशंकर ने ज्योत के साथ अंकित सावरकर की काव्य पंक्तियां हटाने का घोर अपराध तथा ओछी मानसिकता की मिसाल पेश की थी।

जिस स्वतंत्रता ज्योत से सावरकर की काव्य पंक्तियां हटाई गईं उस ज्योत के लोकार्पण समारोह में राम नाईक समेत (दाएं से) श्री मणिशंकर अय्यर एवं अंडमान के उप-राज्यपाल प्रा. राम कापसे (9 अगस्त, 2004)

इस रवैये पर संपूर्ण देश से गुस्सा व्यक्त हुआ। बाद में संसद में भी तीखी चर्चा हुई। पर प्रधानमंत्री डॉ. मनमोहन सिंह ने प्रतिसाद नहीं दिया। महाराष्ट्र के लोगों में तो भारी रोष फैल गया। कालांतर में बोरिवली के मेरे सहयोगी गोपाल शेट्टी ने जब वहां एक उद्यान बनाया, तब हमने उसमें सावरकर का शिल्प स्थापित किया। मेरे अनुरोध पर उसके उद्घाटन के लिए वर्तमान प्रधानमंत्री तथा गुजरात के तत्कालीन मुख्यमंत्री श्री नरेंद्र मोदी आए थे। अब उस जगह अनेक योजना कार्यान्वित होती हैं, उनमें सावरकर जयंती पर प्रेरक व्याख्यानमाला का भी समावेश है।

जनभावना का सम्मान

2014 में नई सरकार बनने के दूसरे दिन ही मैंने राष्ट्रीय अस्मिता से जुड़े इस विषय पर प्रधानमंत्री श्री मोदी से बात की। उनसे अनुरोध किया, विषय के पीछे लगा रहा। देश भावना को मद्देनजर आखिर अंडमान में स्वातंत्र्यवीर सावरकर की काव्यपंक्ति समेत नई ज्योत स्थापित करने का निर्णय हुआ। भूमिपूजन समारोह के लिए मुझे प्रमुख अतिथि के रूप में आमंत्रित किया गया। गत 4 जुलाई, 2015 को यह समारोह संपन्न हुआ। उस समय मेरे मन में उठे भाव शब्दातीत हैं, मुझे अत्यधिक आनंद हुआ।

यह बताने के लिए कि सावरकर के विचारों से मैं कब और कैसे प्रेरित हुआ, मुझे अतीत में झांकना होगा। मेरे बचपन में बच्चों के लाड़-दुलार

बोरिवली में स्वातंत्र्यवीर सावरकर की प्रतिमा के अनावरण समारोह में बाएं से सर्वश्री नितिन गडकरी, राम नाईक, नरेंद्र मोदी, दत्ता दळवी, उत्तम पाचारणे, दादा इदाते व गोपाल शेट्टी

सावरकर की काव्यपंक्तियों समेत बननेवाली नई ज्योत के भूमिपूजन के अवसर पर राम नाईक, अंडमान के उप-राज्यपाल ए.के. सिंह, स्थानीय सांसद विष्णुपद रे तथा शिल्पकार उत्तम पाचारणे (4 जुलाई, 2015)

जैसी कोई चीज़ मौजूद नहीं थी। डबल ग्रेजुएट थे मेरे पिताजी। उन्होंने अंग्रेजों की नौकरी करने के बजाय औध रियासत में शिक्षक बनना स्वीकार किया था। ऐसा शिक्षक क्या बच्चों के दुलार कर सकता था? पर पिताजी ने हम बच्चों के लिए पुस्तकों का भंडार जुटाया था। स्वयं उन्हें दुनिया भर की उत्कृष्ट पुस्तकें पढ़ने का शौक था। कुछ और पैसा कमाने के मकसद से वे पुणे-मुंबई से पुस्तकें लाकर बेचते थे। वे बहुत ही जीवटता से इस पर ध्यान देते कि हम उत्तम पुस्तकें पढ़ें। स्कूली दिनों में ही उन्होंने मुझे सावरकर की '1857 का स्वतंत्रता समर' पुस्तक पढ़ने के लिए दी। मैं इतना प्रभावित हुआ कि बाद में 'काला पानी' स्वयं ही पढ़ डाली। उसी उम्र में उस महान शख्स को देखने की आस मुझमें पैदा हो गई थी।

सावरकर दर्शन

कालांतर में मैं कॉलेज की शिक्षा के लिए पुणे आया। 1952 के मई माह में रा.स्व. संघ के द्वितीय वर्ष के शिक्षा शिविर में दाखिल हुआ। इस शिविर में कठोर अनुशासन का पालन करना होता था। कालावधि पूर्ण

किए बगैर बाहर जाने की अनुमति नहीं थी, पर वह साल अपवाद रहा। हुआ यों कि आजादी मिलने के बाद स्वातंत्र्यवीर सावरकर ने देश को आजाद बनाने के लिए जिस संगठन का निर्माण किया था, उस 'अभिनव भारत' का विसर्जन करने का निर्णय घोषित किया, उसी सिलसिले में वे पुणे आए थे। उनके इस कार्यक्रम में भाग लेने के लिए रा.स्व. संघ के द्वितीय सरसंघचालक पूज्य गोलवलकर गुरुजी समेत अनेक राष्ट्रभक्त आए थे। मुझे ठीक से याद है कि सावरकर ने कहा था – ''विद्यमान सरकार ने मुझ पर जुल्म किए हैं, पर मुझे कोई शिकायत नहीं, क्यों कि यह अपनी सरकार है। हमें याद रखना होगा कि अब देश में परिवर्तन 'बुलेट' के जरिए नहीं, 'बैलेट' के माध्यम से ही लाना होगा।'' लोकतंत्र के प्रति उनकी यह निष्ठा हैरत में डालने वाली थी। 'अभिनव भारत' के समापन के उपलक्ष्य में 10,11, एवं 12 मई, 1952 को सावरकर ने 1857 से 1947 तक के आजादी के योद्धाओं के बारे में भाषण दिए। एक तरह से अपनी 'भारतीय इतिहास के छह सुनहरे पन्ने' पुस्तक का सार ही उन्होंने बताया। संघ शिक्षा शिबिर में आए सारे स्वयंसेवकों को उनका भाषण सुनने के लिए ले जाया गया था। यह कहूं तो अतिशयोक्ति नहीं होगी कि सावरकर के उन भाषणों का, उनके बेबाक-बेजोड़ वक्तृत्व का अब तक मुझ पर असर कायम है। उनसे देश के लिए कुछ कर गुजरने की प्रेरणा मिली। सावरकर से जो 18वें साल में सुना था, आज 81वें साल में भी मुझे साफ-साफ याद है। प्रखर बुद्धिवाद, ध्येयनिष्ठ एवं हर हालत में अविचलित उनका व्यक्तित्व प्रत्यक्ष देखने एवं उनके विचार सुनने का अनुभव विलक्षण था।

राजनीतिक सोच के लिहाज़ से मेरा जुड़ाव भारतीय जनसंघ से बनता गया। हम देशवासी सावरकर के ऋणी हैं। पर मेरे साथ उनके ऋणानुबंध निजी स्तर से भी जुड़े हैं। मेरी पत्नी के पिता श्री के.एन. धारप पेशे से वकील थे। उन्होंने गांधी हत्या केस में सावरकर को कानूनी सहायता प्रदान की थी। विवाह से पहले मैंने यह बात सुनी थी, पर बाद में पत्नी से मुझे बड़ी ईर्ष्या हुई। मेरी पत्नी ने बताया कि 'गांधी हत्या' मामले में बेकसूर साबित होने के बाद सावरकर जब मेरे ससुर के घर उनसे मिलने आए थे, उस वक्त उनकी मेहमाननवाज़ी करने का सौभाग्य उन्हें मिला है।

शहीदों का सम्मान

मुझे हमेशा लगता रहा है कि सावरकर राष्ट्रीय अस्मिता के प्रतीक हैं। उन्हें मानवंदना देने के लिए जिस तरह की स्वतंत्रता ज्योत की संकल्पना की गई, उसी तरह की ज्योत और दो जगहों पर स्थापित करने में बतौर मंत्री के मुझे कामयाबी मिली। पेट्रोलियम मंत्रालय की ओर से पंजाब के अमृतसर में जालियाँनवाला बाग में भव्य अखंड ज्योत स्थापित की गई है। हजारों पर्यटक उसका दर्शन करते हैं। मुंबई के हुतात्मा चौक में ऐसी ही ज्योत बनाने का प्रस्ताव मैंने रखा था। मुंबई महानगरपालिका ने वह उतनी भव्य नहीं बनाई, पर शहीदों को अखंड ज्योत का सम्मान प्रदान करने में मेरा भी योगदान है, यही बात क्या कम तसल्ली देती है?

पता नहीं कुछ लोगों को सावरकर के दिव्य व्यक्तित्व की अनदेखी कर के कितना विकृत आनंद मिलता होगा? मेरी तथा तत्कालीन लोकसभा अध्यक्ष मनोहर जोशी की पहल पर संसद भवन में सावरकर का तैलचित्र लगाने का निर्णय हुआ। उसके लोकार्पण समारोह के दिन श्रीमती सोनिया गांधी ने अपने सांसदों को फरमान जारी किया कि इस कार्यक्रम में कोई नहीं जाएगा। सावरकर की इस अवहेलना से मेरा सीना आग से धधकने लगता है।

शहीदों का ऋण स्मरण में रखकर राष्ट्र कार्य करने का संदेश सावरकर ने दिया है। राज्यपाल बनने के बाद मेरे सुझाव पर लखनऊ में भारतीय सेना के मध्य कमान ने परमवीरचक्र प्राप्त तीन वीरों के भित्ति चित्रों का स्मारक बनवाया। वह भी मेरे मित्र उत्तम पाचारणे की उंगलियों ने साकार किया है। ऐसे काम करने की चाहत मुझमें क्यों है? मैं कहूंगा वीर सावरकर की प्रेरणा ही मुझे ऐसे कार्य करने को प्रेरित करती रहती है।

(12 जुलाई, 2015)

❒

मुझे प्रसन्नता है कि इस पुस्तक के अनुवाद काम के दौरान अंडमान में नई ज्योत का उद्घाटन समारोह 28 मई 2016 को याने सावरकर जयंती के दिन भारतीय जनता पार्टी के अध्यक्ष श्री अमित शाह, पेट्रोलियम मंत्री श्री धर्मेन्द्र प्रधान, उपराज्यपाल श्री ए.के. सिंह और अंडमान के सांसद श्री विष्णुपद रे की उपस्थिति में संपन्न हुआ। उस ज्योत का नामकरण हुआ है 'वीर सावरकर ज्योत'!

भाजपा स्थापना महाधिवेशन में 'अंधकार छँटेगा, सूरज निकलेगा, कमल खिलेगा' का उद्घोष करते श्री अटल बिहारी वाजपेयी। साथ में सर्वश्री लालकृष्ण आडवाणी, सिकंदर बख्त, राम नाईक और राम जेठमलानी

भाजपा युग का प्रारंभ

30 दिसंबर, 1980 की शाम! अरब सागर साक्षी था। मुंबई के ऐतिहासिक शिवाजी पार्क पर इकट्ठा हुए जनसागर के सामने श्री अटलबिहारी वाजपेयी गरजे, ''अंधेरा छँटेगा, सूरज निकलेगा, कमल खिलेगा।'' लाखों कार्यकर्ताओं के दिलों में उम्मीद जगाने वाले उनके इस कथन के साथ भारतीय जनता पार्टी (भाजपा) के पहले अधिवेशन का समापन हुआ। केवल मेरे जीवन में ही नहीं, बल्कि देश के इतिहास में भी एक नए युग का आरंभ हुआ।

1980 के लोकसभा चुनाव में जनता पार्टी की चिंतनीय हार के बाद से ही जनता पार्टी में अंदरूनी संघर्ष शुरू हो गया। राष्ट्रीय स्वयंसेवक संघ के स्वयंसेवकों को 'संघ छोड़ो या पार्टी छोड़ो' की अंतिम चेतावनी दी गई। भाजपा की स्थापना के साथ यह कसमसाहट खत्म हुई। उससे पहले जनता पार्टी की गुत्थियों से

रास्ता निकालने हेतु विचार विमर्श के लिए मूल जनसंघ से जनता पार्टी में शरीक हुए महत्त्वपूर्ण नेताओं की 6 अप्रैल 1980 को दिल्ली में बैठक बुलाई, जिसमें इस पर विचार होना था कि स्थानीय कार्यकर्ता क्या सोचते हैं? ऐसा क्या किया जाना चाहिए, जिससे अपना आत्मसम्मान बरकरार रहे और जनता का अपने प्रति विश्वास भी न टूटे। तब मैं जनता पार्टी मुंबई का अध्यक्ष था। आपातकाल के दौरान जेल से बाहर रहकर मुंबई में आंदोलन से जुड़े कार्य करने में मैं आगे था। जनता पार्टी के गठन के पहले मैं भारतीय जनसंघ का मुंबई का संगठन मंत्री था। अतः इस बैठक के लिए मुझे भी बुलाया गया। इसी बैठक में भाजपा का उदय हुआ।

प्रथम महाधिवेशन की चुनौती

इस बात पर भी बैठक में विचार हुआ कि जनसंघ में यदि हम वापस गए तो हमारी भूमिका को न्यायपूर्ण मानने वाले दल तथा जो लोग हैं, हमारे साथ आना चाहें तो आने से हिचकिचाएंगे। अतः बेहतर यही होगा कि उन्हें साथ लेकर नए दल की स्थापना की जाए। वैसा ही निर्णय हुआ। यह भी तय हुआ कि सब अपने-अपने क्षेत्र में जाकर पूर्व सहयोगियों की राय लें, उन्हें साथ जोड़ने का प्रयास करें, हो सके तो नए मित्र भी जोड़ें।

ताजा स्थिति का जायजा लेने के लिए सितंबर 1980 में हैदराबाद में पदाधिकारियों की बैठक हुई, जिसमें यह निर्णय किया गया कि दल की नई नीति-ध्येय निर्धारित करने के लिए देश भर के कार्यकर्ताओं का महाधिवेशन दिसंबर में आयोजित करके भाजपा के गठन की सारी औपचारिकताएं पूरी की जाएं। अब सवाल यह खड़ा हुआ कि आयोजन कहां हो? देश भर से 15- 20 हजार लोगों के आने की संभावना थी। इतने कम समय में इतने लोगों के रहने, खाने की व्यवस्था कौन करेगा? हम सब उलझन में यह सोचने लगे कि यह निर्णय जनता को जँचेगा या नहीं, नई पार्टी के नए विशाल अधिवेशन के लिए स्थानिक प्रशासन सहयोग करेगा या नहीं। बहुत से सवाल मन में उठ रहे थे, पर यह विश्वास भी भीतर डटा हुआ था कि जब आपात काल जैसे संकट से हम जूझे हैं तो अब क्या मुश्किल है? मैंने केंद्रीय

भाजपा के पहले महाधिवेशन के लिए आए श्री अटलबिहारी वाजपेयी और श्री लालकृष्ण आडवाणी के साथ हवाईअड्डे पर राम नाईक व श्री मधु देवलेकर

नेतृत्व से कह डाला कि मुंबई की ओर से मैं महाधिवेशन करने के लिए तैयार हूं।

मैं नहीं जानता कि उस समय यह चुनौती स्वीकार करने की प्रेरणा मुझे कहां से मिली! किंतु सभी नेताओं की राय बनी कि मुंबई के विशाल जनसमूह के समक्ष महाधिवेशन करना अधिक असरकारक होगा, किंतु मुंबई में स्थल की उपलब्धता, महंगी सुविधाओं से निपटने का बड़ा प्रश्न भी हमारे सामने था। पर हमने विश्वास दिलाया कि मुंबईकर इस चुनौती से निपट लेंगे। निर्णय हो गया, मुझे अधिवेशन का संयोजक बनाया गया। हैदराबाद से लौटते समय मैं थोड़ा तनाव में था। मन में कई सवाल मंडरा रहे थे, सहयोगियों को मेरा निर्णय पसंद आएगा या नहीं? यह भी कि हम सब सही में यह काम कर पाएंगे या नहीं? महाराष्ट्र भाजपा के संगठन मंत्री श्री वसंतराव भागवत ने मुझे तनाव मुक्त करते हुए ढाढ़स बंधाया, ''रामभाऊ, आपने सही

भाजपा स्थापना महाधिवेशन को संबोधित करते हुए राम नाईक। मंच पर वरिष्ठ नेता सर्वश्री मुरली मनोहर जोशी, सिकंदर बख़्त, कैलासपति मिश्रा, अटलबिहारी वाजपेयी, राम जेठमलानी

किया। समूचे देश को हमारी ताकत दिखाने का अवसर लेकर आए हो। अब सब मिलकर अवसर को सुनहरा बनाने में जुट जाएंगे।'' यह कहकर भागवतजी ने कार्यकर्ताओं में जोश भर दिया। उस काम का नशा ही अलग था।

समता नगर का निर्माण

अधिवेशन स्थल ढूंढ़ना सब से बड़ी चुनौती थी। 1980 में भी मुंबई में भीड़ की समस्या थी ही। बड़े नेताओं समेत 15-20 हजार प्रतिनिधियों के रहने का प्रबंध करना, सभा के लिए विशाल पंडाल बनाना कम मुश्किल नहीं था। भारी जद्दोजेहद के बाद हमने बान्द्रा रेक्लमेशन चुना। वह स्थल मुख्य सड़क से थोड़ी दूर था, पर हमारी आवश्यकता के अनुरूप विशाल था। वहां प्रतिनिधियों के ठहरने के लिए तंबू लगाने का निर्णय हुआ। आपातकाल के कारण कॉलेज छात्रों का नौजवान काफिला भी हमसे जुड़ गया था। अधिवेशन के लिए वे दिन-रात खपाने लगे। विख्यात कला निर्देशक श्री शांति देव ने मदद के लिए हाथ बढ़ाया। देखते-देखते प्रवेश द्वार पर प्रचंड आकार का कमल बनकर तैयार हो गया। उसके अनुरूप व्यासपीठ

भी तैयार किया गया। नौजवान ही नहीं, हमारे परिवारों की बच्चा कंपनी भी जुटी हुई थी। किरीट सोमय्या, अरूण देव, रमेश मेढेकर, मधु चव्हाण आदि युवा कार्यकर्ताओं समेत आर्किटेक्ट रमेश सेठ के तरुण सहयोगी अरविंद नांदापुरकर भी साथ हो लिये। केंद्रीय ऊर्जा मंत्री पीयूष गोयल उस समय किशोर थे, उन्हें सब 'हैपी' के नाम से पुकारते थे। हमारी भागदौड़ में वे भी सहयोग करते थे।

शीघ्र ही भव्य नगरी बनकर तैयार हो गई। हम लोग सब को साथ लेकर चलने के सूत्र से बंधे थे, अतः इस विशाल छावनी को 'समता नगर' नाम दिया। संगठन कांग्रेस से भाजपा में आए श्री सिकंदर बख़्त के करकमलों से इसका भूमिपूजन किया गया। छावनी में कश्मीर से लेकर कन्याकुमारी तक के कार्यकर्ता ठहरने वाले थे। इस बीच दिल्ली से आदेश आया कि श्री अटलबिहारी वाजपेयी, श्री लालकृष्ण आडवाणी, राजमाता श्रीमती विजयाराजे आदि शीर्ष नेतागण तंबू में ही रहेंगे। जानते थे कि यह नेताओं का बड़प्पन है, पर हम तनाव में आ गए। एक दूसरा अग्नि दिव्य भी कर गुजरना था, ऐसा भोजनछत्र तैयार करना था, जो सब को जँचे और सादा भी हो।

अभूतपूर्व सहभाग

तमाम कार्यकर्ता काम में ऐसे जुट गए थे मानो उनके घर का मंगलमय प्रसंग हो। उम्मीद से ज्यादा प्रतिनिधि यदि आ पहुंचे तो उनका इंतजाम करने की तैयारी भी हमने कर ली। 27 दिसंबर आ पहुंचा। माहौल ऐसा बन गया कि देश भर से आए समूचे भाजपाई सुस्ती झटककर काम में लग जाए। यह नहीं पता था कि हकीकत में 20-25 हजार नहीं, 54 हजार प्रतिनिधि मुंबई आएंगे। व्यवस्था के लिहाज से अफरातफरी मच जाती, पर सभी ने अभूतपूर्व सहयोग किया। कई लोग तंबू के बाहर खुले में सोए। किसी ने कोई शिकायत नहीं की। भोजन व्यवस्था के मामले में फजीहत होने की पूरी गुंजाइश थी, पर वहां भी हौसले ने साथ दिया। भोजनगृह में किसी को एक मिनट का ब्रेक नहीं मिल सका। दोपहर में चाय का वक्त हो जाने पर भी भोजन जारी रहता। एक दिन स्वयं वाजपेयीजी कार्यकर्ताओं के साथ

भाजपा स्थापना महाअधिवेशन में मुंबई में निकली शोभा यात्रा में श्री अटलबिहारी वाजपेयी व श्री शिवकुमार के साथ राम नाईक

भोजन के लिए शाम पांच बजे तक रुके। इधर यह भी देखने को मिलता कि राजमाता विजयाराजे स्वयं अपना भोज-पत्ता उठाकर डालने जातीं। सिकंदर बख़्त मूल जनसंघ के नहीं थे। मुस्लिम होने के बावजूद वे बड़े विश्वास के साथ हमसे जुड़े हुए थे। हम कार्यकर्ताओं का हौसला बढ़ाने के लिए इससे ज्यादा क्या नसीब होता?

न्यायमूर्ति छागला की भविष्यवाणी

अब कहीं दुविधा, कोई असमंजस नहीं बचा था, बस करके दिखाएंगे का जज़्बा सब के दिलों में बस गया था। श्री वाजपेयी एवं श्री जगन्नाथराव जोशी अपने मोहक एवं प्रभावी वक्तृत्व के लिए जाने जाते थे। उनके उद्‌बोधन के साथ-साथ प्रतिनिधियों के ज्ञानवर्धन के लिए गैर जनसंघी वक्ताओं के चर्चा सत्र भी आयोजित किए गए। एक सत्र में पूर्व केंद्रीय मंत्री एवं मुंबई उच्च न्यायालय से निवृत्त मुख्य न्यायाधीश एम.सी. छागला आए थे। इस प्रखर बुद्धिमान न्यायाधीश ने सामने बैठे हजारों प्रतिनिधियों से कहा, ''मुझे अपने समक्ष लघु भारत दिख रहा है और बगल में बैठे हैं, भावी प्रधानमंत्री श्री अटल बिहारी वाजपेयी।'' उस समय छागला को 'दुर्दम्य आशावादी' बताकर उनकी खिल्ली उड़ानेवालों को बाद में नियति ने कसकर तमाचा जड़ा। पर मुद्दा यह है कि इस भविष्यवाणी ने हममें जोश और उमंग भर दिया। नवनिर्मित भाजपा के नए अध्यक्ष अटलबिहारी वाजपेयी की

मुंबई में भव्य शोभा यात्रा निकाली गई। सड़कों पर उनके स्वागत के लिए हजारों की भीड़ खड़ी थी। जब जुलूस का पहला सिरा शिवाजी पार्क पहुंचा तब आखिरी जत्था पांच किलोमीटर फासले पर समतानगर में ही था। वर्ल्ड कप जीतनेवाली भारतीय टीम की जिस जोश-उमंग से मुंबई में बस यात्रा निकली थी, उसी प्रकार के अभूतपूर्व उत्साह से भाजपा की शोभायात्रा का स्वागत हुआ।

महाअधिवेशन की घटना को महज एक नए राजनीतिक दल के उदय के रूप में नहीं देखा जा सकता, वह कल का भारत निर्माण करने वाले शिल्पकारों का सम्मेलन था। देश-विदेश के अखबारों ने उसके आयोजन कौशल तथा सफलता को सराहा। देश भर के भाजपाई कार्यकर्ताओं ने उसी दिन से अटलजी को प्रधानमंत्री बनाने का संकल्प ले लिया, समूचे देश में ''पंतप्रधान की अगली बारी, अटल बिहारी'' का नारा गूंजने लगा और एक नया युग शुरू हुआ, अटलजी के चाहतों का कारवां बढ़ता गया, लोग पीछे-पीछे आते गए।

नए युग का प्रारंभ

अधिवेशन का उत्कृष्ट प्रबंध करने के लिए वाजपेयीजी ने मुंबई के कार्यकर्ताओं की भूरि-भूरि प्रशंसा की। झमटमल वाधवानी, वामनराव परब, बालासाहेब कानिटकर, बाळ धारप, स्वरूपचंद गोयल, शांति देव, वेदप्रकाश गोयल, रामदास नायक, माधव मराठे, जयवंतीबेन महेता, मालती बाई नरवणे, मधु देवलेकर, मुकुंदराव कुलकर्णी, पद्मनाथ आचार्य, मधुकर देसाई आदि दिग्गजों समेत सैकड़ों कार्यकर्ताओं के साझा प्रयासों के कारण यह सफलता मिली थी। देश भर से आये प्रतिनिधियों ने तथा मीडिया ने सफलता का श्रेय मुझे दिया, क्योंकि मैं मुंबई का अध्यक्ष था। लिहाजा अनुशासनबद्ध ढंग से काम करने वाले नेता के रूप में मैं जाना जाने लगा। इस छवि को संजोने का निश्चय कर के मैं आगे बढ़ता गया।

(26 जुलाई, 2015)

❒

शेयर घोटाले के विरोध में निकाले गए मोर्चे में राम नाईक और बाएं से
श्री नानूभाई पटेल, श्रीमती जयवंतीबेन महेता, श्री मधु देवलेकर आदि

सम्मोहक दौर

1980 में भाजपा की स्थापना से लेकर मार्च 1994 तक का दौर मेरे जीवन का सब से मोहक दौर था। मुझे कैंसर होने का पता चलने तक वह बना रहा। तब तक मैं भी उन लोगों में से एक था, जो दल के विस्तार एवं उसे मजबूत बनाने के लिए जुनून के साथ नई-नई योजनाएं, आंदोलन आदि में रचे-बसे रहते थे। भाजपा की स्थापना के बाद संपन्न हुए विधानसभा के चुनाव के दौरान मैं मुंबई का अध्यक्ष था, अतः टिकट आवंटन की अंतिम जिम्मेदारी मेरी थी, हालांकि हशु आडवाणी, वेदप्रकाश गोयल, बालासाहेब कानिटकर आदि अनुभवी नेता मेरा मार्गदर्शन कर रहे थे। चुनाव में हमने पूरी ताकत लगा दी। महाराष्ट्र से निर्वाचित हमारे 14 विधायकों में पांच मुंबई के थे, जिनमें एक मैं भी था। गिने-चुने उन विधायकों में मेरी दूसरी पारी थी। अतः मैं अनुभवी की श्रेणी में आ गया। पर स्वयं मैं

मुंबई के अध्यक्ष के नाते संगठन पर ज्यादा ध्यान व जोर देने के पक्ष में था। विधानसभा के कामकाज में कम दिलचस्पी लेने की मेरी मंशा का समर्थन करते हुए श्री हशु आडवाणी ने कहा, "सदन एवं चुनाव क्षेत्र में विधायक की जिम्मेदारी अच्छे से निभाओ, शेष दायित्व के बारे में बेफिक्र रहो।"

कार्यक्रमों का जोरदार प्रसार

बस और क्या चाहिए था? मैं तेज़ी से काम में जुट गया। युवा कार्यकर्ता, झोंपड़पट्टी जनता परिषद, महिला मोर्चा इन सभी के कार्यक्रमों में मैं शरीक होने लगा। पार्टी के कार्यक्रमों एवं आंदोलनों की खबरें तथा तस्वीरें समय पर समाचार-पत्रों के कार्यालयों में पहुंचाने की व्यवस्था पर खुद निगरानी रखने लगा। इस काम में मधु देवलेकर, संतोष वैद्य की सहायता अनमोल थी। उस जमाने में फैक्स या कंप्यूटर नहीं होते थे, कभी-कभी टाइपिस्ट भी उपलब्ध नहीं होते। तब मैं काली स्याही से साफ, सुंदर अक्षरों में खुद खबर लिखकर अखबारों को भेजता। मैं चाहता था कि पार्टी का काम एवं नाम देश के कोने-कोने में पहुंचे। कुछ पत्रकार मेरे इन प्रयासों की खिल्ली उड़ाते थे, पर उसके समाचार मूल्य के मद्देनजर खबरें छापते भी थे। कालांतर में ऐसे हुआ कि वे दूसरे नेताओं से कहने लगे कि आप भी राम नाईक जैसी सटीक, सुघड़ खबर हमें दिया करो। अब तो खैर जमाना ही बदल गया है। नेतागण अपने प्रचार के लिए एजेन्सियों को काम देने लगे हैं। मैंने अपने को इस प्रणाली से अलग रखा। मुझमें सब कुछ सीखने की ललक है। इसी जिद के कारण मैं मराठी, हिंदी, अंग्रेजी तीनों भाषा में प्रेस नोट तैयार करता था। 80 के दशक में मुंबई के लिए वह तरीका नया था। पर यह जानकर मैंने वह अपनाया कि तैयार खबर मिलती है तो अखबारवाले प्रायः उसे छापते हैं। पार्टी का जैसे-जैसे विस्तार होता गया, वैसे-वैसे अधिक गुणवान लोग हमसे जुड़ते गए।

हमने ऐसे कई कार्यक्रम आयोजित करके धूम मचा दी, जो खबरें बनीं। गैस के दाम में बढ़ोतरी से लेकर मुंबई की आम जनता के लिए तकलीफदेह समस्याओं के खिलाफ हमने आवाज बुलंद की। इस बीच मैंने मुंबई उपनगरीय रेल सेवा समस्याओं की ओर ध्यान केन्द्रित किया। यह भी हुआ कि श्री वसंतराव भागवत ने संगठन में पूर्ण कालीन महिला कार्यकर्त्री

का समावेश करने का निर्णय कर के सुश्री शैला पतंगे का चयन किया। अध्यक्ष के नाते उसे काम देने की जिम्मेदारी मुझे दी गई। ऐसे कई अभिनव प्रयोग हमने किए। हमें यकीन हो गया कि मुंबई में भाजपा की साख और ताकत दोनों का विस्तार हुआ है। 1984 के आम चुनाव में यह यकीन धराशायी हो गया, नतीजों ने हम सबको हिला दिया। पूरे देश में भाजपा को दो ही सीटें मिलीं। जिन्हें हम प्रधानमंत्री बनाने का सपना देख रहे थे, वही वाजपेयीजी चुनाव हार गए। पर हमारे इरादे कायम थे, शून्य से शिखर की ओर उड़ान भरने की जिद अभी हममें बाकी थी। अगले वर्ष अपेक्षित विधानसभा के चुनाव के लिए हमने कमर कस ली। लोकसभा में पराजय के बावजूद शिवाजी पार्क में अटलजी की विराट सभा आयोजित करने का हमने संकल्प किया। मुंबईकरों ने भी जबरदस्त समर्थन किया। मुझे याद है, सभा में हंसते-हंसते अटलजी ने भाषण के आरंभ में ही कहा था, ‘‘मेरे सामने का जनसैलाब यह देखने आया है कि हारा हुआ अटलबिहारी दिखता कैसा है?’’ अटलजी ने ही हमें पराजय कबूल करना सिखाया।

संख्याबल घटा

1985 के विधानसभा चुनाव में हमारी संख्या में महज दो की बढ़ोतरी हुई। मुंबई में मैं और प्रेमकुमार शर्मा केवल दो ही लोग चुनकर आए। यह स्थिति बदलने के लिए मैं दिन-रात काम करने लगा। पता नहीं चलता था दिन कब निकला, रात कब हुई। भाजपा के संविधान के अनुसार, एक व्यक्ति लगातार दो बार ही अध्यक्ष बन सकता था। अतः 1985 में श्री हशु आडवाणी अध्यक्ष बने। हम एक-दूसरे के पूरक बनकर काम करते थे। कभी-कभार मतभेद होते भी तो बाहर कभी पता नहीं चलता। मैंने उनसे छोटी-छोटी बातें सीखीं, मसलन हर फोन को गंभीरता से लो, दर्ज करो, उससे वापस संपर्क करो। 1995 में हशुजी यकायक बीमार पड़ गए। उसके एक दिन पहले मैंने उन्हें फोन किया था। तब वे राज्य के वित्त मंत्री थे। रात में घर लौटने के बाद उन्होंने यह सोचकर कि कहीं कोई जरूरी काम न हो, रात 12.30 बजे मुझे वापस फोन किया। दूसरे दिन उन्हें अस्पताल में दाखिल किया गया। हमारे बीच वह आखिरी बातचीत थी। हशुजी जैसी कर्मठता अपने में उतारने की मैं भरसक कोशिश करता रहा हूं।

राम नाईक के अध्यक्षीय कार्यकाल में भाजपाइयों ने धूमधाम से अगस्त क्रांति दिन की स्वर्ण जयंती मनाई तब स्वदेशी की शपथ लेते हुए अटल बिहारी वाजपेयी के साथ बाएं से सर्वश्री अण्णा डांगे, ना.स. फरांदे, हशु आडवाणी, राम नाईक व गोपीनाथ मुंडे

जोशीला सांसद

हशुजी के कार्यकाल के दौरान 1989 में लोकसभा का चुनाव हुआ। विगत अध्याय में मैंने बताया है कि उस वर्ष मुझे लोकसभा का चुनाव क्यों लड़ना पड़ा। उत्तर मुंबई का सांसद बनने पर मुझे साल के छह महीने दिल्ली रहना पड़ता था। अतः मुंबई की संगठन कार्य रचना में परिवर्तन करने की आवश्यकता महसूस होने लगी। मुझे लगा, संसद में अधिक कार्य करने से दल एवं मुंबई शहर दोनों को लाभ होगा। सांसद के रूप में किए कार्य के बारे में मैं बाद में बताऊंगा ही, पर यह बात सामने आई कि 'बॉम्बे, बम्बई का नाम मुंबई' करने तथा उपनगरीय रेल सेवा में सुधार के लिए संसद में मैंने तत्काल जो प्रयास शुरू किए थे, उससे मुंबईकर प्रसन्न थे। ऐसे कई कार्य कतार में थे। मैं चाहता था कि संगठनात्मक दायित्व से मुझे मुक्त किया जाए। वरिष्ठ नेताओं ने हामी भरी, पर चुनाव क्षेत्र पर ज्यादा ध्यान देने का निर्देश भी दिया। उत्तर मुंबई संसद चुनाव क्षेत्र वैसे भी उत्तम संगठनवाले क्षेत्र के रूप में जाना जाने लगा था।

फिर से अध्यक्ष की पारी

इस बीच मुंबई के अध्यक्ष के बतौर हशुजी के दो टर्म पूरे हो गए। नए संभावित अध्यक्ष के रूप में रामदास नायक, किरीट सोमय्या, मधु चव्हाण,

प्रकाश मेहता के नामों की चर्चा थी, पर उन्हें तब अनुभव तथा सर्वमान्यता प्राप्त नहीं थी। दल जैसे-जैसे बड़ा होता जाता है, सर्व सहमति कठिन बात होती जाती है। लिहाजा ऐसे नाम की तलाश जारी थी, जो सब को साथ लेकर चलें और हमारी पीढ़ी के हो। बड़े नेताओं की राय बनी कि दल के अच्छे दिन आए हैं, भीतरी कलह टालने की दृष्टि से बेहतर होगा कि पुनः मैं अध्यक्ष का भार संभालू। मैं संघ के अनुशासन का अभ्यस्त हूं, अपने कैरियर के खातिर बड़ों के आदेश की अवहेलना करना मेरे लिए संभव नहीं था। मैंने वापस अध्यक्ष के सूत्र संभाले। दिल्ली के सहयोगी मुझे ताना देते हुए कहते, 'मेरा मन मुंबई में ही रमता है।' दोनों जिम्मेदारियां संभालने में मेरा दम निकल जाता। शुक्रवार को संसद का सत्र समाप्त होते ही मैं मुंबई की ओर भागता, सोमवार को लौटता। मेरी यह भागमभाग देखकर एक बार अटलजी ने मजाक करते हुए कहा था, "हरदम चुनाव क्षेत्र के लिए क्यों भागे जाते हो? क्या हमारा चुनाव क्षेत्र नहीं है।" देश के संगठन तथा लोकसभा में दल का नेतृत्व करने वाले अटलजी को मैं क्या जवाब देता? खिसयाई हंसी ही मेरा जवाब था।

काम का नशा

उसके बाद मैं तीन साल अध्यक्ष रहा। पीछे मुड़कर देखता हूं तो लगता है कि यह तीन साल का समय सच में जीवन के अत्यंत व्यस्त तथा

1993 में मुंबई में हुए बम विस्फोट में घायलों की पूछताछ करने आए श्री लालकृष्ण आडवाणी के साथ राम नाईक

घर तक डाकसेवा बंद किए जाने के विरोध में आयोजित परिषद् को संबोधित करते हुए राम नाईक और साथ में दायीं ओर से सर्वश्री पत्रकार राहुल देव, नानुभाई पटेल व रत्नाकर कामत

बाकायदा भागदौड़ का काल रहा। काम करने का जुनून सवार था। इसी अवधि में मुंबई में बम विस्फोट की भीषण घटना घटी। महानगर में शांति प्रस्थापित करने की दृष्टि से समन्वय साधने के मामले में मैंने पहल की। सांसद के रूप में जैसे बहुत काम किया, उसी तर्ज पर अध्यक्ष के नाते भी बहुत काम किया। विपक्ष द्वारा आंदोलन आम बात है, पर मसले ही कुछ ऐसे उभरते गए कि हम सरकार पर टूट पड़े। उसे निर्णय वापस लेने के लिए विवश किया। सरकार ने बहुमंजिली इमारतों में तल मंजिल पर डाक पेटियां लगाने का फरमान जारी करते हुए कहा, 'जहां ऐसी पेटियां नहीं लगी होंगी, वहां डाकिया ऊपर चढ़कर डाक नहीं पहुंचाएगा।' माना कि डाकिया को परेशानी होती है, पर जमीनी सच्चाई के बारे में सोचे-समझे बिना ही यह फरमान जारी हुआ था। नई इमारतों में यह नियम ठीक हो सकता था, पर 'सब घोड़े बारह टका' की तर्ज पर पुरानी इमारतों पर इसे लागू करना अन्यायकारी था। यह नहीं सोचा गया कि मुंबई की हजारों पुरानी इमारतों में पेटियां लगाने के लिए जगह कहां है? नियम सच में लागू हुआ तो लाखों निवासियों को डाक कैसे मिलेगी? इसके खिलाफ हमने आंदोलन छेड़ा। मुंबईकरों ने भारी समर्थन किया। कफ परेड के धनी इलाकों से लेकर मजदूरों की बस्तियों तक सब ने साथ दिया। आंदोलन शत प्रतिशत सफल हुआ।

वही किस्सा शेयर घोटाले का रहा। शेयर बुल हर्षद मेहता पर पाबंदी के लिए हमने रिजर्व बैंक के सामने धरना दिया। उसके बाद घोटाले के पर्दाफाश और उसकी व्यापकता का बोध होने पर पूर्ण देश में रोष फैल गया। इस तरह की कटु लड़ाइयों के कारण मैं अधिकाधिक निडर बनता गया।

मेरी निडरता

एक बार अनजाने में ज्यादा ही निडर बना। बात 1992 की है। महानगरपालिका के चुनाव की वेला थी। मैं मुंबई का अध्यक्ष था, अतः टिकट पाने के इच्छुकों से दादर के कत्थक भवन कार्यालय (अब वसंत स्मृति) में मुलाकातों का काम निपटा रहा था। मुलाकातों का क्रम चल रहा था तब एक सुंदर, महंगा पर सलीकेदार विजिटिंग कार्ड मेरे सामने रखा गया। मैंने उसे समय नहीं दिया था। नाम भी जाना-पहचाना नहीं था। मैंने कार्यालय प्रबंधक संतोष वैद्य से कहा, ''उसे पूछो, क्या काम है?'' उसने पलटकर कहा, ''आप ही पूछे।'' ''उसे रुकने के लिए कहो, वरना मैं बाद में समय दूंगा।'' मैंने कहा। संतोष मुंह बनाते हुए बाहर गया। वापस आकर उसने बताया कि 'वह रुका हुआ है'। थोड़ी देर में कमरे के बाहर शोर सुनाई दिया। संतोष ने मुझे विनती के स्वर में कहा, ''रामभाऊ, उसे जल्दी मिल लो, बाहर टेंशन हो गया है।'' वह शख्स अंदर आया, मैं चौंक गया। मुझे यकीन नहीं हुआ कि समूची मुंबई में खौफ फैलाने वाला गैंगस्टर अमर नाईक मेरे सामने खड़ा था। वह अपनी पत्नी के लिए चुनाव टिकट मांगने के लिए आया था। मैंने शांत स्वर में उसे बताया कि भाजपा की नीति नियम के तहत यह संभव नहीं। वह खामोश चला गया, बाद में माहौल सामान्य हो गया। कुछ दिनों बाद खबर आई कि एक प्रमुख दल ने अमर नाईक की पत्नी को टिकट दिया है। मेरे शुभचिंतकों ने चैन की सांस ली, पर पूरे मामले के दौरान मैं शांत था।

मैं और रामदास नायक

कई बार ऐसे प्रसंग आते हैं कि मन विचलित हो जाता है। विशेषतः जब कोई सहयोगी अड़ंगेबाजी करता है तो मैं बेचैन हो जाता, आपा खोने की नौबत आ जाती। अंतुले प्रकरण के कारण मशहूर हुआ रामदास नायक

भाजपा मुंबई अध्यक्ष श्री रामदास नायक द्वारा श्री लालकृष्ण आडवाणी के हाथों राम नाईक का सत्कार

मेरा लाडला था। उसका साहस, बागी तेवर ऐसे थे कि आपको प्यार आ जाए। पर कई बार वह छोटे बच्चों की भांति रूठ जाता। कई बार उसके गुणों का लिहाज रखते हुए और न चाहते हुए भी हम उसकी ज़िद पूरी करते, पर वह बेसब्र था। बात-बात पर इस्तीफा देने की चेतावनी देता, इससे दबाव बढ़ जाता। हम उसे मनाने की कोशिश करते। हर संगठन में रामदास जैसे लोग होते हैं, दल के हितों के लिए उनके अहम को शांत करना, सहलाना पड़ता है। लेकिन एक बार मैंने कठोर निर्णय किया। मुंबई के महापौर के चयन को लेकर बौखलाए रामदास ने इस्तीफा भेजा। मैंने भी प्रदेश संगठन मंत्री श्री वसंतराव भागवत से चर्चा करने के बाद आननफानन त्यागपत्र मंजूर कर लिया। हालात जटिल हो गए। रामदास भी हतप्रभ हो गया। वह था दल का वफादार कार्यकर्ता। उसे भी भाजपा के बिना कहां चैन मिलता! उसने बिल्कुल नहीं सोचा था कि मैं इस्तीफा स्वीकार कर लूंगा। थोड़ा अरसा बीतने के बाद रामदास ने माफी मांगी। हम दोनों ने वह प्रसंग भूल जाने का निर्णय किया। बाद में वह मेरे उत्तराधिकारी के रूप में मुंबई का अध्यक्ष बना। इस घटना से सबने सबक लिया कि इस्तीफे का ब्रह्मास्त्र आजमाना गलत होता है। अपने कार्यकाल में बाद में इसी रामदास ने श्री आडवाणी के हाथों मेरा सत्कार भी किया।

नियति पर किसका बस चलता है? 1994 में कैंसर की बीमारी से मैं ग्रस्त था, उसी दौरान रामदास नायक की हत्या हुई। कई अखबारों में

खासकर मुंबई के बाहर के अखबारों में हम दोनों का नाम एक जैसा होने के कारण रामदास के बजाय मेरा नाम और फोटो छपे। कई लोगों को लगता है कि दुनिया छोड़ते समय रामदास मेरी आयु बढ़ा गया, इसीलिए मैं कैंसर से मुक्त होकर स्वस्थ हो गया।

पार्टी से इस्तीफा

1993 के बाद मैं संगठन के बजाय संसदीय कार्य के दायित्व पर ध्यान देने लगा। सांसद एवं मंत्री के रूप में ठोस काम करने का अंतःकरण से प्रयास किया। इसके बारे में बाद में बताऊंगा। सन् 2004 में चुनाव हारने के बाद मुझे फिर से संगठन का काम देखने के लिए कहा गया। मुझे केंद्रीय अनुशासन समिति का अध्यक्ष बनाया गया। कई बार लोगों को सिंहासन दिखता है, पर उस पर बिछे कांटे नजर नहीं आते। अध्यक्ष के नाते मुझे एक जमाने के प्रिय सहयोगी तथा दिल्ली के पूर्व मुख्यमंत्री मदनलाल खुराना और सुश्री उमा भारती के खिलाफ काररवाई करनी पड़ी। दल में मेरी पहचान कर्मठ, कर्तव्यपरायण नेता की बनी। बाद में मुझे विधायक एवं सांसद विकास प्रकोष्ठ का प्रभारी बनाया गया। अनेक राज्यों के सांसद व विधायकों के अध्ययन वर्ग मैंने आयोजित किए। राज्यपाल बनने से पहले भाजपा द्वारा स्थापित किए 'सुशासन प्रकोष्ठ' का मैं राष्ट्रीय संयोजक था। राज्यपाल बनने के बाद पार्टी की सदस्यता से भी मैंने त्यागपत्र दे दिया है। भाजपा में बीता मेरा अतीत अब हृदय में संजोई धरोहर है।

(1 अगस्त, 2015)

❐

1989 में लोकसभा चुनाव हेतु पहली बार आवेदन भरते हुए राम नाईक। साथ में बाएं से सर्वश्री वीरेन शाह, सुभाष देसाई, हशु आडवाणी और खड़े हुए साथियों में प्रो. रत्नाकर कामत, नंदकुमार काले, गजानन कीर्तिकर, मुरारीलाल चतुर्वेदी, जयप्रकाश ठाकुर, विकास आगवेकर, एडवोकेट नाना पवार आदि

संसदीय पड़ाव...1

मुंबई की राजनीति एवं समाजनीति के क्षेत्र में मैं थोड़ी-बहुत ख्याति प्राप्त कर चुका था, पर 1989 में लोकसभा में पहुंचा तब दिल्ली की राजनीति में अपेक्षाकृत नया था। हां, वहां के हलको में मेरे बारे में इसलिए उत्सुकता बनी हुई थी कि मृणाल गोरे जैसी धाकड़ पानीवालीबाई को मैंने चुनाव मैदान में मात दी थी। इसी कारण से महाराष्ट्र के अखबारों के प्रतिनिधि मुझसे मिलने के लिए उत्सुक थे। चुनाव के पहले मेरी उम्मीदवारी घोषित होने के बाद 'महाराष्ट्र टाइम्स' के दिल्ली के तत्कालीन विशेष संवाददाता अशोक जैन ने मुझे चुनाव न लड़ने की दोस्ताना सलाह दी थी। उनका कहना था महाराष्ट्र में अच्छा काम कर रहा हूं, क्यों अनायास ही पराजय का दाग लगवाने मैं लोकसभा के पचड़े में पड़ना चाहता हूं। मैंने तब उनसे शर्त लगाते हुए उनकी डायरी में लिखित दावा किया था कि

मुंबई के सुप्रसिद्ध पाटकर–वर्दे महाविद्यालय में सांसद निधि से निर्मित संगणक कक्ष का उद्‍घाटन करते हुए राम नाईक

'मैं मृणालताई को एक लाख मतों से हराऊंगा।' सच में ऐसा ही हुआ, मैं एक लाख 30 हजार मतों से जीता। अतः जैन से मिलने के लिए मैं बेताब था, पर उससे ज्यादा दिल्ली की राजनीति में अपनी साख जमाने के लिए आवश्यक कदमों के बारे में अनुभवी मित्रों से सलाह लेने के लिए बेसब्र था। उनमें जैन समेत 'सकाळ' के संवाददाता विजय नाईक, तरुण भारत के स्व. बापूराव लेले तथा 'टाइम्स ऑफ इंडिया' के राजदीप सरदेसाई का समावेश था।

पहली बार संस्कृत में शपथ

विधानसभा के अनुभव से मैंने सीखा था कि सफल जनप्रतिनिधि बनना हो तो सदन में अपनी छाप और कार्य प्रभावी होना जरूरी है। शुरुआत मैंने सांसद की शपथ संस्कृत में लेकर की। इस नई परंपरा का आरंभ करने के लिए पहली बार में ही मैं खबर का विषय बना। 1989 तक सांसद हिंदी, अंग्रेजी या अपनी मातृभाषा में शपथ लिया करते थे। उस समय मुंबई के संस्कृत विद्वान स्व. श्रीपाद धुंडीराज कविश्वर ने संस्कृत में शपथ लेने के

लिए सांसदों को प्रेरित करने की मुहिम चलाई थी। नतीजतन मेरे समेत 26 सांसदों ने संस्कृत में शपथ ली।

मज़ाक–सराहना साथ–साथ

शुरुआत अच्छी हुई थी, पर लोकसभा में मेरे पहले भाषण के समय मैं एक शब्द के कारण हंसी का पात्र बना। 26 दिसंबर, 1989 के दिन मैं अपना पहला (मेडन स्पीच) भाषण करने के लिए लोकसभा में तनकर खड़ा रहा। पूरक मांगों पर प्रायः कोई नहीं बोलता, पर मैंने नियमानुसार इसकी सूचना दी थी, अतः मुझे बोलने का मौका मिला। महाराष्ट्र के सांसद शुरू–शुरू में हिंदी बोलने से कतराते थे, हिचकिचाते थे। पर मुंबई का होने व जनसंघ की बैठकों में हिंदी बोलने की आदत होने के कारण मुझे दिक्कत नहीं हुई। विधानसभा में भाषण के दौरान हम बीच–बीच में अध्यक्ष को 'अध्यक्ष महाराज' संबोधित करते हुए आगे बढ़ते थे। उसी आदत के तहत मैंने लोकसभा में 'अध्यक्ष महाराज' कह दिया। मेरे मुंह से यह संबोधन निकलते ही सदन में फुसफुसाहट, थोड़ा कोलाहल और फिर हंसी का शोर मच गया। कुछ सांसदों ने आपत्ति उठायी। अनजाने में हुई गलती का एहसास होते ही मैं झेंप गया। मराठी में हम आदर से अध्यक्ष महाराज कहते हैं, पर हिंदी में 'रसोइए' को महाराज कहते हैं। बस क्या था! मैंने नए सांसद का उपहास करने का अवसर दे दिया था। तत्कालीन वित्त मंत्री प्रा. मधु दंडवते ने उस समय मेरा बचाव किया। करीब–करीब कड़े स्वर में उन्होंने सदस्यों से कहा, "इतनी छोटी गलती का उपहास करने के बजाय इस बात की दाद दो कि एक मराठी सांसद हिंदी में बोल रहा है, यहां ऐसे कितने लोग हिंदी में बोलते हैं, जिनकी मातृभाषा हिंदी नहीं है।" इस तरह मेरा पहला प्रयास मुद्दे के बजाय उपहास का विषय बना।

मेरी गाड़ी पटरी पर लाने में मुझे देर नहीं लगी। शून्यकाल में राजनीतिक मुद्दों, प्रश्नोत्तर काल में चुनाव क्षेत्र की समस्याओं के बारे में प्रश्न तथा अन्य संसदीय मार्गों के जरिए धड़ाधड़ प्रश्न उठाने के मामले में मैं माहिर होता चला गया। सांसद के रूप में कई काम किए। मंत्री बना तब भी बहुत से काम करने में सफल रहा, पर आज मुझे उन चार विषयों के बारे में आपको

बताना है, जिससे मुझे बहुत संतोष, बहुत सुख मिला। ये ऐसे विषय हैं, जिन्हें पहले कभी किसी ने नहीं उठाया था। मैंने उन्हें सफलता से उठाया और निर्णायक स्थिति तक पहुंचाया। विपक्ष में रहकर भी समस्याएं सुलझाने में मुझे मिली सफलता ने यह सिद्ध किया कि विपक्ष में रहकर भी काम किए जा सकते हैं। इस उपलब्धि ने मेरी साख और छवि निखारने का काम किया।

बॉम्बे, बम्बई नहीं, मुंबई कहें

मेरी राय रही है कि विशेष नाम सभी भाषा में एक जैसा ही होना चाहिए। उसका अनुवाद नहीं हो सकता। भाषा के व्याकरण के इस नियम के अनुसार, सभी भाषाओं में मुंबई का नाम मुंबई ही हो सकता है, अन्य कुछ नहीं। सांसद बनने के बाद लोकसभा के काम,काज में मेरी सहभागिता के वृत्तांत का प्रारूप मान्यता के लिए मुझे भेजा गया, तब एक विसंगति बहुत अखरी। मेरी शपथ के हिंदी वृत्तांत में मेरा नाम 'राम नायक (उत्तर बम्बई)' और अंग्रेजी में वह 'Ram Naik (North Bombay)' लिखा गया था। मैंने इस पर एतराज करते हुए लोकसभा के अध्यक्ष को पत्र भेजकर सभी भाषा में मेरा नाम 'राम नाईक (उत्तर मुंबई)' ही लिखने की मांग की। लोकसभा के तत्कालीन अध्यक्ष रवी राय को मेरी बात जायज़ लगी। उन्होंने कम से कम लोकसभा के कामकाज में सभी भाषाओं में 'मुंबई' लिखे जाने की बात स्वीकार कर ली। वहीं से 'बॉम्बे, बम्बई का नाम मुंबई' करने की ज़िद के अंकुर फूटे। मैंने सभी को पत्र लिखे, लोकसभा में प्रश्न उठाया। एक तकनीकी मुद्दे पर बात अटक गई। राजस्व नियमों के अनुसार, किसी भी गांव या शहर का नाम बदलना हो तो राज्य सरकार को वैसा प्रस्ताव केंद्र सरकार को भेजना पड़ता है। राज्य में भाजपा-शिवसेना की युति सरकार आने के बाद मुख्यमंत्री मनोहर जोशी की कैबिनेट ने 'मुंबई' का प्रस्ताव केंद्र को भेजा। पर दिल्ली की कांग्रेस सरकार ने वह ठंडे बस्ते में डाल दिया। पुनः इसे उठाते रहने की प्रक्रिया मैं आज़माता रहा। आखिर 15 दिसंबर, 1995 को केंद्र द्वारा अध्यादेश जारी कर के 'बॉम्बे, बम्बई के बजाय मुंबई' नाम का ही उपयोग करने का आदेश दिया गया। इसमें एक भूल रह गई। हिंदी में 'मुंबई' शब्द 'मुम्बई' लिखा गया। 1999 में जब मुझे गृह राज्य मंत्री का

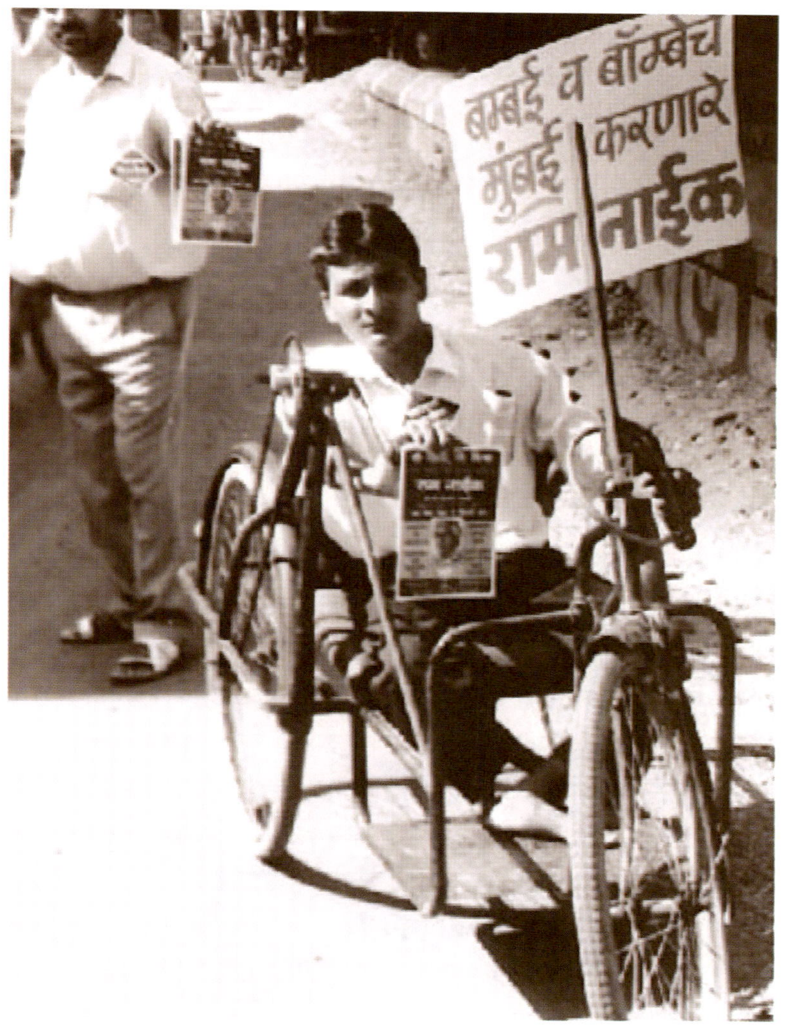

'बम्बई', 'बॉम्बे' का 'मुंबई' करने के कारण राम नाईक की प्रचार यात्रा में जोश से सहभागी हुआ एक दिव्यांग कार्यकर्ता

भार सौंपा गया, तब इस संदर्भ में 28 मई, 1999 को मैंने वह सभी भाषा में 'मुंबई' ही लिखने का संशोधित आदेश जारी किया। लगातार दस साल तक पीछे लगे रहने के फलस्वरूप महाराष्ट्र की अस्मिता बरकरार रखने वाला यह ऐतिहासिक निर्णय करवाने का सौभाग्य मुझे प्राप्त हुआ। 'बॉम्बे, बम्बई' का

नाम 'मुंबई' किये जाने के बाद मद्रास का नाम बदलकर चेन्नई, कलकत्ता का कोलकाता, बंगलोर का बंगलूरु, त्रिवेंद्रम का तिरुअनंतपुरम किया गया। अब वे ही नाम सब की ज़बान पर हैं।

संसद में वंदे मातरम् और जन–गण–मन

'मुंबई' के मामले में मैंने प्रयास पहले शुरू किए थे, पर उस पर अमल करवाने में दस साल लग गए। वंदे मातरम् का मुद्दा लेकिन यकायक मेरे ज़ेहन में आया। उस मुद्दे पर तीव्र गति से माहौल बना और काररवाई भी तेज़ी से हुई। निजी तौर पर मुझे सब से ज्यादा संतोष इसी सफलता से मिला। 1991 में दो सांसदों ने लोकसभा में प्रश्न पूछा था कि क्या यह सच है कि देश की कुछ पाठशालाओं में राष्ट्रगान 'जन गण मन' एवं राष्ट्रगीत 'वंदे मातरम्' गाया नहीं जाता? केंद्र सरकार ने इसका जो उत्तर दिया, वाकई बहुत ही दुर्भाग्यपूर्ण था। मंत्री ने सदन को बताया कि उदासीनता के कारण अनेक स्कूलों में वह गाया नहीं जाता। इस उत्तर से मैं खिन्न हुआ। 9 दिसंबर, 1991 को मैंने इस बारे में सदन में आधे घंटे की चर्चा उपस्थित की। चर्चा में मैंने कहा कि यह सदन दुनिया के सबसे बड़े लोकतांत्रिक देश का सर्वोच्च व्यासपीठ है, अतः हम सांसदों को ही राष्ट्रगान 'जन गण मन' एवं राष्ट्रगीत 'वंदे मातरम्' के प्रति उदासीनता झटकने की दिशा में प्रयत्न करने चाहिए। सभी दलों के प्रमुख नेताओं ने मेरी बात का समर्थन किया। मैंने यही मांग संसद का कामकाज तय करने वाली सामान्य प्रयोजनों संबंधी समिति के सामने रखी। मेरे सुझाव पर विचार विमर्श के बाद इस समिति ने संसद सत्र का आरंभ राष्ट्रगान 'जन गण मन' से एवं समापन राष्ट्रगीत 'वंदे मातरम्' के साथ करने का निर्णय घोषित किया। अफसोस यह रहा कि समिति के सभी सदस्य सांसद इस निर्णय से सहमत नहीं हुए। कुछ ने उसकी जरूरत पर सवाल उठाते हुए कहा, विशिष्ट समाज पर वह ज़बरदस्ती से थोपा जा रहा है। कुछ को इसमें देशप्रेम के बजाय हिंदुत्व या कट्टरता नज़र आई। अलग–अलग अखबारों में अलग–अलग प्रतिक्रियाएं छपीं। तमाम मोर्चे पर मैं लड़ता रहा, आखिर निर्णय मेरे पक्ष में हुआ। आजादी के 45 साल बाद 24 नवंबर, 1992 को संसद में पहली बार 'जन गण मन' की तथा

23 दिसंबर, 1992 को 'वंदे मातरम्' की गूंज सुनाई दी। मुझे गर्व है कि देश की अस्मिता का जतन करने वाला एक अहम काम मैं कर सका। आम जनता की नजर में तो मैंने बड़ा काम किया ही था, पर दुनिया के अनेक हिस्सो में इसका खास ज़िक्र किया जाता है। यह निर्णय मानो मेरी पहचान बन गया है। अनेक वरिष्ठ सहयोगी 'नमस्कार' के बजाय 'वंदे मातरम्' कहकर मेरा स्वागत करते हैं। वरिष्ठ पत्रकार एवं वर्तमान सांसद श्री तरुण विजय जब मेरे बारे में लिखते हैं तो मेरा जिक्र वंदे मातरम् राम नाईक के रूप में करते हैं। इस तरह की शाबाशी से मेरा सीना फूल जाता है और काम करते रहने का जोश भी बढ़ता है।

स्तनपान को बढ़ावा, बेबी फूड के विज्ञापनों पर पाबंदी

1992 का दिसंबर शायद मेरे संसदीय जीवन का सुनहरा काल था। इससे पहले मैं बता चुका हूं कि स्वास्थ्य के लिए नुकसानदेह बेबी फूड पर पाबंदी लगाकर स्तनपान को बढ़ावा देने की मांग करने के लिए मैंने संसद में गैर सरकारी विधेयक रखा था। तब स्तनपान के बजाय शिशुओं को बेबी फूड देने की अस्वास्थ्यकारी सलाह समाज पर हावी थी। कालांतर में मेरे प्रस्ताव को कानूनी जामा पहनाया गया। मैंने विधेयक 1991 में रखा था, पर उस पर आधारित सरकारी विधेयक का प्रारूप तैयार करने, लोकसभा एवं राज्यसभा में वह स्वीकृत कराने की प्रक्रिया पूरी करने में साल बीत गया। इस कानून को 29 दिसंबर, 1992 के दिन राष्ट्रपति की अंतिम मंजूरी प्राप्त हुई। मुझे कुछ सार्थक एवं ठोस करने का आनंद मिला।

सांसद निधि

बहुत कम बार ऐसा होता है कि सर्वदलीय सांसद किसी एक सांसद का समर्थन करते दिखाई दें। मेरे भाग्य में ऐसा मौका आया। क्षेत्र, पद, कार्य एवं व्यापकता की दृष्टि से वैसे तो सांसद को पार्षद एवं विधायक से बड़ा रूतबा हासिल होता है। देश की योजनाओं, बजट, राष्ट्र निर्माण में उसका बड़ा सहभाग होता है, पर मतदाताओं के रोजमर्रा के जीवन से जुड़े काम करना उसके लिए संभव नहीं होता। मुझे लगा कि विधायक विकास निधि की भांति यदि सांसद फंड भी हो तो छोटे-छोटे स्थानीय कार्य करवाना

पालघर जिले के सातपाटी बंदरगाह में सांसद निधि से निर्मित लाइट हाउस का उद्घाटन करते हुए राम नाईक

संभव हो सकेगा। 14 जनवरी, 1990 को मैंने तत्कालीन वित्त मंत्री प्रा. मधु दंडवते के समक्ष यह निधि शुरू करने की कल्पना रखी। उसके अलावा अलग-अलग स्तर पर प्रयास शुरू किए। इस संबंध में मांग करने वाले एक ज्ञापन पर सत्तारूढ दल समेत छोटे-बड़े दलों के 100 सांसदों के हस्ताक्षर लिये और वह ज्ञापन प्रधानमंत्री को दिया। अखबारों के माध्यम से जनमत बनाया, योजना आयोग के पदाधिकारियों से भी मिला। 26 जुलाई, 1991 को लोकसभा में तारांकित प्रश्न द्वारा मामला उठाया। इसका विवेचन करते हुए मैंने सदन को बताया कि ग्राम पंचायत का सदस्य भी गांव में काम करवा सकता है, पर समूचे देश के अरबों-खरबों रुपए का बजट मंजूर करवाने वाला सांसद अपने चुनाव क्षेत्र में अपनी मर्जी से एक कौड़ी का भी काम नहीं करा सकता, यह तो सागर में होते हुए भी प्यासे रहने वाली बात हो गई। अनेक सदस्यों ने मेरा समर्थन किया। आखिर तत्कालीन वित्त मंत्री डॉ. मनमोहन सिंह ने सर्वदलीय सांसदों से चर्चा करने का वादा किया। चर्चा के अनेक चक्र हुए। अंततः 23 दिसंबर, 1993 को प्रधानमंत्री श्री नरसिंह राव ने सांसद निधि स्थापित करने की सदन में घोषणा की। तब से हर सांसद को अपने चुनाव क्षेत्र में विकास के काम करने के लिए एक करोड़ रुपए का फंड दिया जाने लगा। इस काम के लिए मार्गदर्शक नियम

बनाए गए। सांसदों द्वारा प्रस्तावित विकास योजना मंजूर व कार्यान्वित करने के अधिकार जिलाधिकारी को दिए गए। संसदीय इतिहास में यह क्रांतिकारी निर्णय था। कुछ लोगों को लगा कि सांसदों को सत्ता मिल गई, पर हकीकत में उन पर विकास काम करने की जिम्मेदारी आ गई थी। निष्क्रिय सांसदों के लिए पुनः जनता के सामने जाना मुश्किल होता नज़र आया और सक्षम सांसद चुनाव क्षेत्र का कायापलट करने में कामयाब होते गए। निधि योजना की उपयुक्तता को मद्देनज़र जब मैं योजना एवं कार्यक्रम कार्यान्वयन राज्यमंत्री बना, तब मैंने यह रकम बढ़ाकर दो करोड़ रुपए कर दी। अब वह पांच करोड़ हो गई है। आर्थिक दृष्टि से सांसद के रूप में मेरी यह सब से व्यापक उपलब्धि है।

इन चार कार्यों से मुझे जो आनंद, जो संतोष मिला, उसे फुटे से नापना मुमकिन नहीं, वह बेहिसाब है। सांसदीय अवधि के दौरान और भी कई उल्लेखनीय काम किए, जिनका अनुभव मैं फिर कभी बताऊंगा।

(30 अगस्त, 2015)

❒

संविधान के हिंदी आवृत्ति की मूल प्रति राम नाईक के प्रयत्नों के कारण संसद में उपलब्ध है

संसदीय पड़ाव...2

जब मैं पहली बार सांसद बना तो वह दौर हौसला बढ़ाने वाला था। संख्या के लिहाज से भले भाजपा को 2014 में पूर्ण बहुमत मिला हो, पर 1989 की जीत का स्वरूप और प्रभाव ही कुछ अलग था, वह जोश, वह शान अभूतपूर्व थी। 1984 में भाजपा के महज दो सांसद चुने गए। उनमें से एक गुजरात का और एक आंध्र प्रदेश से था। 1989 में यह तादाद 42 गुना हो गई। दो से हम 85 हो गए। अधूरी जीत से भावविभोर होने वालों में से हम नहीं। अतः आज नहीं तो कल हम सत्ता में आएंगे, इस जज़्बे के साथ हम लोग रणनीति बनाने में जुट गए।

भाजपा नेता श्री अटल बिहारी वाजपेयी ने बिना शोर-शराबा किए 'शैडो कैबिनेट' की संकल्पना कार्यान्वित की। सांसदों की रुचि, कार्यक्षेत्र एवं अनुभव के आधार पर उन्हें अलग-अलग

रेल मंत्रालय की सलाहकार समिति मुंबई आई तब मुंबईवासियों की दुर्दशा दिखाने के लिए राम नाईक ने समिति सदस्यों को उपनगरीय रेल की यात्रा करवाई। साथ में सर्वश्री वासुदेव आचार्य, एस.एस. अहलूवालिया और अन्य सांसद

मंत्रालय पर ध्यान देने का काम दिया। संबंधित मंत्रालयों की समितियों में उन्हें प्रतिनिधित्व प्रदान किया गया। लोकसभा में उन विषयों पर चर्चा के दौरान उन्हें बोलने का अवसर दिया गया। मुझे मेरी पसंदीदा रेल विभाग का काम दिया गया था। उस मोर्चे पर मैं और मेरे मित्र प्रो. राम कापसे ने संघर्ष शुरू किया। हम दोनों देश की सब से बड़ी मुंबई उपनगरीय रेल क्षेत्र से निर्वाचित हुए थे। दोनों ही हरदम रेल से ही यात्रा करते थे। मैं पश्चिम रेल से और कापसे मध्य रेल के कल्याण से मुंबई की ओर आवाजाही करते थे। हम दोनों ही पूरा अध्ययन कर के सदन के सामने मुद्दे उठाते। जब रामभाऊ म्हालगी सांसद थे, तब हम दोनों विधायक थे। उस समय 1978 में उपनगर यात्रियों की तरफ से मांगों की याचिका संसद के समक्ष पेश की थी। सांसद बनने के पहले वर्ष में ही हमें रेल मंत्रालय संसदीय सलाहकार समिति, कन्वेंशन समिति आदि पर काम करने का अवसर मिला। ठान लो तो इन समितियों के जरिए भी आप बहुत काम कर सकते हो। विधायक था, तब समितियों के बजाय मुंबई के संगठनात्मक कामों में ज्यादा रचा-बसा रहने वाला मैं सांसद बनने पर समितियों के काम में पूरे उत्साह से भाग लेने लगा। मुझे भाजपा संसदीय गुट के सचेतक का दायित्व भी सौंपा गया।

उर्दू में 'हिंद' क्यों?

मित्रों की नजर में मैं काम में सिर गड़ाए रखने वाला नीरस शख्स था। संसद सत्र के दिनों में दिल्ली में रहना पड़ता। सत्र का काम खत्म होने के

बाद मुझे लगता, जैसे बहुत खाली वक्त बचता है। अलग-अलग विषयों की अधिक जानकारी पाने में मैं वह वक्त बिताने लगा। उसी के कारण बहुत अलग-अलग विषयों में मैं उलझता गया। मैं कानून से स्नातक हूं। अतः संविधान पढ़ा था। इसीलिए जब एक सांसद ने उर्दू में शपथ लेते समय 'हिंद' शब्द कहा तो मुझे अचरज हुआ था। संविधान में हमारे देश का नाम भारत या इंडिया है। मुझे लगा बेशक 'हिंद' शब्द का भावनात्मक मूल्य है, पर शपथ लेते समय उसका उच्चारण उचित नहीं माना जा सकता। मैंने वह मुद्दा उठाया। उसके बाद से उर्दू में शपथ लेते वक्त भारत या इंडिया शब्द कहा जा रहा है।

संविधान का हस्तलिखित

मेरे प्रयासों के कारण संविधान की हिंदी कॉपी अब उपलब्ध हो रही है। यह किस्सा मजेदार है। संसद भवन के ग्रंथालय में संविधान की मूल अंग्रेजी कॉपी ने मेरा ध्यान आकृष्ट किया। मैंने उसके हिंदी संस्करण के बारे

भारत का संविधान

भारत के लोग, भारत को एक सम्पूर्ण प्रभुत्व-सम्पन्न लोकतंत्रात्मक गणराज्य के लिये तथा उस के समस्त नागरिकों को :

सामाजिक आर्थिक और राजनैतिक न्याय,

विचार, अभिव्यक्ति, विश्वास धर्म और उपासना की स्वतंत्रता,

प्रतिष्ठा और अवसर की समता

प्राप्त कराने के लिये,

तथा उन सब में

व्यक्ति की गरिमा और राष्ट्र की एकता सुनिश्चित करने वाली बन्धुता

बढ़ाने के लिये

दृढ संकल्प हो कर अपनी इस संविधान सभा में आज तारीख २६ नवम्बर १९४९ ई॰ (मिति मार्गशीर्ष शुक्ला सप्तमी, संवत् दो हजार छ विक्रमी) को एतद्द्वारा इस संविधान को अङ्गीकृत अधिनियमित और आत्मार्पित करते हैं।

संविधान की मूल प्रति सर्वोत्तम कला का नमूना भी है

में वहां पूछताछ की। पता चला, उपलब्ध नहीं है, पर दिलचस्प जानकारी जरूर मिली। बताया गया कि 1956 में तैयार हुआ मूल हिंदी संस्करण महाराष्ट्र के श्री वसंत वैद्य ने लिखा है। उनके हस्त लेखन के लिए जर्मन से सुनहरे पन्ने तथा चीन की विख्यात कंपनी से स्याही मंगवाई गई थी। वॉटस्कीन किस्म के लकड़ी से बनी कलम से हस्तलिखित प्रति तैयार करने में श्री वैद्य को एक वर्ष लगा। हिंदी संस्करण में श्रीराम, श्रीकृष्ण, गौतम बुद्ध, झांसी की रानी आदि सांस्कृतिक ऐतिहासिक व्यक्तियों के रेखाचित्र हैं। मेरी मांग पर यह संस्करण जनदर्शन के लिए संसद भवन में न केवल रखा गया है बल्कि उसकी हिंदी कॉपी छपावकर बिक्री के लिए उपलब्ध की गई है।

संत ज्ञानेश्वर, संत तुकाराम, संत एकनाथ आदि महाराष्ट्र के श्रद्धा देवों के डाक टिकट या सिक्के जारी करवाने के लिए बहुत लिखा-पढ़ी करनी पड़ी। ···हर काम के लिए··· जैसे पेचीदा विधेयक पढ़कर उसमें संशोधन प्रस्तावित करने के लिए बहुत समय लगाना पड़ता है। दिल्ली में मुझे समय मिला करता था। दिन में संसद की बैठक समाप्त होने के बाद दूसरे दिन सुबह तक काम में शायद ही कोई रुकावट आती थी। परिवार मुंबई में होता था, अतः काम के लिए मुझे पर्याप्त समय मिल जाया करता था। मुंबई के मेरे

राम नाईक की अगुवाई से संत ज्ञानेश्वर के स्मरण में सिक्का जारी करते हुए प्रधानमंत्री श्री अटल बिहारी वाजपेयी व साथ में दाएं से श्री अनंत कुमार व श्री विलासराव देखमुख

कार्यालय से बारी-बारी से एक सहायक मेरी मदद के लिए दिल्ली आया-जाया करता था। वे भी मेरे साथ काम में संलग्न रहते थे। समय बचाने के लिए हम खाना खाने बाहर जाने के बजाय घर पर ही टिफिन मंगा लिया करते थे। दिन में संसद की कैंटीन में खा लिया करते थे।

संसदीय समितियों में सहभाग

जब भी कोई संसद भवन में सस्ता भोजन मिलने और सांसदों को प्राप्त सुविधाओं की निंदा करता है तब मुझे हंसी आती है। क्या कभी उन्होंने सोचा है कि घर-परिवार से छह छह महीने दूर रहने वाले इन सांसदों के खाने-पीने का प्रबंध कैसे होगा, यदि कैंटीन न हो? ताजा स्थिति के बारे में मुझे पता नहीं, पर उन दिनों भोजन के स्तर के बारे में काफी विवाद पैदा होता रहता था। संसद की 'सर्वसाधारण कार्य समिति' की बैठक में मैंने भोजन के दर्जे के बारे में शिकायत की थी। इसी बैठक में तत्कालीन लोकसभा अध्यक्ष शिवराज पाटीलजी ने 'कैंटीन समिति' बनाने का फैसला किया और सर्व सम्मति से मुझे उसका अध्यक्ष बनाया। भोजन की और भोजन बनाने वालों, दोनों की समस्या हल हो गई।

रेल समिति के अलावा जिन दो समितियों में काम करने का आनंद मिला, वह थी मुरारी एवं शेयर घोटाला जांच समिति। देश के समुद्र में विदेशी ट्रालर्स को मच्छिमारी करने की अनुमति दिए जाने के कारण स्थानीय मछुआरों की उपजीविका की समस्या पैदा हो गई थी। इस प्रश्न के अध्ययन के लिए गठित 'मुरारी समिति' में मुझे मौलिक कार्य करने का मौका मिला। देश भर के बंदरगाहों का दौरा करने तथा अन्य दलों के सांसदों से दोस्ती करने का अवसर प्राप्त हुआ।

कम्युनिस्ट पार्टी के वासुदेव आचार्य, गीता मुखर्जी, कांग्रेस के माधवराव सिंधिया, प्रियरंजन दास मुंशी से स्नेह का नाता जुड़ा। मच्छिमार समाज के नेता स्व. थॉमस कोचेरी सांसद नहीं थे, पर मुरारी समिति के सदस्य थे। उनके बेमुद्दत अनशन का मामला मैंने लोकसभा में उठाया था। उसी के चलते बाद में समिति का गठन हुआ। इसी समिति के कारण मानो मैं मच्छिमार समाज का प्रवक्ता ही बन गया था। सब के विचार कुछ इस

तरह मिल गए कि दलीय मतभेदों से ऊपर उठकर समस्या को देखा-परखा गया। मुझे खुशी है कि महाराष्ट्र के जुझारू मच्छिमार नेता स्व. भाई बंदरकर भी मेरे कामों की प्रशंसा करते थे।

1990 के दशक में उस समय के सब से बड़े आर्थिक घोटाले के रूप में जाने गए शेयर घोटाले की जांच करने वाली समिति का मैं सदस्य था। आम निवेशक के चार हजार करोड़ रुपए डूबोने का हर्षद मेहता पर गंभीर आरोप था। हम मामले की जांच कर रहे थे। काम इतना महत्त्वपूर्ण एवं मूल्यवान था कि दौरे, बैठकों की भरमार होती थी। मैं इतना व्यस्त हो गया था कि कैंसर के हमले का भी एहसास नहीं हुआ। कैंसर की बीमारी के बारे में मैं बाद में लिखूंगा, पर कहने का मतलब यह है कि संसदीय समिति के सदस्यों द्वारा गंभीरता से काम किया गया तो वे काफी कीमती योगदान कर सकते हैं।

शेयर घोटाले के खिलाफ भाजपा की ओर से हमने रिजर्व बैंक पर मोर्चा निकाला था। बात करने के लिए हमें गवर्नर ने बुलाया था। उस समय श्री नरेंद्र जाधव रिजर्व बैंक के जनसंपर्क अधिकारी थे। वे ही गवर्नर

राजभवन में डॉ. नरेंद्र जाधव का स्वागत करते हुए राम नाईक

का संदेश लेकर हमारे पास आए थे। कालांतर में वे मेरे मित्र बन गए। तरक्की की सीढ़ियां चढ़कर उच्च अधिकारी के पद पर आसीन हुए। उनकी बहुचर्चित मराठी पुस्तक 'आमचा बाप आणि आम्ही' ने उन्हें लेखक के रूप में प्रतिष्ठित किया। बाद में वे पुणे विश्वविद्यालय के कुलपति एवं योजना आयोग के सदस्य भी नियुक्त हुए।

लोकलेखा समिति का अध्यक्ष

विभिन्न समितियों में प्रभावशाली ढंग से मैं कार्य करता रहा। फलस्वरूप मुझे अति प्रतिष्ठित 'संसदीय लोकलेखा समिति' के अध्यक्ष पद का सम्मान दिया गया। पूर्व प्रधानमंत्री श्री अटल बिहारी वाजपेयी, स्व. नरसिंह राव, पूर्व राष्ट्रपति आर. वेंकटरामन आदि दिग्गज जिस समिति के अध्यक्ष रहे, उस समिति का अध्यक्ष बनने का सम्मान प्राप्त करने वाला मैं महाराष्ट्र का पहला सांसद था। यह समिति कैग (कॉम्पट्रोलर एण्ड अकाउंटेंट जनरल) की रिपोर्ट में दर्ज संदिग्ध कामकाज की जांच करती है। एक तरह से सरकार के आर्थिक निर्णयों पर अंकुश रखने का दायित्व उस पर होता है। समिति की तरफ से एक वर्ष में आठ रिपोर्ट प्रस्तुत कर के मैंने नया कीर्तिमान स्थापित कर दिया। इनमें सब से ज्यादा चर्चित रही तत्कालीन रेल मंत्री जाफर शरीफ़ के बारे में पेश रिपोर्ट! मैंने सबूत के साथ यह सिद्ध किया कि उन्होंने रेलवे के विमान का दुरुपयोग किया है। निजी तौर पर शरीफ़ से मेरे संबंध अच्छे थे। जब मैं बीमार था तब हालचाल पूछने वे मुंबई आए थे, पर बात जब कर्तव्य पूरा करने की होती है, मैं अपने पिता के संस्कारों को व्यर्थ जाने नहीं देता।

कठोरता से कर्तव्य निभाता हूँ

मेरी रिपोर्ट के कारण सरकार के सामने संकट खड़ा हो गया था। नियम यह है कि रेल मंत्री सिर्फ दुर्घटना या प्राकृतिक संकट की स्थिति में विमान का इस्तेमाल कर सकता है, पर शरीफ़ ने वह परिवार और मित्रों के निजी कामों के लिए इस्तेमाल किया था। कुछ मंत्रियों को तिरुपति से लाने के लिए भी उन्होंने खाली विमान भेजा था। यह तथ्य उजागर होने के कारण संबंधित मंत्री भी मुसीबत में फंस गए।

दूसरी एक रिपोर्ट में मैंने सिद्ध किया था कि कांग्रेस की नगर विकास मंत्री शीला कौल ने सरकारी आवास के आरक्षण के मामले में अपने पद का गलत उपयोग किया है। इस मामले में उन्हें बाद में अदालती काररवाई का सामना करना पड़ा। रिपोर्ट बनाते समय या उनके बारे में बोलते समय मैंने कभी शालीनता या संयम को भंग नहीं किया। इसीलिए इनमें से किसी ने मेरे प्रति कटुता का भाव नहीं रखा। उलटे यह स्वीकार करते हुए कि योग्य तरीके से प्रश्न उठाता हूं, अनेक सांसद मेरे दोस्त बन गए।

मित्रों ने दिए राष्ट्रीय मुद्दे

एक बार मिठाई उत्पादकों के सामने एक अजीब सी दुविधा पैदा हुई। देसी मिठाई में रंग मिलाने पर पाबंदी का सरकारी आदेश जारी होने के कारण यह उलझन पैदा हो गई कि जलेबी और श्रीखंड कैसे बनाएं? क्या उनका रंग सफेद होगा? यह तो ठीक है कि रंग का स्तर सही हो, पर रंग ही नहीं डालेंगे तो जलेबी और श्रीखंड कैसे बनेगा? दूसरा प्रश्न फरसाण, सेव, चिवड़ा, बटाटा वडा आदि पर एक्साइज ड्यूटी लगाए जाने का था। छोटे विक्रेता संकट में पड़ गए। दोनों प्रश्न लेकर मेरे कॉलेज मित्र तथा मिष्ठान्न व्यावसायिक राजाभाऊ चितले कुछ लोगों के साथ मुझे मिले। प्रश्न बिल्कुल ही मामूली थे, पर इनके हल के लिए भी पापड़ बेलने पड़े। उस समय स्वास्थ्य मंत्री अब्दुल रहमान अंतुले और वित्त मंत्री डॉ. मनमोहन सिंह थे। उनसे कई बार मिलना पड़ा तब जाकर मसले हल हुए। ऐसे कामों के कारण नए रिश्ते भी बनते गए।

व्यक्तिगत संबंधों के कारण कई ऐसे विषयों की ओर ध्यान गया कि उनका हल ऐतिहासिक बात बन गई। मुंबई के विश्वविख्यात म्यूजियम के नामांतर का मामला ऐसा ही था। उसके प्रमुख रह चुके श्री सदाशिव गोरक्षकर मेरे परम स्नेही थे। जनसंघ के शुरुआती दौर में हम साथ में काम करते थे। कई बार मैं उनके म्युजियम स्थित निवास गया था। केंद्र सरकार ने 1993 में यह म्यूजियम अपने हवाले कर लेने (अधिग्रहीत करने) का निर्णय किया। 5 मई, 1993 को मैंने इसका 'प्रिंस ऑफ वेल्स' नाम बदलकर 'छत्रपति शिवाजी संग्रहालय' रखने की पेशकश लोकसभा में की। असल

आई.एन.एस. विक्रांत पर राम नाईक का स्वागत करते हुए कमांडर वी.एस. पाटील, वाइस एडमिरल आनंद कलसकर

में नाम बदलने में कोई कठिनाई नहीं थी, फिर भी यह प्रक्रिया पूरी करने में सात साल लग गए। 2001 में नाम बदला गया। मुझे संतोष है कि संग्रहालय को शिवाजी महाराज का नाम देने में मेरी भी हिस्सेदारी है।

पाकिस्तान से युद्ध में हमें विजय दिलानेवाली युद्ध नौका 'आई एन एस विक्रांत' को राष्ट्रीय स्मारक में परिवर्तित करने की मांग सब से पहले 21 मार्च, 1997 को मैंने लोकसभा में की। वह बना भी। हजारों देशवासियों ने बड़े गर्व के साथ उसे देखा और सराहा। खुद मैंने वह बहुत बाद में देखा। जब विक्रांत स्मारक देखने गया, तब मैं किसी पद पर नहीं था, सांसद भी नहीं था। फिर भी नौदल के अधिकारियों ने मेरे उस कार्य को याद रखकर बड़े सम्मान और रुतबे के साथ मेरा स्वागत किया। गौरव के ऐसे सुनहरे पल आपको ऊर्जा देते रहते हैं, उनका स्मरण ठंडी हवा के झोंके जैसा होता है। अफसोस इस बात का है कि केंद्र एवं राज्य सरकार के बीच चले टालमटोल के खेल ने इस स्मारक को बाद में कबाड़खाने पहुंचा दिया।

(13 सितंबर, 2015)

❒

श्री अटल बिहारी वाजपेयी जैसा वरिष्ठ नेता बिना पूर्व सूचना के हालचाल जानने आए तब कैंसर से पीड़ित होते हुए भी प्रसन्नचित्त राम नाईक

कैंसर के शिक़ंजे में

अनंत चतुर्दशी के दिन गणेश विसर्जन के बाद 'मराठी माणुस' दशहरा-दीवाली की बाट जोहने लगता है, खासकर नौकरीपेशा लोगों को बोनस मिलने की आस होती है। आज मैं आपको अपने बोनस के बारे में बताना चाहता हूं। मुझे सीधे विधाता ने ही बोनस दिया, वह भी अनमोल··· नए जीवन के रूप में! ठीक 21 साल पहले 25 सितंबर, 1994 को इस बोनस रूपी जिंदगी में 'पुनश्च हरि ओम्' का मंत्र याद करते हुए मैंने नई डगर पर कदम आगे बढ़ाए। आज उम्र के 82वें पड़ाव पर अथक उत्साह के साथ मैं इस बोनस का भरपूर उपभोग कर रहा हूं।

कई लोग मेरे स्वास्थ्य पर रश्क करते हैं। 1994 में भी यही स्थिति थी। किसी को यकीन नहीं होता था कि मैं 60 साल का हो गया हूं। शेयर घोटाले के जांच के लिए गठित साझा संसदीय समिति

के काम के लिए मैं देश भर के दौरे कर रहा था। इधर बजट सत्र भी था, अतः करीब महीने भर बाद 11- 12 मार्च को मैं मुंबई आया। पत्नी को लगा कि मैं कुछ कमजोर लग रहा हूं, पर मैंने उसकी बात को यह कहकर अनसुना कर दिया कि खाने-पीने में थोड़ी लापरवाही की वजह से उसे ऐसा लग रहा होगा। दूसरे दिन मैं दिल्ली लौट गया। लोकसभा में मेरी बगल में हमारे विनोदी स्वभाव वाले सांसद मित्र अण्णा जोशी बैठे थे। मेरी ओर देखते हुए वे बोले, ''अरे, रामभाऊ, तुम्हें पीलिया हो गया है क्या, तुम्हारा अंग पीला दिख रहा है।'' मैंने उनकी बात पर हंसते हुए कहा, ''सदन में मजाक मत करो।'' पर अण्णा को करार नहीं आया। लंच का अवकाश होते ही उन्होंने जलगांव के सांसद डॉ. गुणवंत सरोदे को पुकारकर कहा, ''देखो तो, इसे क्या पीलिया हो गया है?'' सरोदे मुझे उजाले की ओर ले गए। देखने के बाद बाजाब्ता, खींचकर लोकसभा के दवाखाने में ले गए। खून, पेशाब की जांच के बाद पता चला, पीलिया नहीं है, पर डॉक्टर ने मुझे सोनोग्राफी करने के लिए कहा। उसकी रिपोर्ट देखने के बाद डॉक्टर के माथे पर शिकन दिखाई दी। उन्होंने कहा, ''क्या यहां आपके साथ परिवार का कोई नहीं?'' मैं हट्टा-कट्टा और मजबूत दिलवाला हूं, अतः लगा कि कुछ खास नहीं होगा। दृढता से मैंने उनसे कहा, ''यहां मेरा कोई नहीं, जो बताना है, आप मुझे ही बताएं।'' उन्होंने मुझे टाटा अस्पताल जाकर जांच करवाने के लिए कहा। मैं भौचक्का सा रह गया। पूरी दुनिया जानती है कि टाटा में तभी जाते हैं, जब कैंसर होने की आशंका हो। पल भर में मैंने अपने को संभाला। धैर्य के साथ डॉक्टर को कहा कि जो भी टेस्ट करवाने हैं, लिख दीजिए, मैं करवा लूंगा। उनसे पर्ची लेकर मैं संसद भवन से बाहर निकला, सहज ही मन को विचार छू गया, पता नहीं कब लौटूंगा।

सकारात्मकता और शुभकामनाएं

मुझमें सकारात्मकता भरते समय विधाता शायद उदार रहा होगा। इसलिए कैंसर होने की संभावना का पता चलने पर भी सच में मुझे नहीं लगा कि मैं वापस नहीं आऊंगा। मेरी सकारात्मक सोच को और निखारा मा. वाजपेयीजी ने। यह सोचकर कि अब मैं लंबे समय यहां नहीं रहूंगा, कैंटीन समिति के अध्यक्ष पद का इस्तीफा वाजपेयीजी के सुपुर्द करने दूसरे

दिन उनके पास गया। वे बोले, ''जल्दी ठीक होकर काम पूरा करो, मुझे इस्तीफा नहीं चाहिए।''

उनके इन दो वाक्यों ने मेरा हौसला सौ गुना बढ़ा दिया। फिर भी मैंने इस्तीफा स्वीकार करने के लिए उनसे आग्रह किया। मेरा मन रखने के लिए आखिर उन्होंने वह ले लिया और समिति का काम श्रीमती सुषमा स्वराज को सौंपा। उन्होंने भी वाजपेयीजी के भाव से वह कार्य स्वीकार किया। मेरे लौटने के बाद सुषमाजी ने समिति मुझे पुनः सौंप दी।

19 मार्च को मैं दिल्ली से मुंबई के लिए निकल ही रहा था कि प्रो. राम कापसे उपस्थित हुए। बोले, ''मुझे लगा, आपको अकेले नहीं जाना चाहिए और फिर आडवाणीजी ने भी कहा कि संभव हो तो साथ चले जाओ।'' कापसे के सहज भाव ने मेरा ढाढ़स बढ़ाया, अपनी भावनाओं पर काबू कर के बंगले को ताला लगाकर मैं निकला।

मेरे प्रति वरिष्ठ नेतागण, सहयोगियों के प्रेम के अनुभव ने मेरी चिंता हल्की कर दी। अब जब सोचता हूं तो लगता है कि जीवन का यह दुःखद दौर सिनेमा की तरह जल्दी बीत गया। तीन कारणों से मैं कैंसर से अपनी लड़ाई जीतने में सफल रहा। पहला कारण था सही उपचार, दूसरा पूरे परिवार की इच्छाशक्ति एवं हिम्मत। तीसरा महत्त्वपूर्ण कारण था अनगिनत शुभचिंतकों की दुआएं!

जांच के लिए जिस दिन अस्पताल में दाखिल हुआ, उसी दिन प्रधानमंत्री कार्यालय से फोन आया। तत्कालीन प्रधानमंत्री पी.वी. नरसिंह राव ने स्वयं मेरा हालचाल पूछा, इसी कारण अस्पताल में व्यवस्था चुस्त हो गई। डॉ. शांतिस्वरूप जब यह बताने कमरे में आए कि लिम्फोमा नाम के कैंसर का निदान हुआ है, तब सहयोगियों एवं अनुयायियों से मैं घिरा हुआ था। डॉक्टर को भीड़ चीरकर भीतर आना पड़ा। भीड़ में ज्येष्ठ नेता वामनराव परब, हशु आडवाणी भी थे और बोरिवली के रेलवे स्टेशन के कुली भी। डॉक्टर की समझ में नहीं आ रहा था कि भीड़ के चलते वे मुझे इन्फेक्शन से बचाकर मेरी प्रतिरोधक शक्ति कैसे बढ़ा सकेंगे? पर यह एहसास मेरी पत्नी को सुकून दे गया कि इतने बड़े संकट से जूझने में सैकड़ों लोग साथ दे रहे हैं।

डॉक्टर ने आगंतुकों पर सख्त पाबंदी लगा दी, पर मुझे श्री हशु आडवाणी की यह बात सच लगी कि 'लोगों के बीच हमेशा होनेवाले हम, यही हमारा टॉनिक है।' भारी कद-काठी वाले श्री वामनराव परब जज़्बाती हो गए, वे बच्चों की तरह फूट-फूटकर रोने लगे। मैंने सोचा, ऐसे प्रियजनों को मिलने आने से मैं कैसे रोक सकूंगा? मेरे लिए उनका दर्द अपनी बीमारी के साथ कैसे सह पाऊंगा? यह जटिल प्रश्न भी अपनों ने ही सुलझा लिया।

एक मोर्चा कैन्सर के खिलाफ

कीमोथेरैपी का पहला इंजेक्शन लेकर तीसरे दिन मैं घर वापस आया तो देखा कि घर का कायापलट कर दिया गया है। वन बेडरूम के मकान में हॉल से सटा बेडरूम था। मेरे सहयोगी स्व. राममूरत विश्वकर्मा ने दो ही दिन में बेडरूम का लकड़ी दरवाजा निकालकर उस जगह ऊपर आधे हिस्से में शीशेवाला पारदर्शी दरवाजा बिठा दिया। शीशे के दरवाजे के अंदर की तरफ परदा लगा हुआ था। कल्पना यह थी कि आगंतुक और मैं एक-दूसरे को देख सकेंगे और इन्फेक्शन का डर भी नहीं रहेगा। सोते समय परदा सरका लेने से काम बन जाता था। इस रचना से आगंतुक मुझे देख सकते थे और मैं भी उनकी शुभेच्छाओं की बरसात से खुद को भिगा लेता था। कोई इशारों से बात करता तो कोई बाहर रखी नोटबुक में सुंदर संदेश लिखता। अजनबी लोग भी मुझे देखने आया करते। कीमोथेरैपी के कारण मैं बहुत कृश हो गया था, बाल झड़ गए थे। मेरी वह हालत देखकर दोस्तों की आंखें डबडबा जाती। एक बार जयप्रकाश चेट्टीयार नाम का एक रिक्शावाला आया। वह रुआंसा हो गया। मेरी बेटी विशाखा से हिंदी में कहा, "मुझे लिखना नहीं आता, पर साहब को मेरा एक संदेश क्या आप देंगे?" विशाखा ने नोट बुक निकाली और कहा, "बताओ, क्या लिखना है?" उसका गला रुंधा था, जब बोला, "साब, आपको मच्छर काटता है तो भी हमें दर्द होता है। आप जल्दी ठीक हो जाओ।" अजनबियों के इस असीम, निस्स्वार्थ प्रेम ने मुझे सलाईन से ज्यादा ताकत दी।

हर कोई अपने से खुलकर मदद कर रहा था। टाटा अस्पताल ले जाने के लिए जयप्रकाश ठाकुर आते, कोई बड़ा नेता घर आने वाला हो तो विधायक स्व. माधव मराठे आ जाते। वसई के यशवंत पाटील शरीर की

गरमी कम करने के लिए पानीवाले ताज़े नारियल रोज भेजते। फल-सब्जी विक्रेताओं के बोरिवली के नेता ओमप्रकाश मिश्रा स्वयं उत्कृष्ट ताजे फल ले आते। रक्त की जरूरत का पता चलते ही रक्तदाताओं की लाईन लग जाती। माधव प्रभु, तुलसीदास देशमुख लगातार अस्पताल आते रहते। स्थानीय कार्यकर्ताओं की रोज आवाजाही रहती। बाहर गांव से वरिष्ठ नेता गण मेरा हालचाल पूछने आते। दलगत मित्रों का जमावड़ा आसपास रहता, बीमारी उन्हें मेरे और निकट ले आई। मृणाल गोरे, बाबूराव सामंत आदि समाजवादी नेतागण भी हाल पूछने आए। कम्युनिस्ट नेता तथा सांसद सोमनाथ चटर्जी अनेक बार स्वास्थ्य के बारे में पूछताछ करते। कभी-कभी अजीब से संजोग पैदा हो जाते हैं। सुनील दत्त मुंबई के सांसद थे, अतः उनसे कई बार संपर्क होता था। सिनेमा से मेरा लेना-देना नहीं होता, पर सुनील दत्त अलग स्वभाव के थे। उनका अपनत्व दिल को छू जाता। मेरी बीमारी की खबर आई, तब वे विदेश में थे। मेरा हालचाल पूछने उन्होंने बेटे संजय दत्त को भेजा। मेरा उनसे बिल्कुल ही परिचय नहीं था, पर उनका आना मेरी मध्यवर्गीय बस्ती में चर्चित रहा। दूसरे ही दिन संजय दत्त को गिरफ्तार कर लिया गया, यह संजोग चर्चा एवं खबर का विषय बना। सुनील दत्त ने कभी सोचा भी नहीं होगा कि ऐसा होगा।

भाजपा के छोटे-बड़े सभी लोग हालचाल पूछने आए। यहां सब का नाम लिखना संभव नहीं। पर तीन व्यक्तियों का जिक्र किए बगैर मुझसे रहा नहीं जाएगा। आदरणीय अटलजी विदेश दौरे पर जेनेवा जाते समय कुछ देर

हर माह कीमोथेरैपी का इंजेक्शन और श्री लालकृष्ण आडवाणी की भेंट सुनिश्चित ही थी। साथ में रमेश मेढेकर

कैंसर पीड़ित होते हुए भी विधान परिषद के स्नातक प्रतिनिधी चुनाव हेतु मतदान करने पहुंचे राम नाईक

के लिए मुंबई हवाईअड्डे पर रुके थे। बीच के वक्त में किसी को बताए बगैर साधारण टैक्सी से वे मेरे घर आ पहुंचे। उनके अचानक आने से घर में हड़बड़ी मच गई। जैसे-तैसे फलाहार से उनकी मेजबानी की, पर पत्नी को उनकी मेजबानी ठीक से न कर पाने का मलाल सताता रहा। छह महीने मुझे घर पर रहना पड़ा। आडवाणीजी करीब करीब हर महीने आए। प्रमोद महाजन ने तो छोटे भाई की तरह मेरा खयाल रखा। मेरी बड़ी बेटी डॉ. निशिगंधा उच्च शिक्षा के लिए विदेश में थी। मैंने प्रमोदजी से सहज ही कहा था कि निशिगंधा से भेंट नहीं हो पाई। हफ्ते भर में ही प्रमोदजी ने उन्हें भारत लाने की तजवीज की, वह भी मुझे बताए बगैर और आर्थिक बोझ से हमें मुक्त रखकर! निकट के स्वजन एवं मित्रों की तरह प्रमोदजी ने यह भी कहा कि आर्थिक सहायता की जरूरत पड़े तो मैं बिना झिझक उन्हें बता सकता हूं।

उत्तर मुंबई के भाजपा सहयोगियों का व्यवहार ऐसा था, मानो उनके घर का सदस्य बीमार हो। ईश्वर भी इसकी गिनती नहीं कर पाया होगा कि इनमें से कितनों ने मेरे लिए उससे गुहार लगाई होगी, अनगिनत शुभचिंतकों ने मेरे अच्छे स्वास्थ्य की कामना की। मंदिर, चर्च सभी जगहों पर मेरे लिए प्रार्थनाएं की गईं। विख्यात लेखक फ्रांसिस दिब्रेटो ने हद कर दी। वे यूरोप गए थे, वहां वैटिकन सिटी के चर्च में उन्होंने मेरे लिए प्रार्थना की और पत्र द्वारा मुझे सूचित भी किया।

घर के सदस्यों को तो प्रार्थना के लिए भी वक्त नहीं मिलता था। मेरी दवाई-देखभाल, आगंतुकों के स्वागत-बातचीत से उन्हें फुर्सत नहीं मिल पाती थी। कार्यालय में सेवारत श्री प्रसन्न घर का ही सदस्य हो गया था। काम हो तो उसे पुकारने की भी जरूरत नहीं पड़ती, वह हाजिर हो जाता। मेरे साले की पत्नी स्व. स्वाती भाभी का जिक्र करना ही होगा। वह नियमित रूप से ऐसा स्वादिष्ट भोजन का टिफिन अस्पताल भेजती कि पंचतारांकित होटल में भी क्या ऐसा भोजन बनता होगा! असल में कीमोथेरैपी के कारण मुंह का ज़ायका बिगड़ जाता है। पर स्वाती भाभी के टिफिन के दर्शन मात्र

से मुझे भूख लग जाती। वह पूरे ध्यान से परहेज़वाला खाना बनाती, तब भी जायकेदार होता, कमाल है न!

कैंसर से भी बड़ा प्रहार

इन सब के अलावा कहना ही होगा कि डॉक्टरों ने मेरा भरपूर साथ दिया। टाटा अस्पताल के डॉ शांति स्वरूप, डॉ. गोपाल, डॉ. मर्चंट तो निगरानी रख ही रहे थे, पर घर ही उपचार करने की दृष्टि से फैमिली डॉक्टर सुलभा रानडे, राजीव तुंगारे, मुकुंद फडके लगातार सजग रहते थे। इन सब की स्नेह भरी देखभाल के कारण मेरा शरीर उपचार को सही प्रतिसाद दे रहा था। कीमोथेरैपी का हर इंजेक्शन समय पर दिया जाता। शुरू में डॉक्टरों ने कहा था कि तीन इंजेक्शन के बाद इलाज के असर के बारे में कुछ कहना संभव होगा, फिलहाल हालत गंभीर है। पर जल्द ही वे कहने लगे कि मैं दो महीने में ठीक हो जाऊंगा। सब ठीक चल रहा था, पर अनायास ही मुझ पर बेवजह ही ऐसे प्रहार शुरू हो गए कि उसके सामने कैंसर की यातनाएं भी कम लगें।

टाइम्स ऑफ इंडिया में छह साल पहले जारी हुए लोकायुक्त की एक गोपनीय रिपोर्ट छपी, जिसमें मुझ पर टिप्पणी की गई थी। मैं पहले ही इसे न्यायालय में सिद्ध करने की चुनौती दे चुका था। तत्कालीन महानगरपालिका आयुक्त श्री सदाशिव तिनईकर एवं अतिरिक्त आयुक्त श्री राममूर्ति के बीच चल रही अंदरूनी खींचतान के कारण शायद छह साल बाद वह रिपोर्ट छपी थी। बौखलाए तिनईकर ने अकारण ही मेरी आलोचना की। मेरे राजनीतिक जीवन पर कीचड़ उछालने का यह प्रयास बर्दाश्त के बाहर था। मुझे गीता का श्लोक याद आ गया –

। सम्भावितस्य चाकीर्तिर्मरणादतिरिच्यते।

अर्थात् 'सज्जन मनुष्य के लिए मृत्यु से भी भयंकर होती है बदनामी।' उस हालात में भी मैं प्रत्युत्तर देने के लिए तैयार हुआ। इस प्रहार एवं कैंसर को मैंने कैसे शिकस्त दी, इस बारे में अगले अध्याय में बात करूंगा।

(27 सितंबर, 2015)

❐

कैंसर पर विजय पाए राम नाईक को मंच पर ले जाते हुए श्री अटल बिहारी वाजपेयी और साथ में दायें से सर्वश्री रमेश मेढेकर, गोपीनाथ मुंडे, प्रकाश जावड़ेकर, वेद प्रकाश गोयल और जयप्रकाश ठाकूर

पुनश्च हरि ओम्!

मैं मानता हूं कि राजनीति में आपको आलोचना एवं प्रशंसा दोनों के लिए तैयार रहना पड़ता है। पर पचास साल से राजनीति में रहने के बावजूद जब कोई मुझ पर गलत बरताव और गलत लाभ उठाने का आरोप लगाता है तो मुझसे बर्दाश्त नहीं होता। उम्र के साठवें साल में कैंसर की चपेट में आ जाने के कारण वैसे भी मेरा मन एवं तन दोनों ही नाजुक हालत में थे। उस पर टाइम्स ऑफ इंडिया में गुमराह करने वाली एक खबर छपने से मैं बहुत आहत हुआ।

वह खबर 1994 में छपी, हालांकि मामला 1988 का था, जब मैं विधायक था। तीन खेतिहर मजदूरों की खेत में बनी झोंपड़ियां हटाने के मुंबई महानगरपालिका के निर्णय का मैंने विरोध किया था। उन मजदूरों के पास 1966 का राशन कार्ड था। उस समय की

सरकारी नीति के अनुसार, 1980 से पहले बनी सभी झोंपड़ियों को वैधता प्राप्त थी। इसके अलावा वह कृषि भूमि पर होने के कारण तत्कालीन राजस्व संहिता के तहत उसे बनाने के लिए पूर्व अनुमति की भी जरूरत नहीं थी। इन दो मुद्दों के आधार पर उन्हें न हटाने की मेरी मांग को अतिरिक्त आयुक्त श्री राममूर्ति ने जायज़ माना। पर आयुक्त श्री तिनईकर ने तथ्यों की पुष्टि किए बगैर ही उन दोनों के बीच चल रहे मनमुटाव के कारण लोकायुक्त को शिकायत कर दी। मैंने उसी समय 1988 में श्री तिनईकर को चुनौती देते हुए कहा था कि लोकायुक्त द्वारा यदि मुझे दोषी बताया गया तो बेशक वे मुझ पर अदालती कारवाई करें। आयुक्त श्री तिनईकर चुनौती स्वीकार नहीं कर पाए, अतः लोकायुक्त की रिपोर्ट उन्होंने ठंडे बस्ते में डाल दी। घटना के छह साल बाद मैं बीमार था तब यह रिपोर्ट टाइम्स में छपी। मैंने फिर उन्हें खुलासा भेजा, जिसको छापने के बाद टाइम्स ने विषय समाप्त कर दिया था।

पीड़ा से भरे दिन

पर वे आज़माइश के दिन थे शायद! रिटायर होने के बाद तिनईकर शौकिया लेखक बन गए थे। उन्होंने अलग-अलग अखबारों में इस घटना के बारे में लिखना शुरू कर दिया, यहां तक लिख डाला कि असल में झोंपड़ियां वहां थीं ही नहीं। मेरे रवैये और नीयत में कोई खोट नहीं थी, 'कर नहीं तो डर क्यों' की कहावत को याद करते हुए मैंने तिनईकर के आरोपों को उत्तर देने का मार्ग चुना। पर बीमारी की हालत में वह काम विकट था। शरीर थका हुआ था, खुद से खाना खाने की भी मुझमें ताकत नहीं थी। ऐसे में मैं उत्तर का मसौदा खुद लिखकर तैयार कर रहा था। टाईप होने के बाद उसमें आवश्यक सुधार आदि करने के लिए वैसे तो एक घंटे से ज्यादा समय नहीं लगता, पर शरीर साथ नहीं देता था, अतः तीन-चार घंटे लग जाते थे। थकान इतनी आ जाती कि रात भर दर्द से तड़पता रहता। सारे स्वजन समझाने में लगे हुए थे कि बात को नजरअंदाज करें, पत्नी तो मुझे अखबार पढ़ने नहीं देती थी। पर मेरे हठ के आगे सब को झुकना पड़ा। इस संत्रास के कारण शरीर में हीमोग्लोबिन का पारा उतरने लगा, अस्पताल में भर्ती होने की नौबत आ गई, पर योग्य उपचार एवं पत्रकार श्री कपिल

पाटील (वर्तमान विधान परिषद् में कांग्रेस के शिक्षक विधायक) की शोध पत्रकारिता ने मुझे बचा लिया, राहत भी दी।

कपिल पाटील समाजवादी विचारधारा के हैं। इस लिहाज से मेरे राजनैतिक विरोधी ही थे। वे 'आज दिनांक' नाम का एक साप्ताहिक निकालते थे और वे मशहूर भी थे। यह मैं नहीं बता सकता कि उनके शोध पत्रकारिता के तेवर के कारण या मेरी शुचिता के बारे में विरोधकों को भी विश्वास होने के कारण, पर किसी को बताए बगैर कपिल वह जगह देखने गए। आम मुंबईकरों जैसे कपिल को भी लगा होगा कि शहर में कहां खेत की जमीन होगी? पर हकीकत में उन्हें वहां जमीन, उस पर बनी झोंपड़ियां

पत्रकार कपिल पाटील महाराष्ट्र विधान परिषद् में शिक्षक विधायक हैं। 20 साल पहले जुड़े स्नेह संबंध अभी भी कायम हैं। उत्तर प्रदेश भ्रमण के दौरान राजभवन में राम नाईक से शिष्टाचारिक भेंट करते हुए कपिल पाटील

और निवासी खेतिहर मजदूर भी मिले। उनके भीतर का पत्रकार जाग उठा। उन्होंने फोटो समेत खबर छापकर यह साबित किया कि राम नाईक सही हैं। उसके बाद सभी अखबारों ने तिनईकर के उस विषय के बारे में लेख प्रकाशित करना बंद कर दिया। विधानसभा के अध्यक्ष ने गोपनीय रिपोर्ट सार्वजनिक करने के लिए तिनईकर की ही जांच करने के आदेश दिए। यह जानते हुए भी कि कैंसर जैसी असाध्य बीमारी से मैं ग्रस्त हूं, बेवजह मुझे तकलीफ देकर पता नहीं उन्हें क्या मिला, पर मुझे इस आज़माइश में तपकर खरे उतरने का असीम सुख मिला और मेरे शुभचिंतकों की संख्या में इज़ाफा भी हुआ।

मुझसे विलक्षण प्रेम करने वाले महान गायक, संगीतकार सुधीर फड़के इस खबर से चिंतित हुए। वैसे भी उनका आना मेरे लिए बेशकीमती होता था। इस खबर के बाद मेरा ढाढ़स बंधाने वे दो मंजिल चढ़कर मेरे घर आए जब कि उनकी बायपास सर्जरी हो चुकी थी। मुझे आलिंगन देते हुए उन्होंने कहा, ''राम, परेशान नहीं होना, सब जानते हैं तुम कैसे हो!'' उस ममतामय आलिंगन के सामने कैंसर का शिकंजा शिथिल न होता तो आश्चर्य!

सांसद निधि के लिए याचिका

वैचारिक मतभेद का होना मुझे मान्य है। जब मुंबई विश्वविद्यालय के पूर्व कुलपति राम जोशी, वरिष्ठ पत्रकार माधव गडकरी, पालघर के पूर्व समाजवादी विधायक नवनीत शहा ने सांसद निधि रद्द करने के लिए केंद्र एवं राज्य सरकार के विरुद्ध मुंबई उच्च न्यायालय में याचिका दायर की तो मैं समझ सकता था कि वैचारिक मतभेद के कारण उन्होंने यह कदम उठाया है। फिर भी मैं बेचैन हो गया, क्यों कि वह निधि योजना मेरी पहल पर शुरू की गयी थी। इस आशंका के आधार पर वह याचिका दायर की गई थी कि कुछ लोग निधि का गलत उपयोग कर सकते हैं। मुझे फिक्र इस बात की थी कि सरकार यदि इसका मुंहतोड़ जवाब न्यायालय में पेश नहीं कर पाई तो जनता के हित की यह योजना खटाई में पड़ जाएगी। मैंने अधिवक्ता श्री बालासाहेब आपटे को अपनी बेचैनी के बारे में बताया। उन्होंने तुरंत कहा, ''रामभाऊ, आप ही इसका योग्य उत्तर दे सकते हैं। आपकी ओर से केस

में हस्तक्षेप करने वाले रिट का प्रारूप तैयार करके मैं भेजता हूं। वह पढ़ने की ताकत आप में हैं न?'' मैंने हामी भरी। दूसरे ही दिन प्रारूप मेरे घर पहुंच गया। पर उस दौरान शरीर में खून की कमी हो जाने के कारण मुझे अस्पताल में दाखिल होना पड़ा। खून की नली हाथ में लगी थी, तब भी मैंने वह प्रारूप पढ़ा। मैं कानून का स्नातक हूं और उस विषय से परिचित भी था, अतः प्रारूप में काफी परिवर्तन करना मुझे आवश्यक लगा। यह सोच ही रहा था कैसे करें, तभी मेरा एक पुराना टाईपिस्ट सहयोगी भारवी ओटवणेकर मेरा हालचाल पूछने अस्पताल आया। वह रात में रुका। वह डिक्टेशन लेकर टाईप करने के लिए राज़ी हो गया। मुझे नींद नहीं आ रही थी तो भारवी ने आधी रात में मेरे साथ जागकर वह प्रारूप तैयार करने में मेरी सहायता की। उस रात ड्यूटी पर रही नर्स ने सवेरे डॉक्टर से शिकायत की, पर अब तक डॉक्टर भी जान गए थे कि काम करता हूं तो मैं अपना दर्द भूल जाता हूं, लिहाज़ा उन्होंने अनदेखी कर दी।

सांसद निधि का मामला सुप्रीम कोर्ट में गया। कोर्ट में इस विषय में देश भर की याचिकाएं एकत्र कीं। उस पर सुनवाई के बाद 6 मई, 2010 को फैसला सुनाते हुए उच्चतम न्यायालय ने निधि की वैधानिकता पर मुहर लगाई। अब सोचता हूं, ऐसे अवरोधों के कारण तन-मन को भले तकलीफ़ हुई पर बीमारी का दौर झटपट गुज़र गया। अगस्त में पुनः टेस्ट किए गए। स्वास्थ्य में सराहनीय सुधार नजर आया। डॉक्टरों ने खतरा टल जाने की खुशखबरी सुनाते हुए कहा कि दो और कीमोथैरेपी के राउंड हो जाने के बाद मैं नियमित काम कर सकूंगा। खुशी के मारे मैं झूम उठा। हर साल मैं अपने चुनाव क्षेत्र में किए कार्यों की जानकारी मतदाताओं के समक्ष प्रस्तुत करता था। तकरीबन मार्च-अप्रैल में वह प्रकाशित किया करता था। 1994 में वह संभव नहीं हुआ, यह बात मुझे खल रही थी, अतः देरी से ही सही, वह प्रकाशित करने की मेरी मंशा थी। डॉक्टर ने कहा था कि सितंबर में मैं घर से बाहर जा सकूंगा। मतलब यह भी था कि घर में काम शुरू किया जा सकता था। काम शुरू करने के मेरे संकल्प का पता चलते ही पत्नी ने नाराज़गी ज़ाहिर की, पर मित्र और स्वजन यह सोचकर प्रसन्न हुए कि चलो, धीरे-धीरे सब कुछ सामान्य हो जाएगा।

अटलजी का वादा

इस राहत के बीच हालचाल पूछने के लिए श्री अटल बिहारी वाजपेयीजी का फोन आया। मैंने उन्हें भी खुशखबरी दी। मेरा उत्साह बढ़ाते हुए उन्होंने कहा, ''बहुत अच्छी बात है, पर संभलकर काम करना, ज्यादा तनाव न लेना, वृत्तांत तैयार हो जाने के बाद बताना, मैं विमोचन समारोह के लिए आऊंगा।'' मेरे लिए यह घटना कीमोथेरैपी के बूस्टर डोज़ जैसी थी। सितंबर के पहले सप्ताह में आखरी केमो खत्म होते ही मैंने उत्तर मुंबई के मेरे सभी सहयोगियों को घर बुलाया। इंजेक्शन के बाद 3-4 दिन तक 'साइड इफेक्ट' का असर नहीं दिखता। अतः घर पर छोटी बैठक ही ले ली। उनमें जोश था। सभी की राय रही कि ''काम धीरे-धीरे किया जाए, पर घर से पहली बार बाहर जब निकलना हो तो वह सार्वजनिक कार्यक्रम के लिए ही हो तो बेहतर होगा। कई लोग आपको प्रत्यक्ष रूप से देखना, मिलना चाहते हैं।'' मैंने बोनस रूपी अपने जीवन का श्रीगणेश कार्यवृत्त प्रकाशन समारोह से करने का निर्णय किया। इस समारोह के लिए सही दिन ढूंढ़कर काम शुरू करने का निश्चय किया।

भारतीय जनता पार्टी के आदर्श, राजनीतिक गुरु पंडित दीनदयाल उपाध्याय की जयंती के उपलक्ष्य में रविवार दिनांक 25 सितंबर, 1994 का दिन तय किया गया। मेरी नजर में उससे अच्छा दिन नहीं हो सकता था। सहयोगियों से मशविरा करने के बाद मैंने वाजपेयीजी को फोन लगाया। उनके सहयोगी शिवकुमार से बात की। उन्होंने बताया कि उस दिन वाजपेयीजी का आना संभव नहीं हो सकेगा। दीनदयालजी की जयंती पर हर साल वे उनके गांव जाते हैं। मैं मायूस हो गया, दुविधा में पड़ गया। कैंसर के प्रहार के कारण हो या और कोई कारण रहा हो, पर मैं बहुत भावुक हो गया था। चाहता था कि दीनदयालजी की जयंती पर ही कार्यक्रम हो और बिना वाजपेयीजी के मैं वह करना नहीं चाहता था। मैंने यह दुविधा मेरे मित्र स्व. राम कापसे को बताई। पिछला लेख लिखा, तब कापसे जीवित थे। दुर्भाग्य से आज वे नहीं रहे, अतः उनके नाम के आगे मुझे स्व. लिखना पड़ रहा है। कापसेजी ने अटलजी को फोन कर के मेरी कशमकश के बारे में बताया। उसी दिन अटलजी ने मुझे फोन कर के बताया, ''मैं 25 सितंबर

श्री अटल बिहारी वाजपेयी का भाषण तन्मयता से सुनते राम नाईक व श्रीमती कुंदा नाईक

को मुंबई आऊंगा। मैंने यदि वादा नहीं निभाया तो दीनदयालजी को क्या अच्छा लगेगा? मैं सुबह उनके गांव और शाम को मुंबई आऊंगा।'' मेरा मन गद्‌गद हो गया। समझ में नहीं आया कि क्या कहूं... ''अटलजी मैं... आपको..'' बस इतने ही शब्द मुंह से निकले। हंसते हुए उन्होंने फोन रख दिया। उनके एक फोन ने चैतन्य की बयार से हममें जान भर दी। परिजनों एवं कार्यकर्ताओं में उत्साह की लहर दौड़ गई। सभी ने तय किया कि कार्यवृत्त प्रकाशन जैसे छोटे से कार्यक्रम में वाजपेयीजी आ रहे हैं रामभाऊ की वजह से। अब यह कार्यक्रम छोटा नहीं होगा, बहुत बड़ा होगा। वे सभी काम में जुट गए।

पुनश्च हरि ओम्

25 सितंबर को मैं कार्यक्रम स्थल पर पहुंचा। प्रायः चुनाव क्षेत्र में आयोजित सभाओं के लिए वक्त से पहले पहुंचने वाला मैं उस दिन सभागार खचाखच भर जाने के बाद पहुंचा, वह भी वाजपेयीजी के साथ। भीड़ बहुत होने के कारण हॉल के बाहर स्क्रीन लगाया गया था। मैं गाड़ी से उतरा। जोश-उमंग के साथ स्वागत करने के लिए लपके कार्यकर्ता मुझे देखकर स्तब्ध रह गए। मेरे बाल झड़े हुए थे, चेहरा काला पड़ गया था, आंखें सूजी हुई थीं, कुछ लोगों ने मुझे पहचाना नहीं, पहचानने के बाद वे संभल

बीमारी के दौरान अपनी दोनों बेटियों के साथ राम नाईक, दाईं ओर डॉ. निशिगंधा और बाईं ओर विशाखा

गए। अटलजी ने प्रेम से मेरे कंधों पर हाथ रखा हुआ था, मानो पकड़कर मुझे अंदर ले जा रहे हो। मेरा अंतःकरण भावावेग से भर गया। अटलजी की सैकड़ों सभाएं मैंने सुनी थीं, पर जाने क्यों आज उन्हें सुनने के लिए मैं बेताब हो गया था। प्रायः व्यक्तिगत न बोलने वाला मेरा जननायक उस दिन केवल 'राम नाईक' के बारे में बोला। मुझे देखने जब वे घर आए थे, तब उनका आतिथ्य ठीक से न कर पाने का मेरी पत्नी को मलाल था। वह भी कान लगाकर के सुन रही थी। वे मेरे घर आए थे, यह बताते हुए अटलजी ने कहा, ''मैं उनके मकान में गया था, घर छोटा है, मकान बड़ा है। घर ईंट-पत्थरों की दीवारों से बनता है, मकान मन से बनता है। मैंने उनकी छोटी सी घर-गृहस्थी देखी और उस घर की सुव्यवस्था को देखा।'' यह सुनते ही पत्नी की आंख से आंसू बहने लगे, पहले का मलाल भी धुल गया। श्रोताओं में सहयोगियों, परिजनों के अलावा वे डॉक्टर भी थे, जो उपचार

के दौरान मेरे निकट परिचय में आए थे और जो पहले कभी राजनीतिक सभा में नहीं गए थे। बाहर गांव से कुछ सहयोगी, कुछ मित्र मंडली आई हुई थी। वह दृश्य मैं अपनी आंखों में संजोए रखना चाहता था, चारों ओर नजरें घुमा रहा था, मेरी बेटी के बगल में बैठे कृश व्यक्ति को देखकर मैं भौचक्का रह गया। वे सुधीर फड़के थे, जो मुझसे बड़े भाई जैसा प्रेम करते थे। उनकी आंखें भी डबडबाई हुई थीं।

अटलजी के विमुग्ध वक्तृत्व की क्या बात करें, जनसमूह मेरे लिए था, उससे बढ़कर अटलजी को सुनने इकट्ठा हुआ था, पर जानते हो, इस शिखर पुरुष ने क्या कहा? ''…कभी-कभी ईर्ष्या होती है, जब किसी सहयोगी को लोगों का इतना अपनत्व मिलता देखते हैं, इतना सहयोग… इतना आशीर्वाद मिलता देखते हैं।'' भाषण के अंत में मेरे दीर्घायु की कामना करते हुए उन्होंने कहा, ''सोचो, आप मृत्यु के द्वार से क्यों वापस आए हो? आपने वैभवशाली, संपन्न भारत का सपना देखा है। वह महान कार्य करने के लिए ही मानो आपने पुनर्जन्म लिया है।'' मैंने भी उनसे वादा किया कि 'पुनश्च हरि ओम्' कर रहा हूं। विधाता ने जो आयु मुझे बोनस के रूप में दि है, वह मैं जनसेवा के लिए व्यतीत करूंगा।

(11 अक्तूबर, 2015)

❒

सासंद श्री रामभाऊ म्हालगी के माध्यम से संसद में मुंबई रेलयात्रियों की ओर से याचिका प्रस्तुत करने के बाद संसद परिसर में विधायक राम नाईक (बीच में) और प्रो. राम कापसे अन्य साथियों के साथ

लोकल से लाल बत्ती तक

तमाम मुंबईकरों की भांति उपनगरीय रेलवे मेरी जिंदगी का भी अविभाज्य अंग रहा है। उपनगर के लाखों नौकरीशुदा लोगों की तरह मैं भी लोकल से यात्रा करता था। रोज़ विशिष्ट समय की लोकल पकड़ना, मित्रों का मिलना, उनके संग यात्रा करना, समस्याओं से जूझना आदि रोज़ का क्रम था। इसी के हिस्से के बतौर यात्रियों की समस्याएं हल करने की कोशिशें शुरू हुईं। 14 मार्च, 1964 को मेरी इमारत की छत पर हम 25-30 सहयात्रियों ने एकजुट होकर गोरेगांव प्रवासी संघ की स्थापना की। चूंकि हम संगठित होकर काम कर रहे थे, अन्य स्टेशनों के मुकाबले गोरेगांव स्टेशन पर कई सुधार लाने में कामयाब हुए। उन दिनों भी गोरेगांव में यात्रियों की भीड़ रहती थी। लोकल बोरिवली से छूटती। गोरेगांव आते-आते वह खचाखच भर जाती, नतीजन गोरेगांव के यात्रियों को बैठने की

जगह कभी नहीं मिलती। हमने गोरेगांव से लोकल चलाए जाने की दृष्टि से प्रयास शुरू किए। 1969 में पहली गोरेगांव लोकल शुरू की गई। कालांतर में उनकी संख्या में बढ़ोतरी हुई। अब तो कई स्टेशनों से गाड़ियां चलाई जाती हैं। गोरेगांव प्रवासी संघ को सर्वसमावेशी बनाने के लिए हमने उसकी आजीवन सदस्यता फीस केवल आठ आने रखी। साठ के दशक में हमारी सदस्यता ने पांच हजार का आंकड़ा छू लिया। उस जमाने में यह आसान नहीं था। हमारे काम के कारण ही हमारे संगठन को रेलवे सलाहकार समिति में प्रतिनिधित्व दिया गया।

बतौर रेल यात्री संसद में प्रवेश

जो काम हाथ में लिया, उसे पूर्ण लगन से करने के मेरे स्वभाव के कारण गोरेगांव के प्रश्न हल करते-करते मैं कब मुंबई उपनगरीय रेल यात्रियों का प्रवक्ता बन गया, इसका पता ही नहीं चला। रेल का कारोबार दिल्ली से चलता है, अतः रेल की समस्याएं सुलझाने के लिए दिल्लीवालों को झकझोरने की आवश्यकता होती है। 1978 में मैं और मेरे मित्र प्रो. राम कापसे विधायक तथा हमारे गुरु रामभाऊ म्हालगी सांसद बने। बस क्या था! हमारी समस्याएं दिल्ली पहुंचाने के लिए हमें 'अपना आदमी' मिल गया था। मैं पश्चिम रेल तथा प्रो. कापसे मध्य रेल की समस्याएं देखते थे। हम दोनों ने मिलजुलकर प्रश्न उठाना शुरू किया। यात्रियों के ज्वलंत प्रश्नों की ओर संसद का ध्यान खींचने के लिए हमने एक नया नुस्खा खोज निकाला। एक संसदीय आयुध है – 'संसदीय याचिका', जिसके बारे में ज्यादा लोगों को ज्ञान नहीं था। अन्य सहयोगियों समेत सांसद श्री म्हालगी के जरिए हमने 1978-79 में यात्रियों की मांगों की याचिका बनाकर एक माँगपत्र संसद में पेश किया। सांसद बनने से पहले इस तरह रेलयात्री के रूप में मैंने संसद में प्रवेश किया था।

खुद से उम्मीदें

मैंने रेल यात्रियों की समस्याओं के लिए आंदोलन शुरू किए। कभी रेल भाड़ा बढ़ने का मसला होता तो कभी गाड़ियों की संख्या अपर्याप्त होने की शिकायत, कभी प्लेटफार्म की ऊंचाई असमान होने की समस्या,

इस तरह लगातार मामला गरम रहता था। 1989 में मैं स्वयं सांसद बना। निर्वाचित होने के बाद स्वाभाविक रूप से लोग यह उम्मीद कर रहे थे कि मैं रेल यात्रा सुगम बनाने के लिए कुछ ठोस कार्य करूंगा। मैं भी यही चाहता था। चुने जाने के बाद सर्वप्रथम मैंने जोगेश्वरी से डहाणु तक सभी रेल स्टेशनों पर यात्रियों से मिलकर उनसे मांगों के ज्ञापन इकट्ठा किए। उनका अध्ययन एवं समीक्षा कर के व्यापक मांगपत्र रेल मंत्री को दिया। मैं तेज़ी से काम में जुट गया।

पहली महिला लोकल

सांसद के रूप में मैंने बहुत काम किया पर जब रेलवे का ज़िक्र आता है तो दो काम प्रमुखता से याद रहते हैं। मुंबई में नौकरीशुदा महिलाओं की बढ़ती संख्या को मद्देनजर मैंने भीड़ के समय 'महिला स्पेशल लोकल' शुरू करवाने के लिए भारी प्रयास किए; फलस्वरूप 5 मई, 1992 को पहली महिला स्पेशल मुंबई की लोकल पटरियों पर दौड़ी। वह दुनिया की पहली महिला स्पेशल गाड़ी थी। इस तरह की सुविधा की उपयुक्तता को ध्यान में रखते हुए और महिला स्पेशल लोकल शुरू की गई। अब तो बजट में यह देखा जाता है कि कहीं कोई नई महिला स्पेशल शुरू की गई है? मेरे इन कार्यों के कारण महिला यात्री मुझसे मिलकर समस्याएं बताने लगीं। उसी से समस्याओं का पता चलता गया, वे सुलझती गईं।

राम नाईक शटल

मेरे उत्तर मुंबई चुनाव क्षेत्र में जोगेश्वरी से पालघर-बोईसर तक का इलाका समाहित है। पश्चिम रेल के तहत मुंबई की सीमा विरार तक थी। हकीकत में रोज़ डहाणु से भी हज़ारों यात्री काम के लिए मुंबई आवाजाही करते हैं। पालघर-बोईसर, डहाणु में उद्योग बढ़ रहे थे, अतः मुंबई से उस ओर जाने वालों की तादाद भी बढ़ रही थी, पर गाड़ियां बहुत कम होने कारण इन लोगों को काम पर जाने के लिए चार-चार घंटे व्यतीत करने पड़ते। सांसद बनते ही मैंने उपनगरी सेवा सीमा डहाणु तक बढ़ाने की मांग की। विरार-डहाणु के लिए शटल सेवा शुरू करने की मांग मैं बहुत पहले कर चुका था। सांसद बनने के बाद उस मांग के लिए ज़ोरदार प्रयत्न किए।

'राम नाईक शटल' को हरी झंडी दिखाते वित्त मंत्री प्रो. मधु दंडवते और राम नाईक

नतीजतन 2 सितंबर, 1990 को पहली विरार–डहाणु शटल सेवा शुरू हुई। वह सिर्फ एक घंटे का फासला तय करती थी, पर इसकी जरूरत समझने के लिए रेल मंत्री का शटल उद्घाटन के लिए आना बहुत जरूरी था। अतः मैंने तत्कालीन रेल मंत्री जॉर्ज फर्नांडीस से उद्घाटन के लिए आने का अनुरोध किया। किसी कारणवश वे नहीं पहुंच सके। उनकी जगह मुंबई के नागरिकों की समस्याओं से परिचित वित्त मंत्री प्रो. मधु दंडवते आए। यात्रियों ने शटल सेवा का उत्साहपूर्वक जोरदार स्वागत किया। वे इतने भावविभोर थे कि उन्होंने शटल का नाम 'राम नाईक शटल' रख दिया। कालांतर में शटल की संख्या बढ़ाई गई। पर डीएमयू पर चलने वाली शटल मेमू प्रणाली में बदले जाने तक यात्रियों के संवाद में 'राम नाईक शटल पकडेंगे', 'राम नाईक शटल छूट गई' आदि स्वर सुनाई देते। रेलवे के इन कामों के लिए इस रूप में मिल रही प्रतिष्ठा और लोगों का प्रेम मुझे मंत्री पद से ज्यादा बेशकीमती लगता हैं।

राज्य मंत्री पद

मेरे श्रद्धा स्थान माननीय अटलबिहारी वाजपेयी के मंत्रिमंडल (1998) में उन्होंने मुझे राज्य मंत्री बनाकर पांच विभागों का कार्यभार सौंपा। एक साथ पांच विभाग संभालने वाला मैं इकलौता मंत्री था। बाद में उन्होंने रेलवे का स्वतंत्र भार मेरे सुपुर्द कर के मानो मेरे कामों के लिए शाबाशी ही दी। शुरू में मुझे संसदीय कार्य, योजना एवं कार्यक्रम कार्यान्वयन तथा रेल विभाग दिया गया। तब यह धारणा बनी हुई थी कि राज्य मंत्री को

कोई अधिकार नहीं होते, वह कोई काम कर नहीं सकता, असल में वह पद दिखावे भर के लिए होता है। इस रूढ़ धारणा को झुठलाने तथा काम कर दिखाने की जिद से मैंने मंत्री पद स्वीकार किया। योजना एवं कार्यक्रम कार्यान्वयन मंत्री के रूप में मुझे अपने प्रिय सांसद निधि पर खास ध्यान देने का मौका मिला। आपको याद होगा कि मेरी पहल पर यह योजना शुरू की गई है। सांसद निधि का विषय स्वयं प्रधानमंत्री के पास था। उनके पास कामों का अंबार लगा रहता था। वे अकसर सहयोगियों पर विश्वास कर के उन पर काम छोड़ देते थे। अतः राज्य मंत्री था, तब भी मुझे काम करने के संदर्भ में काफी आज़ादी मिली हुई थी। मैंने सांसद निधि की रकम एक से बढ़ाकर दो करोड़ रुपए कर दी। 6,500 करोड़ रुपए की लागत से 1,080 मेगावाट बिजली उत्पादन का तारापुर परमाणु ऊर्जा प्रोजेक्ट का मैंने राज्य मंत्री के नाते भूमिपूजन किया। इतना ही नहीं तो यह प्रकल्प मेरे ही निर्वाचन क्षेत्र में होने के कारण प्रकल्पपूर्ति के लिए आवश्यक स्थानिक सहयोग भी प्राप्त करवाया। इस कारण वह न सिर्फ समय से पहले पूरा हुआ बल्कि नियत लागत रु. 6,500 से कम यानी रु. 6,100 करोड़ में वह साकार करने का रिकॉर्ड स्थापित किया गया। नियत समय से बहुत देरी से और बेहद बढ़ी लागत से प्रोजेक्ट पूरे करने की कटु परंपरा के संदर्भ में यह सराहनीय अपवाद रहा।

कुछ समय के लिए मुझे अपारंपरिक ऊर्जा विभाग का काम भी दिया गया था। आज सौर ऊर्जा की बहुत चर्चा है, पर मैंने तभी इसकी उपयुक्तता भांपते हुए दिल्ली में पहली बार सौर ऊर्जा पर चलने वाले टैफिक सिग्नल शुरू करवाने में सफलता पाई। वह काम छोटा था, पर आज वह ऐतिहासिक महत्त्व का माना जा रहा है।

राज्य मंत्री के कार्यकाल में मैंने एक और ऐतिहासिक काम किया। मुझे संतोष है कि देश की आज़ादी के लिए लड़ने वालों के ऋण आंशिक रूप से ही सही, पर मैं चुका सका। 1999 में मध्यावधि चुनाव घोषित हुए। चुनाव घोषित होते ही सभी सांसद अपने-अपने चुनाव क्षेत्र में चले जाते हैं। कई मंत्री भी चुनाव क्षेत्र में ही डेरा डाल देते हैं। मेरे लिए ऐसा करना संभव नहीं हुआ। उस वक्त श्री लालकृष्ण आडवाणी गृह मंत्री थे। प्रचार

के लिए उनका देश भर भ्रमण कराना ज़रूरी था। पर गृह जैसे संवेदनशील विभाग की उपेक्षा करना भी उन्हें कबूल नहीं था। इसके तोड़ स्वरूप मुझे गृह राज्य मंत्री का भार सौंपा गया। मैंने अटलजी से यह कहने का प्रयास किया कि 'मुझे भी तो अपने चुनाव क्षेत्र के लिए समय चाहिए होगा।' यह कहकर उन्होंने मुझे निरुत्तर कर दिया कि 'आपकी विजय की फिक्र उत्तर मुंबई के मतदाता ही करेंगे।'

दादरा नगर हवेली स्वतंत्रता संग्राम

ऊपर जिस काम का मैंने उल्लेख किया वह पुर्तगालियों के शिकंजे से प्रदेश को मुक्त कराने वाले दादरा नगर हवेली के स्वतंत्रता सेनानियों के ताल्लुक से है। भारतीय जनता पार्टी की सत्ता नहीं थी, तब मैंने इन 125 सेनानियों को वांछित सम्मान दिलाने के प्रयत्न किए थे, पर नहीं दिला पाया। यह कमी मुझे बहुत खल रही थी। आजादी मिलने के बाद भारत के लिए लड़ने वाले हजारों सेनानियों को स्वतंत्रता सैनिक का सम्मान दिया गया, अनेक सुविधाएं-रियायतें दी गईं।

स्वतंत्रता सेनानी का प्रमाणपत्र पाने के लिए दो निकष लागू किए गए थे। एक था कारावास और दूसरा ब्रिटिश शासन के काल के सरकारी रेकॉर्ड में भूमिगत या सत्याग्रही होने के बारे में टिप्पणी! इन दो निकषों के अलावा जो सेनानी थे, उनके बारे में कभी सोचा नहीं गया था। 31 जुलाई, 1954 को दादरा नगर हवेली के स्वतंत्रता सेनानियों ने मानसून की एक रात में पुर्तगालियों के शिकंजे से वह प्रदेश मुक्त किया था। उन्हें अपने पहले आक्रमण में ही कामयाबी मिली थी, अतः कारावास या सत्याग्रह का सवाल ही नहीं था। जो काम आजाद भारत की सरकार भी नहीं कर पाई थी, वह चंद सेनानियों ने कर दिखाया था, पर मामूली कारणों से उन्हें स्वतंत्रता सेनानी होने के सम्मान से वंचित रखा गया था। उन्हें यह लग रहा था कि कांग्रेस की सरकार यह मानकर चल रही है कि हम रा.स्व. संघ के स्वयंसेवक हैं, इसीलिए वह उनकी उपेक्षा कर रही है। वैसे भी आज़ादी के लिए लड़ते समय किसी के मन में पेंशन या अन्य सुविधाएं पाने की बेतुकी लालसा नहीं थी। देश के लिए मर मिटने की भावना से वे लड़े थे।

दादरा नगर हवेली के स्वतंत्रता सेनानियों में महाराष्ट्र के लोग थे। गानसम्राज्ञी लता मंगेशकर ने गाने का कार्यक्रम कर इस लड़ाई के लिए पैसा इकट्ठा किया था। दादरा-नगर हवेली लड़ाई में 'महाराष्ट्र भूषण' बाबासाहेब पुरंदरे, सुधीर फड़के, 'क्रीडा महर्षी' राजाभाऊ वाकणकर, 'बहुभाषा कोशकार' विश्वनाथ नरवणे, नाना काजरेकर, ग्राहक पंचायत के बिंदुमाधव जोशी आदि गण्यमान्य शामिल थे। कुल 125 लोग थे। मैं जब सांसद था, तब इन्हें सम्मान दिलवाने में कामयाब नहीं हुआ था। यों लगता है कि पर विधाता ने वह काम मेरे हाथों से ही करवाने की ठानी थी। हमारी सरकार आते ही मैंने उस दिशा में पुनः प्रयास शुरू कर दिये। स्वयं आडवाणीजी को दादरा नगर हवेली के मुक्तिसंग्राम एवं स्वतंत्रता सेनानियों के बारे में पता था। उन्होंने गृह विभाग को इस पर काम करने का आदेश दिया था। राज्यमंत्री के रूप में मैंने वह अधूरा काम पूरा कर दिया। सच में मैं बहुत संतुष्ट हूं। इनमें ज्यादातर पुणे क्षेत्र के थे, अतः वहीं एक समारोह आयोजित कर के उन्हें स्वतंत्रता सेनानियों का मानपत्र देने की तज़वीज मैंने की। उनके भाव मैंने पढ़े और जाना कि वे सब रुतबेवाले दिग्गज थे, फिर भी वह मानपत्र उनके आत्मसम्मान के लिए बहुत मूल्यवान था। वह दिन मेरे जीवन का चिरस्मरणीय दिन है।

रेल राज्य मंत्री था, तब भी महज 19 महीने में ऐसे कई काम किए जो स्मरणीय हैं। मार्च 1998 को राज्य मंत्री बनने के बाद लाल बत्ती वाली गाड़ी मेरे दरवाज़े पर आई। उसकी शान, उसका रुतबा कुछ न्यारा है, पर मुझे तब और आज भी लंबी दूरी पाटने और समय बचाने की दृष्टि से दनदनाती रेलगाड़ी ही बहुत भाती है। स्वाभाविक ही है कि रेल विभाग को मेरे हृदय में विशेष स्थान प्राप्त है। रेल विभाग के अनुभव के बारे में मैं आपको अगले अध्याय में बताऊंगा।

(25 अक्तूबर, 2015)

❐

मोटरमैन के डिब्बे में सफर करते समय भूख मिटाते राम नाईक और उनके साथी विकास आगवेकर

रेलवे के आगे 'लाल बत्ती' की क्या शान!

मार्च 1998 में लगातार चौथी बार लोकसभा का चुनाव जीतकर मैं पुनः दिल्ली गया। भारतीय जनता पार्टी को बहुमत नहीं मिला, पर वह सबसे बड़ी पार्टी बनकर उभरी थी, अतः राष्ट्रपति ने श्री अटल बिहारी वाजपेयी को सरकार बनाने का न्योता दिया। शपथ ग्रहण समारोह के अगले दिन अटलजी का संदेश आया। उन्होंने मुझे रेल राज्य मंत्री के रूप में सरकार में शामिल करने का निर्णय किया था। मुझ जैसे कार्यकर्ता के लिए अटलजी की इच्छा आज्ञा ही होती है। मैंने हामी भरकर फोन रख दिया और सैकड़ों विचार मन में कौंध गए। पूज्य पिता अण्णा के संस्कार याद आए, जिन्होंने अपने आचरण से हमें सिखाया था कि जितना हो सके, समाज का ऋण चुकाते जाओ। बचपन में दोस्तों के साथ राष्ट्रीय स्वयंसेवक संघ की शाखाओं में खेलकूद के दिन याद आए, पाई-पाई बचाकर, ज़रूरत

पड़ने पर सवेरे अखबार बेचने का काम कर के पढ़ाई पूरी करने के जवानी के दिन और संघ से मिली राष्ट्र सेवा की प्रेरणा याद आई। पिता की मृत्यु के बाद पीठ पर संसार का बोझ लादकर नौकरी ढूंढ़ने के लिए मुंबई में भटकना याद आया। 1969 के वे दिन भी याद आए, जब सुख की पतवार हाथ आई पर मैंने चैन की जिंदगी के बजाय जनसंघ का पूर्णकालीन कार्यकर्ता बनने के लिए नौकरी छोड़ने का निर्णय किया। संघर्ष एवं मेहनत के इस दौर में कभी मंत्री पद सपने में भी नहीं आया था। यह सपना जरूर देखा था कि कभी तो मेरी पार्टी सत्ता में आएगी, पर यकीन मानिए, वह सपना सच होगा, ऐसा भी कभी नहीं लगा था। नब्बे के दशक के बाद थोड़ा सपना करीब आते दिखा। फोन पर संदेश सुनने के बाद पल भर मुझे कुछ नहीं सूझा, दूसरे ही पल उत्साहित होकर नए सपने गढ़ने लगा। यह सोचने लगा कि सत्ता में रहकर जनहित के लिए क्या और कौन-कौन से काम मैं कर सकता हूं।

लाल बत्ती की गाड़ी

दिल्ली के घर में कुछ सहयोगी कार्यकर्ता इकट्ठा हुए थे। उन्होंने कैबिनेट के बजाय मुझे राज्यमंत्री बनाए जाने पर नाराज़गी ज़ाहिर की। एक

राष्ट्रपति श्री के.आर. नारायणन से रेल राज्यमंत्री के रूप में शपथ लेते हुए राम नाईक

सहयोगी ने वह पद स्वीकार न करने की सलाह दी। मैं नाउम्मीद नहीं था। वैसे भी मेरा अनुशासित मन अवज्ञा करने के लिए राजी नहीं होता। मुझे एहसास था कि सत्ता पाने के लिए अटलजी को अन्य दलों से समझौता करना पड़ रहा है, अतः किस को क्या दिया जाए, यह अकेले अटलजी के बस में नहीं था। सब से पहले यह खुशखबरी सुनाने के लिए मैंने परम मित्र प्रो. राम कापसे को फोन किया। राजनीति में हम दोनों निरंतर साथ काम करते रहे थे, पर इस बार महाराष्ट्र में शिवसेना से चुनावी समझौते के तहत उनकी सीट भाजपा को नहीं मिली, अतः वे चुनाव नहीं लड़ पाए। धुरंधर रामभाऊ ने मेरे मन की बात भांप ली, कहा, ''अरे वाह! रेल राज्यमंत्री पद मिला है। भई! और क्या चाहिए? हम बरसों से रेल समस्याओं के लिए लड़ते आए हैं। अब कुछ कमाल कर के दिखाने की बारी है।'' इतना ही नहीं, मानो सीसी टीवी पर मेरा दीवानखाना उन्हें दिख रहा हो, उस अंदाज में उन्होंने कहा, ''राज्य मंत्री बनाया इसलिए मायूस मत होना, इस मौके को सुनहरा बनाने की कूवत है तुम में!'' उनके कथन से मेरी खुशी दोगुनी हो गई। दूसरे दिन कई अखबारों ने भी मुझे राज्य मंत्री पद दिए जाने पर अचरज व्यक्त किया, पर इसकी प्रशंसा भी की कि मैंने बड़ी शालीनता से बिना किसी ना-नुकुर के उसको स्वीकार किया। दूसरे दिन शपथ समारोह में जाने के लिए हमेशा की तरह टैक्सी मंगाने जा ही रहा था कि दरवाजे में लाल बत्ती की गाड़ी आकर रुकी।

इन दिनों बिहार की राजनीति में भाजपा के सामने ताल ठोंककर लड़े नीतीश कुमार को तब रेल मंत्री का पद दिया गया था। चुनाव और सरकार अलग-अलग रणसंग्राम होते हैं। सरकार में मिलकर काम करना होता है। आप सच नहीं मानेंगे, दूसरे दिन मैंने शिष्टाचार निभाते हुए नितीश कुमार को फोन किया, ''नीतीशजी, मैं आपका राज्यमंत्री हूं। सदिच्छा भेंट के लिए कब आ सकता हूं?'' उन्होंने कहा, ''रेलवे के संदर्भ में आपके अधिकार से मैं अवगत हूं। अतः मैं कैबिनेट और आप राज्य मंत्री ऐसा भेद कतई न करें। आपको यकीन दिलाता हूं कि मेरी ओर से आपको कोई बाधा पैदा नहीं की जाएगी। हम दोनों को मिलकर रेल मंत्रालय देखना है।'' मुझे मिलने

वे ही मेरे घर आए। यह दिखावा नहीं था, अंत तक उनका व्यवहार भी ऐसा ही रहा जैसा कहा था।

मुंबई रेल विकास प्राधिकरण

इसी कारण मुझे राज्य मंत्री होने के बावजूद तब मुंबई उपनगरीय रेल के लिए स्वायत्त निगम बनाने की महत्त्वाकांक्षी योजना का मुहूर्त करना सहज संभव हुआ। उस दौरान महाराष्ट्र में भाजपा-शिवसेना की सरकार थी, अतः राज्य से भी तत्काल सहयोग मिला। मेरे स्नेही मनोहर जोशी मुख्यमंत्री थे। मुंबई की समस्याओं से वे वाकिफ थे, अतः हममें अनकहा समझौता हो गया था कि काम में देरी न हो। जब 'मुंबई रेलवे विकास निगम' की स्थापना के लिए केंद्र एवं राज्य सरकार के बीच सामंजस्य करार होना था उसके दो दिन पहले जोशी के आंख में मोतियाबिंद का ऑपरेशन हुआ था, फिर भी वे करार की रस्म पूरी करने आए। करार होने के तत्काल बाद चुनाव घोषित हुए, पर इस प्रोजेक्ट का काम नहीं रुका। वापस अटलजी की सरकार आई। नए रेल मंत्री से लगातार कहकर, हक़ीक़त में निगम का काम शुरू करवाने में भी मैं सफल रहा। तत्कालीन रेल मंत्री ममता बैनर्जी ने निगम के उद्घाटन समारोह में मुझे खास तौर पर बुलाया। मुझे हर्ष है कि निगम के माध्यम से मुंबई उपनगरीय सेवा में रु. 3,450 करोड़ की परियोजनाएं लागू करवाकर लोकल यात्रियों को राहत दिलाने में मैं सफल रहा।

मुंबई रेल विकास महामंडल का शुभारंभ करते हुए रेल मंत्री सुश्री ममता बैनर्जी, साथ में दाएं से सर्वश्री छगन भुजबल, बंगारू लक्ष्मण, राम नाईक, विलासराव देशमुख, मनोहर जोशी, दिग्विजय सिंह आदि

बोरिवली–डहाणू रेलवे पर पुस्तक प्रकाशन कार्यक्रम के लिए राम नाईक के साथ लोकल ट्रेन से पालघर जाते हुए श्री देवेंद्र फडणवीस

धड़ल्ले से काम

मंत्री बनने के बाद प्रायः कुछ लोग अपने ही चुनाव क्षेत्र के काम पर ध्यान देते नजर आते हैं, पर मैंने पूरे देश के लिए काम किया, जिसका लाभ मेरे क्षेत्र को भी मिला। धमाकेदार शुरुआत करते हुए कंप्युटराइज्ड आरक्षण केंद्र, टिकट कूपन के लिए वेन्डिंग मशीनें लगवाईं। लोकल के प्रमुख स्टेशनों पर पादचारी पुलों की चौड़ाई बढ़ाने, पुराने पुलों की मरम्मत, 12 डिब्बों की गाड़ी के लिए प्लेटफॉर्म की लंबाई बढ़ाने, 12 डिब्बों की लोकल की संख्या में वृद्धि करने के काम धड़ल्ले से पूरे किए। एक विरला काम भी मैंने किया। मेरे चुनाव क्षेत्र में पालघर और बोईसर के बीच उमरोली नाम का छोटा सा गांव है। गांव के बिल्कुल पास से रेल गुजरती थी, पर वहां स्टेशन नहीं था। मैं जानता था कि वह तत्काल नहीं हो सकता था, पर कहते हैं न – जहां चाह, वहां राह मिल जाती है। वहां गाड़ी रोकने की

कोकण रेलवे राष्ट्र को समर्पित करते हुए प्रधानमंत्री श्री अटल बिहारी वाजपेयी, साथ में बाएं से राम नाईक, श्रीमती सुषमा स्वराज, सर्वश्री जॉर्ज फर्नांडिस, पी.सी. अलेक्जेंडर, नीतीश कुमार, मनोहर जोशी आदि

सुविधा सुनिश्चित करना प्रशासकीय दृष्टि से आसान था। 25–30 साल से गांव वाले स्टेशन की मांग कर रहे थे। मैंने गांव वालों से बात की, उन्हें विश्वास में लिया और श्रमदान के जरिये स्टेशन बनवाया। गांव वालों के लिए बहुत बड़ी सुविधा हो गई। रेलवे के इतिहास में श्रमदान से बनाया गया यह इकलौता स्टेशन है।

इधर लोकल का डहाणू तक विस्तार करने की जायज मांग काफी समय से लंबित थी। मैंने नई योजना में उसका समावेश किया, पर वह दीर्घ कालीन योजना थी। काम शुरू हो गया था, पर 2004 के बाद से वह ठप हो गया। उसे पुनः शुरू कराने के मांग पर जोर देने के लिए बार बार आंदोलन किए। उसके बाद 2014 में गाड़ी शुरू हुई। विस्तार योजना के उद्‌घाटन के लिए मैं बिना आमंत्रण स्वयं गया। मज़े की बात यह रही कि उद्‌घाटन मेरे जन्म दिवस 16 अप्रैल को हुआ। शासनकर्ताओं ने भले मेरी उपेक्षा की, पर हर स्टेशन पर यात्रियों ने मेरा और गाड़ी दोनों का उत्साहपूर्वक स्वागत किया। वे यादें मेरे मन में आज भी ताजा हैं।

रेल प्रशासन एवं यात्रियों के बीच स्नेह–सौहार्द का नाता बनाने के लिए मैंने एक और अभिनव प्रयोग किया। मेरे मंत्री बनने के तत्काल बाद प्रधानमंत्री अटलजी के हाथों से कोंकण रेल का शुभारंभ किया गया। उसी सेवा के तहत मुंबई से मंगलोर के लिए एक नई गाड़ी शुरू की जानी थी। उसके नाम के बारे में चर्चा के लिए अधिकारी मेरे पास आए। मुझे कल्पना सूझी कि यात्रियों से नाम मंगाए जाएं। जिसका नाम चुना जाएगा, उसे

पुरस्कारस्वरूप एक बार सपरिवार इस गाड़ी के पहले वर्ग में निशुल्क यात्रा करने की सुविधा दी जाए। इस पेशकश की घोषणा होते ही रेलवे में चिट्ठियों की बरसात हुई। एक चिट्ठी से एकदम सटीक नाम निकला, 'मत्स्यगंधा एक्सप्रेस'। समुद्री क्षेत्र से सफर करने वाली गाड़ी के लिए इससे सटीक नाम क्या हो सकता था? यात्रियों के प्रतिसाद से सब इतने प्रसन्न हुए कि और गाड़ियों के नाम तय करने के लिए यही रीत अपनाई गई।

कभी-कभी किसी गाड़ी की मांग के पीछे यात्रियों की भावनाओं को समझना बहुत रोचक होता है। कोल्हापुरवासी लंबे समय से तिरुपति के लिए गाड़ी शुरू करने की मांग कर रहे थे। मैं महाराष्ट्र का हूं, यह सोचकर वे लोग मुझे मिलने आए। उन्होंने दिलचस्प बात बताते हुए कहा, अनेक भक्त गण बरसों से बालाजी और तत्काल बाद कोल्हापुर की अंबाबाई दोनों का दर्शन करने के अभिलाषी होते हैं। ऐसा कहा जाता है कि बालाजी से रूठकर अंबाबाई कोल्हापुर आई। इसीलिए उनका मुख दक्षिण की ओर है। भक्तों की धारणा बनी है कि दोनों देवस्थानों का दर्शन करने से अधिक पुण्य प्राप्त होता है। इस गाड़ी के लिए भी एक यात्री ने 'हरिप्रिया एक्सप्रेस' का सुंदर नाम सुझाया। हरि का मतलब बालाजी और उनकी प्रिया यानी अंबाबाई! पहली 'हरिप्रिया एक्सप्रेस' को मैंने हरी झंडी दिखाई और कोल्हापुर से तिरुपति तक की यात्रा भी की। जगह जगह लोगों ने जोशाख़रोश से गाड़ी का स्वागत किया। लोगों से इस तरह का प्रतिसाद अधिकाधिक काम करने के लिए मुझे प्रेरित करता है। कुछ गाड़ियों एवं स्टेशनों को हमने राष्ट्रीय अस्मिता दर्शाने वाले नाम भी दिए। मसलन कुर्ला टर्मिनल को लोकमान्य तिलक का नाम दिया, वह आसानी से लोगों की जबान पर बैठ गया।

छोटे मन का दर्शन

मैंने नामों के अलावा साप्ताहिक टिकट जारी करने का नया प्रयोग आज़माया। मुझे लगा, विदेश की तरह हमें भी पर्यटकों को साप्ताहिक पास देना चाहिए। इसका कारण था काम के लिए बाहर से 5-6 दिनों के लिए जो लोग मुंबई आते हैं, उन्हें हर बार टिकट की लंबी कतार में खड़े होना पड़ता है। खुद मुंबईकर भी काम से हफ्ते दो हफ्ते लोकल से सफर करते हैं।

मैंने सोचा इस वर्ग के लिए साप्ताहिक पास जारी करना सुविधाजनक होगा। कुछ अधिकारी इस योजना के लिए राजी नहीं थे। उन्होंने बेमन से ही वह लागू की। बाद में आशातीत परिणाम न होने का कारण बताकर वह बंद भी करा दी। अब वह पुनः शुरू की गई है और परिणाम भी अच्छा है। रेल मंत्रालय में मैंने यह अनुभव किया कि मंत्रियों के सही कामों में अधिकारी मंडली अड़ंगे लगाती है। ऐसे अनुभवों ने मेरे जीवन को और अधिक समृद्ध बनाया, वह अफसरशाही को समझने के गुर मुझे सिखाता गया।

अधिसंख्यक पत्रकार मुझे सहयोग करते थे, पर कुछ अकसर बेतुके मुद्दे लेकर परेशानी बढ़ाते। विरोधियों से ज्यादा ये ही लोग अकारण मेरे पीछे पड़े रहते। रेलवे प्लेटफॉर्म पर, पुल पर अनधिकृत फेरीवालों, भिखारियों के कारण यात्रियों को तकलीफ़ होती है। मैंने उनके खिलाफ़ सख्त अभियान छेड़ा। कारवाई से बौखलाए इन लोगों ने मोर्चे, घेराव करना शुरू किया। इधर एक भिखारी भी प्लेटफॉर्म पर दिख गया तो अखबारों में मखौल उड़ानेवाली तस्वीरें छप जाती। वही बात पत्थरबाज़ी की थी। रेल पटरियों पर खड़े होकर पत्थरबाज़ी करने वाले, गंदगी फेंकने वाले विकृत लोग जैसे आज हैं, वैसे तब भी थे। इसलिए लोकल की खिड़कियों पर जाली लगाने का निर्णय किया गया। ऐसी ही एक पत्थरबाजी की घटना में सोनी जोसेफ नाम की एक युवती को अपनी आंख गंवानी पड़ी। मैंने तुरंत उससे पूछताछ की। बाद में उसे रेलवे में नौकरी दी। उस घटना के दौरान यह पता चला कि ऐसे वाकये रोज़-बरोज़ होते हैं, पर दुर्घटनाग्रस्त को सानुग्रह अनुदान तक देने का रेलवे में प्रावधान नहीं है। अतः मैंने आंकड़े मंगाने शुरू किए, कठोर उपाय भी किए पर कहीं एकाद वाकया हो जाता तो अखबारों में आलोचना की बरसात होती। एक अधिकारी ने झल्लाकर मुझसे कहा, आप इन घटनाओं को गंभीरता से लेते हैं, इसलिए वे आपकी आलोचना करते हैं। मैंने उनकी बात अनसुनी कर के काम जारी रखा।

मेरा दृढ़ मत था कि स्वास्थ्य की दृष्टि से स्टेशनों पर सिगरेट पर पाबंदी लागू करना आवश्यक है। यह निर्णय जनहित में था, पर कुछ लोगों को कतई पसंद नहीं आया, किसी की आदत आड़े आ रही थी तो किसी का स्वार्थ बीच में आ रहा था। मैंने फिर भी निर्णय किया, उस पर अमल भी

किया। धीरे-धीरे लोग उसके अभ्यस्त हो गए। नई पीढ़ी को पता ही नहीं है कि पहले प्लेटफॉर्म पर सिगरेट की बिक्री हुआ करती थी।

रेल यात्रा सबसे बढ़िया

अगस्त 1999 में एक रेल दुर्घटना के कारण नीतीश कुमार ने इस्तीफा दिया। अटलजी ने मुझे रेल का स्वतंत्र प्रभार सौंपा। मैं महज़ दो-ढाई महीने इस पद पर रहा। 'लाल बत्ती' की सुविधा मिलने के बावजूद मेरा यह मत कायम रहा कि समय की बचत के लिए मुंबई में रेल से ही यात्रा करनी चाहिए। अनेक वरिष्ठ सहयोगियों ने मेरे साथ लोकल यात्रा की है। मेरा रेलवे प्रेम उनके लिए मज़ाक और कौतुक का विषय बनता था। स्व. गोपीनाथ मुंडे ने एक बार सार्वजनिक सभा में कहा था, ''रामभाऊ की सभा के लिए मैं समय पर पहुंच जाता हूं, वरना वे मुझे रेल से आने पर मजबूर करते हैं।''

अब मैं उत्तर प्रदेश का राज्यपाल हूं। उससे पहले 2004 से 2014 तक मेरे पास 'लाल बत्ती' की गाड़ी नहीं थी, पर मेरा कुछ नहीं बिगड़ा, मुझे कुछ नहीं अखरा। मुंबई की रेल ही मेरे लिए 'लाल बत्ती' की गाड़ी से बढ़कर होती थी। मैं जब भी स्टेशन पर दिखता, लोग आसपास जमा हो जाते। गार्ड एवं मोटरमैन भी मुझे अपनी केबिन में साथ चलने का आग्रह करते। कई बार गार्ड की केबिन में बैठकर मैंने टिफिन खाया और उनकी बोतल से पानी पीया है। भीड़ के समय सहयात्री उठकर मुझे बैठने की जगह देते। 'लाल बत्तीवाली' गाड़ी इस अपनेपन, इस प्रेम से बढ़कर नहीं है, मेरी लोकल के आगे उसका रुतबा-शान कुछ नहीं है!

(8 नवंबर, 2015)

❐

राम नाईक के अभिवादन का हाथ जोड़कर उत्तर देते हुए
इराक़ के राष्ट्राध्यक्ष सद्दाम हुसैन

विदेश दौरे के अनुभव...

1999 के मध्यावधि चुनाव में उत्तर मुंबई से मुझे अभूतपूर्व जीत दिलाकर मतदाताओं ने राज्य मंत्री के रूप में मेरे कार्यों पर मुहर लगाई। मैंने लगातार पांचवीं बार लोकसभा का चुनाव जीतने के साथ-साथ महाराष्ट्र में सर्वाधिक मतों से विजयी होने का रिकॉर्ड स्थापित किया। समूचे देश में भाजपा को अच्छी बढ़त मिली। अटलजी का पुनः प्रधानमंत्री बनना तय था, उसी तरह सब को यकीन था कि मुझे भी इस बार कैबिनेट मंत्री पद मिलेगा। यदि ऐसा हुआ तो यह तय था कि रेलवे मुझे वापस नहीं मिलेगा, क्योंकि सहयोगी घटक दल रेल विभाग का आग्रह करते हैं। मन को एक विचार छू गया, क्यों न वापस रेल का कार्यभार स्वीकार करें, भले राज्य मंत्री बनना पड़े! विजय के उल्लास एवं स्थिर सरकार स्थापित होने की दिली इच्छा के आगे मंत्री पद के विचार क्षीण हो गए। बस

चाहता था कि भाजपा की स्थिर सरकार केंद्र की कमान संभाल ले। असीम संतोष की भावना हृदय में समेटे मैं दिल्ली पहुंचा। हवाई अड्डे पर मुझे लेने लाल बत्ती वाली गाड़ी प्रतीक्षारत थी। घर पहुंचते ही सूचना मिली कि नई सरकार में मुझे कैबिनेट मंत्री के रूप में शामिल किया जाने वाला है, तुरंत शपथ समारोह का निमंत्रण भी मिला। सच बताऊं, मुझे बहुत खुशी हुई। आदमी कितने ही निस्स्वार्थ भाव से क्यों न काम करता हो, उसके भीतर उसके श्रम को मान्यता मिलने की ललक मौजूद होती है, मुझे भी लगा मेहनत की क़द्र हुई है। घर पर इकट्ठा हुए लोगों में मेरे संभावित विभाग पर चर्चा शुरू हो गई। हर फोन इस उत्सुकता से उठाया जा रहा था कि कहीं वह विभाग के बारे में मुझसे चर्चा करने के लिए न किया गया हो! मेरे जैसे पुराने सहयोगी को लेकिन यही लग रहा था कि जो अटलजी देंगे, उसे सही मानकर स्वीकार किया जाना चाहिए। अटलजी ने पेट्रोलियम जैसा संवेदनशील विभाग देकर मुझे सुखद झटका दिया।

ज्वलनशील विभाग

पेट्रोलियम के अधीन तेल क्षेत्र की 12 सार्वजनिक उपक्रम कंपनियों का, जिसमें से 5 नव रत्न तथा 6 लघु रत्न हैं, कारोबार शामिल होता है। कुल मिलाकर देश की पूरी आर्थिक व्यवस्था जिस कच्चे तेल के दामों पर निर्भर होती है, उस तेल कारोबार की ज़िम्मेदारी मुझे दी गई। उस समय यह कहा जाता था कि पेट्रोलियम मंत्री देश का प्रधानमंत्री नहीं, निजी रईस तेल कंपनियां तय करती हैं, पर मेरा तो इनमें से किसी के साथ दूर दूर का भी संबंध नहीं था। फिर भी दिल्ली के पत्रकारों ने मेरे कार्यालय के कर्मचारियों, अधिकारियों से पूछ ही लिया कि क्या इनमें से किसी का फोन आया? दिल्ली के हलकों में मुझे पेट्रोलियम मंत्री बनाए जाने पर झटकानुमा अचरज व्यक्त किया जा रहा था। उन्हें शायद अटलजी की निस्पृहता और तीखे तेवरों का अंदाजा नहीं था। इतनी बड़ी ज़िम्मेदारी दी जाने के बावजूद प्रत्यक्ष या अप्रत्यक्ष रूप से अटलजी ने कभी मेरे विभाग में दख़लअंदाज़ी नहीं की। उलटे हर बड़े निर्णय के दौरान दृढ़ता से मेरा समर्थन किया। इसीलिए पेट्रोलियम मंत्री के बतौर अनेक पथदर्शी कार्य मैं कर सका।

इस तथ्य से मैं अवगत था कि पेट्रोलियम मंत्रालय का काम सक्षम एवं कारगर ढंग से करने के लिए मुझे बहुत कुछ सीखना होगा। पदभार संभालने के बाद पहली प्रेस-कॉन्फ्रेस में एक वरिष्ठ पत्रकार ने पूछा, ''पेट्रोलियम मंत्री के रूप में आपका एजेंडा क्या होगा? आपकी प्राथमिकताएं क्या होंगी?'' मैंने बताया, ''जनसंघ का संगठन मंत्री था तब मैं स्कूटर पर ही घूमता था, हर दूसरे दिन पेट्रोल भरना पड़ता था, मैं ऐसे पेट्रोल पंप ढूंढ़ा करता जहां मिलावट मुक्त पेट्रोल मिलता था। मैं पेट्रोल में मिलावट की रोकथाम करूंगा। रसोई गैस से भी मेरा संबंध रहा है। घर पर रहता हूं तब सिलेंडर बदलने की जिम्मेदारी मुझ पर होती है और दाम बढ़ते ही आंदोलन की ज़िम्मेदारी भी मेरी ही होती थी। अतः मैं सिलेंडर की क़िल्लत दूर करूंगा।'' मेरे जवाब पर कॉन्फ्रेस में हंसी के फव्वारे छूट गए। पर मैंने मन ही मन इन विषयों का व्यापक ज्ञान प्राप्त कर लेने का निश्चय किया।

अन्य देशों से भागीदारी

रूस से समझौता करने के दौरान मुझे अनुभव हुआ कि अटलजी किस कदर अपने सहयोगियों पर विश्वास करते हैं और उनका दृढ समर्थन करते हैं, वे लाजवाब हैं! देश की आवश्यकता का 70 प्रतिशत कच्चा तेल हम आयात करते चले आ रहे थे। यह निर्भरता कम करने की दृष्टि से हमने कुछ

साखालिन अनुबंध पर हस्ताक्षर करते हुए राम नाईक, साथ में रूस के उपप्रधानमंत्री व्हिक्टर बोरिसेव्हिच ख्रिस्त्यान्को

अन्य देशों से नफा एवं उत्पादन सहभागिता करार करने का निर्णय किया। यह तय हुआ कि सरकारी कंपनी ओएनजीसी रु. 8,000 करोड़ की लागत से तेल उत्पादन में 20 प्रतिशत सहभागिता के लिए रूस के साखालीन क्षेत्र में टेंडर भरेगी। इससे पहले भारत ने कभी विदेश में इतना बड़ा निवेश नहीं किया था। मंत्रिमंडल के सामने जब मैंने यह प्रस्ताव रखा, तब अनेक सहयोगियों की भौंहें तन गई, उन्हें वह ज्यादा ही साहसी कदम लगा। कुछ ने आशंका व्यक्त की कि उत्पादन 5-7 साल के बाद शुरू होगा, अतः हमारे लागत की रिकवरी उसके बाद शुरू होगी, यह कदम आर्थिक लिहाज़ से नासमझी का होगा। यह चिंता भी ज़ाहिर की गई कि हमें पता नहीं कि कितने और देश हमारे साथ भागीदारी करने वाले होंगे! उन्हें जवाब देते हुए अटलजी ने कहा, "रामभाऊ को विश्वास है तो हमें यह करना चाहिए, साहस के बिना प्रगति कैसे होगी?" उन्होंने ही मेरा पक्ष ज्यादा असरकारक ढंग से रखा। सौभाग्य से टेंडर में हमें 20, अमेरिका एवं जापान को 30-30 प्रतिशत भागीदारी देने का निर्णय हुआ। 10 फरवरी, 2001 को मॉस्को में मैंने करार पर हस्ताक्षर किए। हकीकत में 5-7 के बजाय चार साल में ही उत्पादन शुरू हो गया। बहुत कम समय में हमारे निवेश का पैसा वापस आने लगा, हम फायदे में भागीदार बनें। फलस्वरूप देश की आर्थिक व्यवस्था स्थिर होने में सहायता हुई।

सूडान अनुबंध के समय सूडान के उपराष्ट्राध्यक्ष अली ओस्मान ताहा से चर्चा करते हुए राम नाईक

दोबारा ऐसा प्रस्ताव आया तब भी अटलजी ने मेरा दृढ साथ दिया। मैंने सूडान के साथ रु. 3,200 करोड़ का करार करने का प्रस्ताव मंत्रिमंडल के सामने रखा, तब भी विरोधी सुर उभरे। मैं उन्हें समझाने की कोशिश में था कि इस करार से देश को कैसे और कितना लाभ होगा। मुझे रोककर एक वरिष्ठ सहयोगी ने कहा, "मैं साफ-साफ कह रहा हूं, हमारा विरोध भावनात्मक है, उसका निराकरण आप कैसे करेंगे? सूडान में निरंतर गृहयुद्ध की स्थिति बनी रहती है। इसलिए डरते हैं कि इतना बड़ा निवेश कर के हम कहीं धोखा न खा बैठें?" मेरा तर्क मानने के लिए वे तैयार नहीं हुए। भावनाओं के आगे तर्क और बुद्धि दोनों कमतर साबित हो रही थीं। पर अटलजी ने बात संभाल ली। उन्होंने कहा, "रामभाऊ की निर्णय क्षमता पर मुझे पूरा विश्वास है। यदि उनका फैसला आपको सही न लग रहा हो तो मेरा आग्रह समझकर बात मान लें।" उसके बाद सब ने हामी भरी। सौभाग्य से 120 लाख टन कच्चे तेल उत्पादन का यह प्रोजेक्ट भी सफल हुआ, तब इन लोगों ने मेरी प्रशंसा की। सूडान में भी निर्धारित अवधि से पहले उत्पादन शुरू हुआ और हमारा पैसा वापस आने लगा। देश के पेट्रोलियम क्षेत्र में यह दर्ज हुआ कि विदेश से सहभागिता करने की दिशा में पहला कदम मैंने बढ़ाया, पर सच यह है कि अटलजी ने मेरा हाथ थामा, वरना यह

सूडान से आए पहले क्रूड ऑयल के स्वीकार करने हेतु मंगलूर में 15 मई, 2003 को राम नाईक तथा बाएं से ओएनजीसी अध्यक्ष सुबीर राहा, सूडान के प्रतिनिधि, उपप्रधान मंत्री लालकृष्ण आडवाणी, संतोष गंगवार, अनंत कुमार, येदुरप्पा, आदि

संभव नहीं होता। खुशी इस बात की है कि उनके विश्वास की कसौटी पर मैं खरा उतरा।

जगभ्रमण

पेट्रोलियम मंत्री बनने से पहले सिर्फ एक बार मैं विदेश गया था। वह भी एक संसदीय समिति के सदस्य के रूप में। मुझे विदेश जाने का खास आकर्षण या मोह नहीं रहा। अतः घूमने-फिरने के लिए कभी गया नहीं, मेरी जेब के लिए वह संभव भी नहीं था। श्री लालकृष्ण आडवाणीजी मज़ाक में कहते कि सूट नहीं है, इसलिए मैं विदेश नहीं जाता। पर पेट्रोलियम मंत्री बनने के बाद ज़बरदस्त जगभ्रमण का मौका मुझे मिला। दो सूट भी मैंने सिलवा लिये। कच्चे तेल की हर देश को आवश्यकता होती है। अतः हर साल अमेरिका से लेकर दुनिया के अनेक देशों में पेट्रोलियम के 'रोड शो' होते हैं। इसमें सभी देश भाग लेते हैं। कोई अपना प्रोडक्ट दिखाता है, कोई योजना बताता है। इस क्षेत्र के व्यापारी शो में सौदे का आदान-प्रदान करते हैं। पेट्रोलियम मंत्री के रूप में मैं बहुत से देशों में गया, पर यह नहीं कह सकते कि घूमा, क्योंकि काम निपटते ही मैं देश लौट आता था। एक-दो बार ऐसा होने पर मेरे सचिव ने कहा, "साहब, अधिकारियों को एक-दो दिन रहने दिया कीजिए, उन्हें कहां बार-बार इन देशों में जाने का अवसर प्राप्त होता है? आप जब तक उनसे नहीं कहेंगे कि वे कुछ दिन रुक सकते हैं, तब तक वे नहीं रुक सकते। आपको रुचि न सही, उन्हें तो घूमने का शौक रहता है।" बाद में मैं बीच-बीच में उन्हें ऐसी छूट देने लगा।

यादगार इराक भेंट

मैं दुनिया के कई देशों में गया, अनेक जगहों पर संस्मरणीय वाकये हुए। पर इराक दौरा जिंदगी भर याद रहेगा। हवाई अड्डे पर उतरने के बाद हमें वहां के प्रसिद्ध होटल 'अल रशीद' ले जाया गया। प्रवेश द्वार पर ही लड़खड़ाने की नौबत आई। उलझन में पड़ गया कि अनजाने में भी किसी को पैर लग जाए तो फट से झुककर माफी मांगने (नमस्कार कर के) की संस्कृति में पला-बढ़ा मैं आगे कदम कैसे रखूं! पैरों तले फर्श पर अमेरिका के राष्ट्राध्यक्ष सीनियर जॉर्ज बुश के चेहरे की बड़ी सी तस्वीर छपी हुई थी।

किसी का चेहरा पैरों तले कुचलकर जाने की कल्पना मुझे भयंकर लगी। इराकियों के मन में अमेरिका के लिए इतना ज्यादा तिरस्कार भरा है कि अंतरराष्ट्रीय दिग्गजों की मेहमाननवाज़ी करने वाले होटल के फर्श पर बुश का बड़ा चित्र बना हुआ है। उसे पैरों तले कुचले बगैर आप आगे जा नहीं सकते। मैं आसपास नजरें घुमाकर देखने लगा कि चित्र को बचाकर निकलने का कहीं रास्ता है क्या? तभी सामने दिखे मीडिया के प्रतिनिधि और कैमरामैन! मैंने सोचा, चित्र पर चलने से मुझे हो रही अकुलाहट के भाव यदि मेरे चेहरे पर उभरे तो भी और उससे बचते हुए चलने का मैं प्रयास करूं तब भी खबर बन ही जाएगी। विदेश में भारत के मंत्री की छवि जतन करने की जिम्मेदारी की कसौटी का वह प्रसंग था। शायद ग.दि. माडगुलकर के साथ का असर था, मंजे हुए अभिनेता की अदा में मुसकराते, अभिवादन करते हुए मैं आगे बढ़ा, यह जताते हुए कि पैरों तले का चित्र मैंने देखा ही नहीं, मैं पास हो गया। दूसरे दिन नाश्ते के दौरान वरिष्ठ अधिकारी ने मुझे बधाई देते हुए कहा, ''सर! बहुत सही निभा ले गए। हम कूदते-कूदते अंदर आए, फिर भी चित्र पैरों तले कुचला ही। आधी रात को मैंने नीचे उतरकर जायज़ा लिया, मैंने महसूस किया कि कैसे भी चलता, चित्र को बचा नहीं पाता।''

इराक की सड़कों ने मुझे अचंभे में डाल दिया। अमेरिका-यूरोप की सड़कें हमें हैरत में डालती हैं, पर इराक में वह गज़ब की हैं। उन्हें देखकर मालूम हुआ कि रईसी होने पर सुविधाएं कैसे आसानी से हासिल हो जाती हैं, ज़रूरत न होने पर भी वह निर्माण की जाती हैं। मैंने दुनिया देखी है, पर इराक को छोड़कर कहीं भी 10-12 लेन की सड़कें नहीं देखीं। वहां के ट्रैफिक के लिए उनका आकार ज़रूरत से ज़्यादा बड़ा है। मेरे मितव्ययी मन ने सोचा कि आगे की सोची जाए, तब भी चार लेन की सड़क भी इनके लिए काफी है। सड़कों का दर्जा भी उत्कृष्ट था। 130-140 किलोमीटर प्रति घंटा की गति से हमारी गाड़ी चल रही थी, पर मजाल है कि पेट का पानी भी डोले! ढूंढ़ने पर भी गड्ढे नहीं दिखे। बिना इराक की सड़कें देखें अब बारी आपके चौंकने की है। मैंने इतनी बढ़िया सड़कें बनाने वालों के बारे में जानकारी चाही। बताया गया कि एक भारतीय कंपनी ने बनाई हैं।

इराक में पेट्रोल के दाम की चर्चा पूरी यात्रा के दौरान होती रही। पानी से थोड़े ज़्यादा दाम में वहां पेट्रोल मिलता है। हमने जॉर्डन से बगदाद की यात्रा कार से ही की। लौटते समय हमारे ड्राइवर ने कार की टैंक तो पूरी भर ली, पर साथ में कैन भी भर लिया। हमारे साथ के एक अधिकारी ने कहा, ''आटे के डिब्बे में हम जैसे दबा-दबाकर आटा भरते हैं, वैसे उसने टैंक में हिला-हिलाकर पेट्रोल भरा।'' पेट्रोल की यह प्रचुरता ही इराक का असली शत्रु है।

अपने वैभव के बारे में इराक सतर्क और सजग है। उसे और बढ़ाने के लिए वह तत्पर और आतुर था। व्यापारी प्रतिनिधि मंडल जब सौदा करने के लिए विदेश जाते हैं तो बातचीत दो-तीन स्तर पर होती है। पहले अधिकारी, मंत्री और बाद में राष्ट्र प्रमुख से चर्चा होती है। इराक से चर्चा के दौरान यह बताया गया कि भारत सरकार यदि काला धन विदेशी बैंक में जमा करती है तो करार के बगैर भी पेट्रोल बिल्कुल सस्ते में मिल सकेगा। हमारे अधिकारी ने उन्हें बताया कि हमारी सरकार ऐसा सौदा कर ही नहीं सकती तो उन्हें यकीन नहीं आया। उन्होंने उन देशों की सूची पढ़कर सुनाई जो काला धन जमा करते हैं। यह जानने के बाद भी कि हम उनकी पसंद से सौदा नहीं कर सकते, हमारी मेहमाननवाज़ी में कोई कमी नहीं की। मैंने विदेश में बहुत से मेज़बानी का अनुभव लिया है, पर बगदाद के भोज का कोई सानी नहीं। मैन्यू इतना भव्य था कि हर व्यंजन का एक चम्मच भी परोसें तो थाली छोटी पड़ जाए।

इराक दौरे का सर्वाधिक उत्कंठावर्धक प्रसंग था राष्ट्राध्यक्ष सद्दाम हुसैन से मुलाकात। प्रायः वे मेहमान देशों के राष्ट्राध्यक्षों से ही मिलते हैं, पर मुझसे उनका मिलना चर्चा का विषय बना। मुलाकात के दरमियान मेरे साथ एक ही अधिकारी को चलने की अनुमति थी। इत्तेफाक से उस समय विदेश विभाग के मराठी भाषिक अधिकारी श्री अभ्यंकर मेरे साथ थे। हम दोनों का जाना तय हुआ। सद्दाम हुसैन के रिहायशी का पता गोपनीय रखने के लिए हमें अलग-अलग रास्ते से पुनः-पुनः घुमाकर ले जाया गया। मैं जब भी किसी विदेशी महत्त्वपूर्ण व्यक्ति से मिलता हूं तो पहले भारतीय रीति से हाथ जोड़कर अभिवादन करता हूं, फिर हाथ मिलाता हूं। सद्दाम हुसैन ने भी हाथ

जोड़कर मुझे प्रतिसाद दिया। मेरे लिए यह सुखद आश्चर्य था। उनके कैमरे ने यह ऐतिहासिक क्षण कैद कर लिया। ऐतिहासिक इसलिए कि भारत के प्रतिनिधि के तौर पर उनसे मिलने वाला मैं आखिरी व्यक्ति था। इराक में हुए घटनाक्रमों से अब पूरी दुनिया वाक़िफ़ है, पर उस समय इसकी आहट भी नहीं थी। इराक में नई रिफाइनरी का करार हमने किया, पर वह कार्यान्वित नहीं हो सका, क्योंकि बाद में वह अलग राष्ट्र ही नहीं रहा।

मेरे इराक दौरे के दौरान भारत से एक दुःखद समाचार आया। मैं बगदाद में था, तब पता चला कि पेट्रोलियम क्षेत्र में नया युग शुरू करने वाले श्री धीरूभाई अंबानी नहीं रहे। पेट्रोलियम मंत्री की हैसियत से मैंने उनके लिए शोक संदेश वहीं से भेजा। उसके बाद हमारी चर्चा में धीरूभाई के निधन से पेट्रोलियम क्षेत्र में संभावित परिवर्तन के कयास छाए रहे।

पेट्रोलियम मंत्री के रूप में मैंने अमेरिका, ऑस्ट्रेलिया, ब्राज़ील, कनाडा, चीन, ईरान, इंडोनेशिया, इंग्लैंड, जापान, स्वीडन, फ्रांस, सिंगापुर, स्विट्ज़रलैंड, सऊदी अरब, श्रीलंका, वेनेज़ुएला, मॉरीशस आदि देशों को भेंट दी, कच्चे तेल के मामले में भारत की निर्भरता की धार कम करने के लिए समझौता करार किए। मुझे गर्व है कि देश के पेट्रोलियम क्षेत्र में उल्लेखनीय बदलाव लाने में मैं सफल रहा। हां, देश के अंदर मैंने क्या विशेष कार्य किए, इस बारे में आगामी अध्याय में चर्चा करूंगा।

(22 नवंबर, 2015)

❐

गुजरात भूकंपपीड़ितों की मदद हेतु पेट्रोलियम मंत्रालय की नवरत्न कंपनियों की ओर से 40 करोड़ रुपए की सहायता प्रधानमंत्री श्री अटल बिहारी वाजपेयी को सौंपते हुए राम नाईक। साथ में विभिन्न तेल कंपनियों के अध्यक्ष और पेट्रोलियम राज्यमंत्री श्री संतोष गंगवार

पेट्रोलियम क्षेत्र का स्वर्ण युग

इससे पहले के अध्याय में मैंने लिखा कि पेट्रोलियम मंत्री बनने से पहले इस विषय से मेरा सरोकार घर में गैस का सिलिंडर बदलने तथा स्कूटर में पेट्रोल भरने तक सीमित था। पर यह अर्धसत्य है। पेट्रोलियम विभाग की एक बात 1989 में सांसद बनने के तत्काल बाद ही मुझे पता चल गई थी। एक दिन सुघड़ पहनावेवाला तथा सुशिक्षित लगने वाला एक अजनबी व्यक्ति मुझे मिला। उस वक्त रसोई गैस कनेक्शन के लिए चार-चार साल प्रतीक्षा करनी पड़ती थी। सांसद के रूप में हमें हर तीन माह में गैस के 25 कूपन मिला करते थे। वह अजनबी मुझसे कूपन खरीदना चाहता था। हर कूपन पर पूरे दो हज़ार रुपए देने की उसने पेशकश की। मेरा इनकार सुनने के बाद उसने मुझे यह समझाने की कोशिश की कि इसमें मेरा ही नुकसान है। दो-तीन दिन बाद ऐसे कई अजनबी लोग मुझसे

मिलने आए। उनमें से एक ने दूसरे सांसद से खरीदे कूपन की गड्डी मुझे दिखाई। सांसद बनने के बाद भ्रष्टाचार के इस पहले अनुभव से मैं तिलमिला गया। मुंबई लौटा तो देखा कि कूपन का अनुरोध करने वाले कई आवेदन मेरे कार्यालय में आए हुए थे। गैस पाने की मध्यम वर्ग की छटपटाहट स्वाभाविक थी। घर की महिला यदि नौकरीशुदा हो तो सच में जीवन दूभर हो जाता था। मैं जानता था उनका दर्द। घर में गैस का चूल्हा जलने लगता तो उसे साक्षात् भगवान मिल जाने का आनंद प्राप्त होता था। पर साल भर में हमे मात्र 100 कूपन मिलते थे और मांगने वाले हजारों थे, यानी ऊंट के मुंह में ज़ीरा के बराबर! मैंने उसके वितरण के लिए मानक तय किए। दिव्यांगों को वरीयता और नौकरीशुदा महिला को प्राथमिकता दी जाएगी। मेरे उत्तर मुंबई के वसई का आधा हिस्सा ग्रामीण है और पालघर में आदिवासी बस्ती, जहां 1989 तक घरों में लकड़ी से ही चूल्हा जलता था।

दस साल बाद 1999 में जब मैं पेट्रोलियम मंत्री बना, तब भी हालात वैसे ही थे। मैंने वह बदलने का निश्चय किया। पद स्वीकार करने के बाद सब से पहले मैंने गैस की प्रतीक्षा सूची के बारे में जानकारी प्राप्त की। तब सूची में एक करोड़ 30 लाख आवेदक प्रतीक्षारत होने का पता चला। मैंने वह सूची पूरी खत्म करने का पुरज़ोर अभियान चलाया। प्रतीक्षा सूची को नजरअंदाज कर के अपने चुनाव क्षेत्र में दस हज़ार गैस कनेक्शन देने वाले मेरे पूर्व पेट्रोलियम मंत्री के अधीन कार्य कर चुके पेट्रोलियम विभाग के अधिकारियों के लिए यह भारी झटका था। पर सही मायने में कार्यक्षम और मंत्रियों के आदेश का पालन करने वाले अधिकारियों ने मेरा साथ दिया। चार साल में मैंने प्रतीक्षा सूची के एक करोड 30 लाख समेत तीन करोड़ 37 लाख नागरिकों को गैस कनेक्शन दिए। एक ओर करोड़ों लोगों का जीवन सुकर कराने का मुझे और उन्हें सुख मिला, वहीं सिलेंडर की कालाबाज़ारी पर रोक लगने के कारण कुछ रसूखदार बेहद नाराज़ हो गए। मैं पेट्रोलियम मंत्री बना तब देश को आजाद हुए 52 साल बीत चुके थे। उस दीर्घ अवधि में कुल साढ़े तीन करोड़ लोगों को रसोई गैस कनेक्शन दिए गए। उसके मुकाबले मैंने पांच साल में चार करोड़ को दिए। आप सोचें, मेरे कार्यकाल में उपलब्धि की गति एवं व्यापकता कितनी रही? मुझे संतोष इस बात का

महानगर गैस सेवा मुंबई उपनगरों में प्रारंभ करते हुए राम नाईक

है कि मैंने सत्ता का उपयोग साधारण लोगों की बेहतरी के लिए किया। हालात इतने पलट दिये कि जो मांगेगा, उसे गैस कनेक्शन, बड़े परिवारों को चाहेंगे तो दो सिलिंडर, गरीब वर्ग एवं दुर्गम क्षेत्र के लिए पांच किलो का सिलिंडर मुहैया होने लगा।

पाईप द्वारा गैस तथा अन्य विकल्प

बड़े शहरों में सिलिंडर गैस के पर्याय के रूप में मैंने पाईप गैस की पूर्ति के लिए सक्षम व्यवस्था करने की भी ठान ली। मुझे याद है, 1954 में मैं मुंबई आया, तब पत्थर के कोयले से बनी गैस दक्षिण मुंबई के कुछ इलाकों में पाईप से घरों में आती थी, यह बात मुझे विस्मयकारी लगी थी। वह मुंबई गैस कंपनी बाद में बंद हो गई। उसी तरह की गैस पूर्ति के लिए 1995 में महानगर गैस कंपनी की स्थापना हुई थी, पर खास काम नहीं हो रहा था। कई बार टीम का खेल सिर्फ कप्तान पर ही निर्भर रहता है। मंत्री बनने के बाद महानगर गैस के जरिए मैंने मुंबई का परिदृश्य ही बदल डाला। मराठी के साहित्यकार प्रो. सदा कराडे के गोरेगांव स्थित घर में पहला गैस

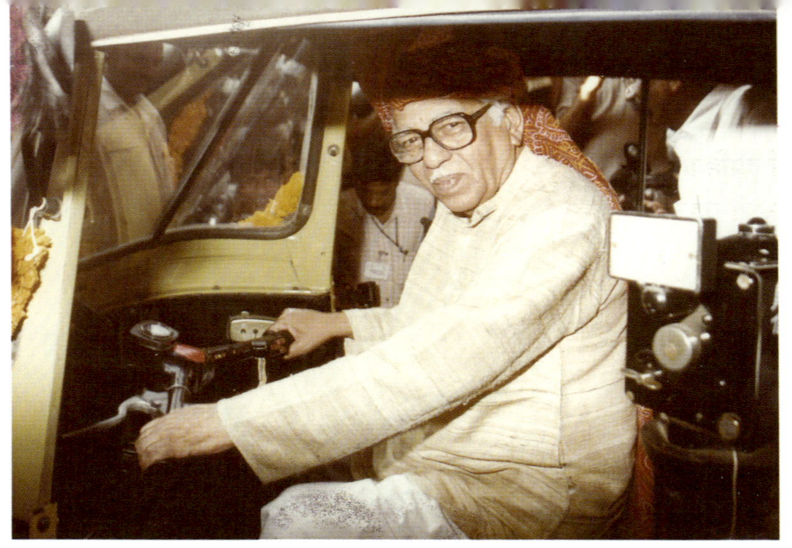

सीएनजी रिक्शा चलाकर सीएनजी केंद्र का उद्घाटन करते हुए राम नाईक

पाईप जोड़कर मैंने मुंबई उपनगर में पीएनजी (पाईप द्वारा गैस) पूर्ति का शुभारंभ किया। पद छोड़ा तब 1,90,000 घरों में पीएनजी पहुंच चुका था। अब यह आंकड़ा बढ़कर 8,20,000 हो चुका है। यह भी हो गया है कि नई इमारत बनाते समय प्रमोटर खुद ही महानगर गैस कंपनी में जाकर यह सुविधा जोड़ लेता है। यह गैस एलपीजी से सस्ती व सुरक्षित है। इससे भी बढ़कर यह बात कि सिलिंडर की प्रतीक्षा का झंझट खत्म हो गया है, वह ज़बरदस्त सुविधाजनक है।

अब बारी वाहनों की आई। वाहनों का प्रदूषण कम करने के लिए मुंबई-दिल्ली में सीएनजी पूर्ति की हमने शुरुआत की। शुरू में इसका विरोध हुआ, पर अंततः लोगों से उसका स्वीकार भी हुआ। अब मुंबई में 1,90,00 ऑटो रिक्शा, 50,000 टैक्सी, 1,80,000 निजी वाहनों समेत 4,20,000 वाहन सीएनजी पर चल रहे हैं।

हाल ही में नूडल्स में सीसे (लेड) के अंश होने और शरीर पर उसके बुरे परिणामों का विषय चर्चित हुआ था। उसके बुरे परिणामों से मैं पहले से अवगत हूं। इसीलिए मंत्री बनने के बाद जब पेट्रोलियम कंपनियों ने सीसा रहित पेट्रोल का प्रस्ताव रखा तो मैंने तत्काल मान्य कर लिया। सन् 2000 से देश में सीसा रहित पेट्रोल उपलब्ध होने लगा है। नतीजतन प्रदूषण भी कम हो गया और इग्नीशन के झंझट से भी छुटकारा मिल गया। पहले के जमाने

में दुपहिया वाहनवालों को प्लग पर चढ़ी सीसे की कालिख हर सप्ताह साफ करनी पड़ती थी। नई पीढ़ी को तो इस खिचखिच की कल्पना तक नहीं।

आत्मनिर्भरता आवश्यक

तेल एवं प्राकृतिक गैस के मामले में अन्य देशों पर निर्भरता के कारण हमारी समस्याएं जटिल होती रहीं। मैं मंत्री बना तब 70 प्रतिशत कच्चा तेल (क्रूड ऑइल) हम आयात करते थे। इसकी खरीद के लिए हमें करोड़ों डॉलर खर्च करने पड़ते हैं और डॉलर-रुपए के दाम में उतार-चढ़ाव आते ही हमारा आर्थिक ढांचा डगमगा जाता है। यह निर्भरता कम करने के लिए मैंने पुनः तेल उत्खनन एवं अनुसंधान का कार्य शुरू करने का निर्णय किया, देश-विदेश से टेंडर मंगाए। मुझसे पहले दस साल की अवधि में 22 विभागों में उत्खनन एवं अनुसंधान का निर्णय हुआ। इसके मुकाबले मैंने पांच साल में 90 विभागों में यह काम किया। पहले साल में शुरू किए गए 24 प्रयासों को 13 महीने में सफलता मिली। कैर्न एनर्जी कंपनी को कृष्णा-गोदावरी के तले गहरे समुद्र में गैस मिली। इस गैस भंडार को मैंने 5 जुलाई 2001 को 'अन्नपूर्णा' नाम दिया। मेरे कार्यकाल में ही ओएनजीसी, निको

देश में नए तेल क्षेत्र खोजने हेतु तेल कंपनियों को पेट्रोलियम मंत्री की हैसियत से आमंत्रित करते हुए राम नाईक

इथेनॉल परियोजना के उद्घाटन के अवसर पर सर्वश्री शरद पवार और गोपीनाथ मुंडे के साथ राम नाईक

रिसोर्सेस, रिलायन्स ने भी बड़े गैस भंडार खोज निकाले। 2002 में रिलायन्स ने गहरे समुद्र में जो तेल का भंडार पाया, वह उस वक्त का दुनिया का सब से बड़ा भंडार माना गया। राजस्थान के बाड़मेर में तेल के बड़े भंडार खोजे गए। खोजने के बाद इन जगहों पर कुछ ही समय में उत्पादन भी शुरू हो गया। 2004 में वाजपेयी सरकार के जाने के बाद उत्खनन का काम ठप पड़ गया। मुझे रंज है कि तेल उत्पादन शुरू होने के बावजूद हमारी तेल निर्भरता घटने के बजाय बढ़कर 80 प्रतिशत हो गई है।

इथेनॉल का शुभारंभ

पेट्रोल पर निर्भरता कम करने के लिए मैंने और भी उपाय किए। बायोडीज़ल के इस्तेमाल के अलावा इथेनॉल का प्रोजेक्ट सफलता से लागू किया। इथेनॉल के लिए पहले भी अनेक समितियां गठित की गई थीं। उन्होंने विदेश यात्राएं भी कीं, पर वास्तव में कुछ नहीं हुआ, समिति की रिपोर्ट ठंडे बस्ते में डाल दी गई। मंत्री बनने के बाद एक तरफ जहां मुझे निर्भरता एवं प्रदूषण का प्रश्न सता रहा था तो दूसरी तरफ गन्ने के दाम घट जाने के कारण किसानों की बेहाली की खबरें आ रही थीं। गन्ने का नाम

देश की सबसे लंबी 1,270 किमी की एलएनजी पाईपलाइन का लोनी (गाजियाबाद) में उद्घाटन करने राम नाईक के साथ पधारते हुए प्रधानमंत्री श्री अटल बिहारी वाजपेयी व राज्यपाल श्री विष्णुकांत शास्त्री

आते ही इथेनॉल का प्रयोग करने का खयाल मेरे मन में आया। महाराष्ट्र में गन्ने की भरपूर फसल होने के कारण विषय के जानकार एवं सलाह देने वाले बहुत से लोगों को मैं जानता था। गत कई सालों से ब्राज़ील में इथेनॉल मिश्रित पेट्रोल का इस्तेमाल हो रहा है। वहां का प्रयोग देखने के लिए मैं, सांसद एम.के. अण्णा पाटील, नितिन गडकरी, अण्णा डांगे आदि का प्रतिनिधिमंडल लेकर ब्राज़ील गया। मुख्य अवरोध तेल कंपनियों के प्रमुख अधिकारियों का था। वे इस बारे में विचार तक करने को राजी नहीं थे। उनकी राय थी कि इथेनॉल प्रोजेक्ट के लिए जो लागत लगेगी, उससे पेट्रोल सस्ते में आयात हो जाएगा तो अनायास ही यह झंझट क्यों मोल लें? अब तक मैं जान चुका था कि ऐसे अफसरों के गणित अलग होते हैं। इस प्रोजेक्ट का विरोध करने के लिए देश की शराब लॉबी तत्पर हो गई। इथेनॉल गन्ने के शीरे से बनता है। औने-पौने दाम में खरीदकर ये लोग शीरे से शराब बनाते हैं। यदि इथेनॉल बनना शुरू हो गया तो शीरे के दाम बढ़ जाएंगे, शराब लॉबी को यह कैसे सुहाता? मैंने उनके विरोध की परवाह नहीं की, महाराष्ट्र एवं उत्तर प्रदेश में पथदर्शक प्रकल्प शुरू किया। इसके तहत पहले चरण में

आठ राज्यों में 5 प्रतिशत इथेनॉल मिश्रित पेट्रोल, दूसरे चरण में बचे हुए अन्य राज्यों में तथा तीसरे चरण में 10 प्रतिशत इथेनॉल मिलाने की योजना थी। योजना का आरंभ शत प्रतिशत सफल हुआ। पेट्रोलियम क्षेत्र में मेरा नाम इथेनॉल के जनक के रूप में दर्ज हुआ। श्री शरद पवार ने मेरे कदम की सराहना करते हुए कहा, "गन्ना उत्पादकों के लिए राम नाईक संजीवनी ले आए है"। दुर्भाग्य से बाद की डॉ. मनमोहन सिंह की सरकार ने यह निर्णय बदल दिया। इथेनॉल के इस्तेमाल से प्रदूषण घट रहा था और हजारों लोगों को रोजगार भी मिला था, किसानों को गन्ने की बेहतर कीमत मिल रही थी। लाखों रुपए की लागत से शुरू किए गए कारखाने नई सरकार की नीति के कारण बरबाद हो गए। खुशी है कि अब नरेंद्र मोदी सरकार इथेनॉल का उपयोग पुनः शुरू कर रही है, पर जो नुकसान हुआ, उसका अफसोस हमेशा खलता रहेगा। सरकार बदलने पर प्रगति का चक्र उलटा कर देना क्या देश के लिए अच्छा है? मैं चाहूंगा कि ऐसा कभी न हो!

प्रधानमंत्री अटलजी चाहते थे कि पेट्रोलियम एवं ऊर्जा क्षेत्र के माध्यम से देश इतनी प्रगति करे कि आर्थिक स्थिरता आए और विदेशी निर्भरता का भी अंत हो। यह ध्येय पाने की दृष्टि से पेट्रोलियम मंत्री के बतौर मैं, वित्त मंत्री, विदेश मंत्री तथा योजना आयोग के उपाध्यक्ष की विशेष समिति बनाई गई। अपने अपने विभागों के विशेषज्ञों की मदद से हमने 25 वर्षीय योजना बनाई। हमारी वह 'हायड्रोकार्बन विजन 2025' योजना लागू की गई होती तो आज देश प्रगति पथ की बहुत ऊपर की सीढ़ी पर होता। राष्ट्रीय ईंधन नीति बनाने के लिए जाने माने वैज्ञानिक डॉ. रघुनाथ माशेलकर की अध्यक्षता में मेरे द्वारा गठित समिति की रिपोर्ट का भी वांछित उपयोग नहीं किया गया।

सत्ता परिवर्तन से नुकसान

मिलावट (एंटी अडल्टरेशन) विरोधी सेल बर्खास्त किए जाने से मुझे सर्वाधिक दुःख हुआ। नागरिकों का हक है कि उन्हें शुद्ध एवं सुरक्षित ईंधन मिले। पर यह दुःखद तथ्य है कि 'और-और' पाने की लालसा के शिकार लोगों द्वारा कई पेट्रोल पंपों में मिलावट के कारनामे किए जाते हैं।

इसकी रोकथाम के लिए मैंने 2001 में यह सेल स्थापित किया था। सेल के कामकाज में हस्तक्षेप और अनुचित दबाव रोकने के कारगर उपाय सुनिश्चित किए थे, अतः वह बहुत उपयुक्त साबित हो रहा था, मिलावट की समस्या पर काबू पाया जा रहा था। पर डॉ. मनमोहन सिंह की नई सरकार में पेट्रोलियम मंत्री बने श्री मणिशंकर अय्यर ने सब से पहले यह सेल बर्खास्त कर दिया। इसके पीछे के कारण बताने की जरूरत नहीं।

मेरे कार्यकाल में तेल क्षेत्र की 12 सार्वजनिक कंपनियों ने बढ़िया काम किया। 2002-03 वर्ष में इन्होंने रु.5,204 करोड़ के निवेश से रु.23, 255 करोड़ लाभ कमाया। खास बात यह रही कि 2001-02 में भारत सरकार की जिन 242 कंपनियों को जो कुल मुनाफ़ा हुआ, उसमें 75 प्रतिशत योगदान तेल कंपनियों का था। 2002-03 में सबसे अधिक नफ़ा कमाने वाली 10 कंपनियों में 6 तेल क्षेत्र से थीं। उस वर्ष ऑयल एण्ड नेचुरल गैस कॉरपोरेशन (ओ एन जी सी) ने रु.10,529 करोड़ नफा कमाया। अब तक के नफे में वह सर्वाधिक था। इस आर्थिक उपलब्धि के कारण 1999 से 2004 तक का काल भारतीय पेट्रोलियम क्षेत्र का स्वर्णिम काल माना गया।

कहते हैं, 'नेकी कर कुएं में डाल', पर जब किए कराए पर पानी फेर दिया जाता है तो मन आहत होता ही है। प्रधानमंत्री डॉ. मनमोहन सिंह के दस साल के कार्यकाल में तीन पेट्रोलियम मंत्री हुए। दस साल में इस विभाग की हालत खस्ता हो गई है। श्री नरेंद्र मोदी ने प्रधान मंत्री की कमान संभालने के बाद गाड़ी पटरी पर आ रही है। नए पेट्रोलियम मंत्री धर्मेंद्र प्रधान को मेरी ओर से शुभकामनाएं!

(6 दिसंबर, 2015)

❒

अंडमान में गैस बॉटलिंग प्लांट का उद्घाटन करते हुए राम नाईक, साथ में अंडमान के नायब राज्यपाल श्री एस. एन. झा, पेट्रोलियम राज्यमंत्री श्री संतोष गंगवार, सांसद श्री विष्णुपद रे आदि

काले सोने से लिखी नई कहानियाँ

पेट्रोलियम मंत्री के रूप में भी जैसे दुनिया भर में घूमा, वैसे ही आसेतु हिमालय तक भारत भ्रमण भी किया। अपना देश विविधताओं से सजा है, उसी तरह उसकी समस्याएं भी विविध हैं। हिमशिखरों, प्राकृतिक नज़ारों के कारण लाखों पर्यटकों को आकर्षित करने वाले कश्मीर, उत्तराखंड एवं हिमाचल प्रदेश के पहाड़ी इलाकों में नागरिकों को गैस सिलेंडर पहुंचाना बड़ा कठिन होता था। यहां संचार व्यवस्था कमज़ोर है, उस पर जब कभी बर्फबारी होती है तो सड़के बंद हो जाती हैं। ऐसे में सिलेंडर घर ले जाना बेहद मुश्किल होता है। कंधे पर 14.6 किलो वजन का सिलेंडर उठाकर पहाड़ चढ़ना थकानेवाला काम था। यह मुश्किल हल करने के लिए हमने अनेक बाधाओं के बावजूद 11,500 फीट ऊंचाई पर लेह (लद्दाख) में इंडियन ऑयल का बॉटलिंग प्लांट शुरू किया। साल भर में यह

हिमाचल प्रदेश में पांच किलो के गैस सिलेंडर का शुभारंभ करते राम नाईक, प्रदेश के मुख्यमंत्री श्री प्रेमकुमार धूमल एवं अन्य

भी किया कि 5 किलो का सिलेंडर बनाया, जिसको दुर्गम क्षेत्र में कंधे पर आसानी से ढो सकें। इस सुविधा ने वहां की महिलाओं का जीवन आसान कर दिया।

अंडमान में बॉटलिंग प्लांट

हिंदुस्तान का मस्तक कहलाने वाले कश्मीर से तलहटी के अंडमान की समस्याएं बिल्कुल अलग हैं। अंडमान के सांसद श्री विष्णुपद रे अकसर शिकायत करते, ''हम भी भारतीय हैं, पर हमें सिलेंडर कितना महंगा पड़ता है।'' हालांकि उन्हें लगता कि यह लाइलाज बात है, क्योंकि चेन्नई और कोलकाता से निकले सिलेंडर समुद्र मार्ग से कई दिनों का सफर करने के बाद अंडमान पहुंचते। जाहिर है, ढुलाई का खर्च बहुत ज्यादा होता। अतः वहां सिलेंडर का दाम भी ज्यादा वसूला जाता। एक ही देश में सरकारी कंपनी की एक ही वस्तु के लिए इतनी ज्यादा कीमत वसूली जाना सचमुच में अन्यायकारी था। अतः हमने वहां भी बॉटलिंग प्लांट शुरू करने और वह बनने तक भारत के अन्य क्षेत्र जितना ही दाम लेने का निर्णय लिया। 20 अप्रैल, 2003 को अंडमान के बॉटलिंग प्लांट का उद्घाटन हुआ।

मेरे लिए अंडमान स्वातंत्र्यवीर सावरकर एवं अन्य राष्ट्रभक्तों के कारावास के कारण पावन भूमि रही है। बॉटलिंग प्लांट के उद्घाटन के लिए वहां गया था, तब मैंने सेल्युलर जेल के प्रांगण में अखंड जलने वाली स्वतंत्रता ज्योत स्थापित करने की घोषणा की। उस घटना के बारे में मैंने पहले के अध्याय में विस्तार से चर्चा की है। पर अंडमान मुझे देश की सबसे सुंदर जगह लगती है, मुझे बहुत भाती है। राष्ट्रप्रेमियों को वह तीर्थक्षेत्र जैसा लगता है, पर अन्यथा भी वहां के नीले पानी वाले गहरे समुंदर की सुंदरता, भव्यता देखते बनती है। वहां का सब कुछ नयनरम्य – एक तरफ समुद्र, दूसरी तरफ घना जंगल, मुक्त उछलकूद करने वाले हिरन, गिलहरियां, खरगोश, मूल संस्कृति का जतन करने वाले जारवा व अन्य आदिवासी। सच में अद्भुत है। आप अंडमान जरूर देखें! चाहे इसे देखने के लिए आपको पाई-पाई इकट्ठा ही क्यों न करनी पड़े।

बहरहाल अंडमान की सामाजिक स्थिति अलग है। कारावास में काम करने के लिए अलग-अलग जगह के लोगों को यहां लाया गया था। संपर्क के लिहाज से यह द्वीप मुख्य देश से कटा हुआ है। अतः अलग समूह के रूप में बसे इन लोगों ने अंतरजातीय, अंतरधर्मीय विवाह किए। सांसद रे की पत्नी जन्म से मुस्लिम है। यहां के लोग हमारा स्वागत मुख्य भूमि से आए मेहमान के रूप में करते हैं। कोई शिकवा नहीं, कोई बहस नहीं। आज कल जब भी सहिष्णुता-असहिष्णुता पर लंबी बहसें सुनता हूं तो मुझे अंडमान बहुत याद आता है। इन बहसियों को अंडमान जाकर देखना चाहिए।

येशू क्रिस्त का 2000 वां जन्म दिन

हमारे देश में सहिष्णुता कण-कण में बसी हुई है, देखने के लिए बस आंखें खुली रखनी चाहिए। इनसान के बरताव और वाणी से ही सामने वाले को सहिष्णुता का एहसास हो जाता है। 15 साल पहले 25 दिसंबर, 2000 को दुनिया भर में प्रभु ईसा मसीह का दो हजारवां जन्म दिन बड़े जोश खरोश और उमंग से मनाया गया। तब मैं पेट्रोलियम मंत्री था। हर साल हम लोग क्रिसमस त्योहार की उत्सुकता से बाट जोहते हैं, पर उस साल दुनिया भर में विभिन्न कार्यक्रमों का विशेष रूप से आयोजन किया गया था। मेरे मित्र

ईसा मसीह की 2000 वी जयंती के अवसर पर जारी डाक टिकट का विमोचन करते हुए राम नाईक, साथ में बाईं ओर से बिशप थॉमस डाबरे, फादर फ्रांसिस दिब्रिटो, व्हिकर जनरल फादर फ्रांसिस कोरिआ व पोस्टमास्टर जनरल श्री भालचंद्र

एवं वरिष्ठ साहित्यकार वसई निवासी फादर फ्रांसिस दिब्रेटो ने येशु क्रिस्त के दो हजारवें जन्मदिन के उपलक्ष्य में उनका विशेष डाक टिकट जारी करने का सुझाव दिया। अर्थात् इस विश्वास के साथ ही कि अटलजी की सरकार सहिष्णु है। असल में वह मेरे विभाग का विषय नहीं था, पर चूंकि वे मेरे चुनाव क्षेत्र के थे और मेरे खुले मिज़ाज से वाकिफ होने के कारण फादर दिब्रेटो ने वह बात मुझसे कही। मुझे तथा पूरे मंत्रिमंडल को वह प्रस्ताव पसंद आया। अटलजी की सरकार ने 25 दिसंबर, 2000 को विशेष डाक टिकट जारी किया। प्रायः वह संचार मंत्री दिल्ली में या किसी डाक निदेशालय के कार्यक्रम में जारी किया जाता है। पर इस मामले में वह वसई के बिशप हाऊस में फादर दिब्रेटो की उपस्थिति में जारी किया गया। जब भी माहौल में क्रिसमस आने की आहट सुनाई देती है और घंटियां बजने लगती हैं, मुझे बरबस उस समारोह की याद आती है।

अर्नाला में बिजली

मैं जानता हूं कि अंडमान का समुद्र अद्भुत है, उसकी तुलना नहीं हो सकती, पर मेरे उत्तर मुंबई में सागर किनारे बसे छोटे-छोटे गांवों की सुंदरता मुझे लुभावनी लगती हैं। वसई तालुका का अर्नाला द्वीप उन्हीं में से एक है। 15वीं सदी का मूल किला गिराकर उस जगह पुर्तगालियों ने यह

अर्नाला किले में बिजली आपूर्ति के शुभारंभ के अवसर पर आयोजित कार्यक्रम में बायें से सांसद श्री सतीश प्रधान, राम नाईक, श्रीमती कुंदा नाईक, सांसद प्रो. राम कापसे और महाराष्ट्र के ऊर्जा मंत्री डॉ. पद्मसिंह पाटील

सुंदर जलदुर्ग बनाया था। यहां आज भी 600 परिवार बसे हुए हैं। मुंबई से निकट के इस दुर्ग तक नाव से ही पहुंचा जा सकता है। आजादी के 50 साल बाद भी यहां बिजली नहीं थी। गांववालों को इसकी अपेक्षा भी नहीं थी, क्योंकि बिजली समुद्र मार्ग से ही पहुंच सकती थी और वह काम बेहद महंगा था। वहां की छोटी सी बस्ती के लिए बिजली पहुंचाने का खर्च बहुत ज्यादा यानी 1 करोड़ 75 लाख रुपए था। महाराष्ट्र का बिजली बोर्ड इस खर्च के लिए तैयार नहीं था। अतः यह विषय मेरे मन में घूमता रहता। कोई हल नहीं मिल रहा था, पेट्रोलियम मंत्री बनने के बाद मुझे हल मिला।

अब सरकार ने कानून बनाकर मुनाफा कमाने वाली कंपनियों के लिए सामाजिक सरोकार निबाहने के उद्देश्य से सामजिक उत्थाान एवं विकास के कार्यक्रमों पर मुनाफे का कुछ हिस्सा खर्च करना कानूनन अनिवार्य कर दिया है। पेट्रोलियम विभाग से संलग्न कंपनियां पहले से ऐसा दायित्व निभाती रही हैं। मैं पेट्रोलियम मंत्री बना तब तक ये काम अलग सोच से नहीं, कुछ दे देने की भावना से किए जाते थे। मैंने ओएनजीसी से कहा कि यहां के समुद्र

से हम करोड़ों रुपए का कच्चा तेल निकालते हैं, अतः वे समुद्र के अर्नाला द्वीप को बिजली देने के लिए थोड़ी रकम खर्च करें। उसे यह अभिनव योजना पसंद आई। ओएनजीसी ने सिर्फ बिजली पूर्ति की व्यवस्था ही नहीं की, समुद्र में टॉवर्स डालने की तकनीक भी राज्य बिजली बोर्ड को दी। जल्द ही यह काम पूरा हो गया।

द्वीप पर बिजली आई, वह दिन अविस्मरणीय था। उद्घाटन कार्यक्रम में मेरी पत्नी भी साथ आयी थी। हम नाव से उस पार गए, सभास्थान तक पैदल ही जाना पड़ा। वहां कोई वाहन संभव नहीं था। अब बता दें कि हमारा विवाह सादगी से संपन्न हुआ था, बारात वगैरह नहीं निकाली गई थी। वास्तव में विवाह के 40 साल बाद अर्नाला में हमारी बारात निकली। बाजे-गाजे के साथ फूल बरसाते हुए हमें सभास्थल ले जाया गया। हर चेहरा खुशी से दमक रहा था, वह अंधेरा खत्म होने की खुशी थी। जीवन में मैंने बहुत काम किए, पर उस दिन जो संतोष मुझे मिला, वह वर्णनातीत है।

सातपाटी में बांध

मच्छिमार समाज में त्योहारों की रौनक निराली होती है, उन्हें खुशियां, उत्सव मनाना पसंद है। जब भी कोई खास बात होती, आनंद का भाव इतने उफान पर रहता है कि दरिया का उफान भी फीका लगे। पालघर के पास सातपाटी बंदरगाह के मामले में मेरा अनुभव ऐसा ही सुखद है। यह समाज मेरे संपर्क में रहता है। यहां की मछली दुनिया भर में निर्यात होती है। बाजार में वह बहुत महंगी मिलती है, पर स्थानीय मछुआरों की माली हालत में ज्यादा सुधार नहीं हो सका है। उस पर सातपाटी का तट भूस्खलन की वजह से असुरक्षित बनता जा रहा था। तट पर सुरक्षा बांध बनाने के लिए ठाणे जिला नियोजन समिति को अलग से निधि की आवश्यकता थी। असुरक्षित लगने के बावजूद मछुआरें वहां से कहीं जा नहीं सकते थे, वहीं नाव लगाते, जालियां रखते और खुद भी रहते। सागर में जब भी भारी ज्वार आता, इनके रोजी-रोटी का सामान बहा ले जाता। कभी घर भी बह जाते। पर बांध का काम नहीं हो पा रहा था।

कभी-कभी सरकारी कंपनियों में भी काम करने की सकारात्मक होड़ लग जाती है। सातपाटी के मामले में ऐसा ही हुआ। गोराई-मनोरी

को पानी पहुंचाने के लिए इंडियन ऑयल कंपनी ने समुद्र में पाईप डाला, ओएनजीसी ने अर्नाला द्वीप में बिजली पहुंचाई और भारत पेट्रोलियम ने 2 करोड़ 85 लाख रुपए खर्च से सातपाटी के तट पर 1,380 मीटर लंबा बांध बनाने का काम पूरा किया। बांध के उद्घाटन के दिन सातपाटी में दीवाली जैसा माहौल था। हर घर के बाहर रंगोली सजाई गई थी, रंगों की बहार थी। दुल्हन की तरह गांव को सजाया गया था। मुझे जुलूस में सभा स्थल ले जाया गया। किसी ने भाषण में कहा भी, ''इस जन्म में गलती से मैं आटपाडी में पला-बढ़ा, पिछले जन्म में मैं सातपाटी में ही पैदा हुआ था।'' अब भी सातपाटी के लोगों के जज़्बात मेरे प्रति वैसे ही हैं। कुछ दिनों बाद हालात ऐसे हुए कि इसकी लंबाई 180 मीटर बढ़ाने की आवश्यकता पैदा हुई, भारत पेट्रोलियम कंपनी ने 40 लाख रु. लागत से वह काम भी कर दिया। कंपनी के अधिकारियों ने एक बार अपने मन की बात बताते हुए

सातपाटी बंदर बांध के उद्घाटन के अवसर पर निकाली गई शोभा यात्रा में सहभागी राम नाईक, श्रीमती कुंदा नाईक, केंद्रीय परिवहन राज्य मंत्री श्री दिलीप गांधी और विधायक श्रीमती मनीषा निमकर

राज्यपाल राम नाईक का सातपाटी में सत्कार करते हुए दाएं से सर्वश्री रामभाऊ पाटील, सांसद चिंतामण वनगा व नरेंद्र पाटील

कहा, जनता की भलाई के लिए खर्च करने वाला पहला पेट्रोलियम मंत्री उन्होंने देखा है, अतः वे साथ देना चाहते हैं। गत दस साल से मैं मंत्री नहीं हूं, सांसद भी नहीं। अब तो सातपाटी का इलाका मेरे चुनाव क्षेत्र का हिस्सा भी नहीं रहा, वह पालघर लोकसभा में समाहित हो गया है, फिर भी वहां के लोगों का मेरे प्रति प्रेम रत्ती भर भी कम नहीं हुआ है। मेरी खुशी में वे शरीक रहते हैं। राज्यपाल बनने के बाद महाराष्ट्र के मछुआरों ने सातपाटी में ही मेरा भव्य सत्कार किया।

जनहितार्थ निर्णय

जिस कच्चे तेल (क्रूड ऑइल) से पेट्रोलियम पदार्थ बनते हैं, उसे 'काला सोना' (ब्लैक गोल्ड) कहा जाता है। उत्खनन द्वारा वह काला सोना बाहर निकालने के बाद उसके स्पर्श से जनता जनार्दन का जीवन सुनहरा बनाने के लिए मैंने यथासंभव सभी प्रयास किए। लोगों ने जो भी काम बताए, मैंने अनूठे तरीके से पूरे करने और समाज की कठिनाइयां खुद ही समझ-बूझकर सुलझाने की कोशिशें की। मैं शिक्षक का बेटा हूं,

शायद इसलिए मुझे लगा कि शैक्षणिक संस्थाओं को व्यावसायिक मूल्य से गैस की पूर्ति करना अनुचित है। पेट्रोलियम मंत्री बनने के बाद मैंने इस मसले पर भी ध्यान दिया। हजारों नागरिकों को लंगर द्वारा भोजन देने वाले गुरुद्वारों को व्यावसायिक दर से गैस की पूर्ति करने का निर्णय रद्द किया। जो पाठशालाएं स्वयं छात्रों के लिए भोजन व्यवस्था करती हैं, उन्हें तथा शैक्षणिक छात्रालयों, सरकारी अस्पतालों, अनाथालयों, वृद्धाश्रमों को व्यावसायिक दर के बजाय घरेलू दर से गैस की पूर्ति करने का निर्णय किया। यह सुविधा आज भी जारी है। मेरी राय में जनोपयोगी काम करने वाली संस्थाएं इसकी हकदार हैं।

मैं अपने कार्यों का सिंहावलोकन करता हूं तो यह एहसास होता है कि मंत्रीपद का उपयोग जनहित के लिए करके पुण्य प्राप्ति का जो अनुभव होता है, वहीं जिंदगी भर की असली पूंजी होती है। इसी एहसास ने मुझे उस पद से कई कार्य करने के लिए प्रेरित किया। मुझे विश्वास है कि लोगों को भी ऐसा ही लगता होगा।

(20 दिसंबर, 2015)

❐

स्कूटर से प्रचार करते हुए राम नाईक व साथ में श्री विकास आगवेकर

प्रचार की धूमधाम

मैंने दस चुनाव लड़े। लगातार आठ बार विजयी हुआ, दो बार हार हुई। इन्हीं चुनावों ने लोकप्रियता, प्रतिष्ठा, रुतबे, विधायक पद, सांसदपद, मंत्रीपद मेरी झोली में डाले। अनुभवों की गठरी फलती-फूलती गई। चुनाव काल बड़ी तेज़ी से निकल जाता है। इस दौरान नेता एक साथ भागदौड़, उमंग, सरगर्मी, तनाव, चिंता आदि के मिले-जुले अनुभवों से गुजरते हैं, तरह-तरह के अनुभव बटोरते चले जाते हैं, हर चुनाव आपको नए सबक, नए एहसास से समृद्ध करता है।

यह बात अब किसी को सच नहीं लगेगी, पर पहले दो विधान सभा चुनाव में मैंने बजाज स्कूटर से ही आवाजाही की, वही मेरा एक मात्र वाहन था। मैं खुद उसे चलाता, क्षेत्र में प्रचार के लिए घूमता था। तब भी यह मिथ चलन में था ही कि उम्मीदवार के साथ

काफिला हो तो ही शान बरकरार रहती है। पर मैंने इसकी परवाह कभी नहीं की। मैं गोरेगांव में रहता था। वह क्षेत्र मेरे चुनाव क्षेत्र बोरिवली से 10-12 किलोमीटर दूर है। प्रचार जल्दी शुरू करने के मकसद से मेरा युवा सहयोगी विकास आगवेकर सवेरे 7 बजे ही घर पर आ धमकता था। तुरंत हम दोनों स्कूटर से ही बोरिवली निकल जाया करते थे। दिन भर प्रचार, सभा, बैठकें कर के रात में स्कूटर से ही घर लौटता। मना करने पर भी कोई न कोई गोरेगांव तक साथ में आ ही जाता, फिर उसे रेलवे स्टेशन छोड़कर 'उम्मीदवार राम नाईक' अपने घर लौटता।

कार्यकर्ताओं का परिश्रम

हार या जीत तो उम्मीदवार की होती है, पर उसके पीछे कितने लोगों की मेहनत, हाथ लगे होते हैं, इसकी गिनती करना नामुमकिन है। उस जमाने में महिलाएं घर से मतदाता-पर्ची लिखने का बड़ा काम करतीं, वे राजनीति से दूर रहकर बूथ प्रमुखों के लिए बड़े प्रेम से पूरी-सब्ज़ी बनाकर भेजतीं। मेरे सभी विधानसभा एवं शुरू के कुछ लोकसभा के चुनावों तक यानी 1995-96 तक छपाई की तकनीक महंगी और जटिल भी हुआ करती थी। अब तो आधे घंटे में चाहो जैसे रंग, डिज़ाईन के बैनर्स, फ्लैक्स बनकर तैयार हो जाते हैं। वांछित पते पर वह लगा भी दिए जाते हैं। उन दिनों हर बैनर हाथ से पेंट करना पड़ता था, उसे सूखने में भी वक्त लगता। ऐसी कई महिलाएं, जिन्हें मैं या मेरी पत्नी ने कभी देखा तक नहीं था, घर की सिलाई मशीन पर दोनों तरफ से बैनर सिलाकर हमें देती थीं । बैनरों को लकड़ी की काठी में पिरोकर लगाया जाता था। रंगीन पोस्टर बहुत महंगे हुआ करते थे, उन्हें बनने में भी देर लगती। नब्बे के दशक तक ज्यादातर प्रचार का काम पोस्टरों से ही चलता था। पोस्टर चिपकाने के लिए कार्यकर्ता अपने घर से ही गोंद या लेई बनाकर ले आता था। आधी रात में जब सड़कें सुनसान होती, पोस्टर चिपकाने का काम चलता। शुरू के दिनों में एक हादसा भी हमारे साथ हुआ। पोस्टर चिपकाकर घर लौट रहे एक कार्यकर्ता सुरेश बाबर की लोकल दुर्घटना में मौत हो गई। प्रायः कार्यकर्ता जब घर लौटते थे, तब लोकल सेवा बंद हो जाती थी। अतः वे बिंदास पटरियां पार करके

पूर्व-पश्चिम आवाजाही करते थे। उसी गफलत में बाबर तेज़ गाड़ी की चपेट में आ गया। इतने साल बाद भी जब वह घटना याद आती है तो दिल में टीस सी उठती है।

प्रचार रंग में सब रंग जाए

प्रचार के लिए उम्मीदवार को दिन-रात एक करने पड़ते हैं, पर सच बताएं तो उस परिश्रम में भी अलग तरह का जोश और जुनून होता है। प्रचार काल में मैं रोज सवेरे 5.30 बजे उठकर जल्दी से तैयार हो जाता। छह बजे से ही फोन बजने लगता। कार्यकर्ता, पत्रकार, झगड़े-बखेड़े तभी से शुरू हो जाते, कई काम भी निपटाने होते। अखबारों पर एक नजर डालकर मैं प्रचार के लिए निकल जाता। दिन का क्रम बेहद व्यस्त होता, ठूंस-ठूंसकर भरी गाड़ी की तरह! सवेरे 8 से 12 प्रचार यात्रा, हर 15 मिनट बाद एक छोटी सभा, वहां के कार्यकर्ताओं के साथ बैठक, दोपहर में राजनीतिक मेल-मुलाकात, चुनाव आयोग की बैठकें, कभी चुनाव फंड के लिए मुलाकातें, बीच-बीच में सामाजिक संस्थाओं में कार्यक्रम, दोपहर चार बजे से पुनः प्रचार तो कभी बड़े नेताओं की सभाएं, प्रेस कॉन्फ्रेंस, तो कभी चुनावी झगड़े-टंटे का निपटारा, मनमुटावों के किस्सों में मनोमिलन कराना, रूठे को मनाना आदि, इतने अति व्यस्ततम दिनक्रम से समय निकालकर दूसरे उम्मीदवार की सभा में जाना। रात 10 बजे प्रचार खत्म होने के बाद दूसरे दिन के कार्यक्रम, काम, व्यवस्था सुनिश्चित करना, चुनाव से जुड़े कानूनी, पुलिसिया मामले देखना आदि सैकड़ों बातें निपटाकर आधी रात के बाद बिस्तर पर तन टिकाता। असल में उम्मीदवार को तो खपना पड़ता ही है, पर उसके साथ हजारों कार्यकर्ता भूख-प्यास भुलाकर काम करते हैं। प्रचार में भाग लेनेवाले कार्यकर्ता की कम से कम मेहनत दिखती तो है, अप्रत्यक्ष रूप से काम करने वाले हजारों हाथ अदृश्य रहते हैं। ऐसे अदृश्य हाथ प्रचार की रणनीति बनाने, बड़े नेताओं की सभाओं की आयोजन व्यवस्था देखने, पुलिस की अनुमतियां प्राप्त करने, चुनाव आयोग को रोज़-बरोज़ हिसाब देने, कार्यकर्ताओं के सिर पर सवार होकर बिल इकट्ठे करने, मीडिया के लिए प्रेस नोट्स तैयार करने, पहुंचाने, छपाई तंत्र संभालने, बूथ संभालने

राम नाईक के चुनाव फंड के लिए बूट पॉलिशवालों ने भी सहयोग किया

आदि में लगे रहते हैं। हनुमान की पूंछ की तरह कार्यकर्ताओं की लंबी-लंबी शृंखला न हो तो सफलता कठिन हो जाती है, यही दृश्य-अदृश्य हाथ और दुआएं उम्मीदवार के गले में विजय की माला पहनाते हैं। मेरे चुनाव प्रचार में तो रेलवे स्टेशन के बूटपॉलिशवाले, कुली भी शामिल होते थे, वे दिन भर की थोड़ी कमाई मेरे चुनाव फंड में दिया करते। उनके इस काम से प्रभावित होकर कई लोग उत्साह में उन्हें ज़्यादा मज़दूरी दे दिया करते।

योजनाबद्ध प्रचार

चुनाव प्रचार का यह तरीका बाद में बड़ी तेज़ी से बदलता गया। 2009 के मेरे आखिरी चुनाव में मेरा प्रचार का वाहन था 'परिवर्तन रथ'। वाहन के ऊपरी हिस्से में बदलाव करके अत्यंत कम खर्च में बनाया गया यह रथ सुविधाजनक था। यह वाहन दूसरों के लिए मॉडल बन गया।

वाहन की रचना यह ध्यान में रखते हुए की गई कि उम्मीदवार को निरंतर खड़े रहना पड़ता है, उसके साथ 3-4 महत्त्वपूर्ण नेता भी होते हैं। प्रचार अंतराल के दौरान बैठने की सुविधा, मेगाफोन, हार-गुलदस्ते रखने के लिए टंकी, प्रचार सामग्री की गड्डी रखने की जगह, उम्मीदवार को मिलने ऊपर आने के लिए फोल्डिंग सीढ़ी आदि से परिपूर्ण यह बहुगुणी रथ मेरे इंजीनियर मित्र राम जोरापुरकर और अरविंद नांदापुरकर ने बनाया था। हमारे कलाकार कार्यकर्ताओं ने ही उस पर आकर्षक छायाचित्र, घोषणाएं लगाईं। मोटर वाहन कानून के विशेषज्ञ हमारे मित्र एड. नाना पवार ने रथ के लिए आवश्यक परमिट जुटाए। प्रचार काल में सदा साथ रहने वाले प्रमुख कार्यकर्ताओं की टोली को हमने बहुत सोच-समझकर चुना था, उनमें से दो माईक संभालने में माहिर होते। इस तरह की योजना के कारण मेरे प्रचार में एकरसता एवं समन्वय होता था। चुनाव वाहन को रथ नाम देने की प्रथा 1991 के आसपास से ही शुरू हुई। कई लोग रथ का बहुत दिलचस्प नाम रखते हैं। मैंने अपने नाम पर से ही इसका नाम 'राम रथ' रखा। 1991 के चुनाव के ऐन मध्य में राजीव गांधी की हत्या हो गई। उससे पहले चुनाव का एक चरण पूरा हो चुका था। किंतु राजीव हत्या के कारण शेष चरणों में कांग्रेस के प्रति सहानुभूति की लहर छा गई। नतीजन अनेक जगहों पर भाजपा की हार हुई। लेकिन मेरे 'राम रथ' ने मेरी प्रतिष्ठा कायम रखी। अतः उसके बाद के चुनावों में भी 'राम रथ' नाम ही जारी रहा।

'राम रथ' रोको

मैं इसे एक 'रीत' मानता हूं, अतः उसे ज़्यादा तवज्जो नहीं दिया करता था। सभी दल के लोग इस तरह के वाहन का उपयोग करते रहे हैं। अतः उसमें एतराज़ करने वाली कोई बात नहीं होती। पर कभी-कभी राजनीतिक प्रतिद्वंद्वी से ज्यादा प्रशासकीय अधिकारी व्यवधान पैदा करते हैं। हमें उनसे भी लड़ना पड़ता था। 1996 के चुनाव के दौरान मैं प्रचारार्थ गोरेगांव पश्चिम क्षेत्र में घूम रहा था। रात 10 बजे तक प्रचार की अनुमति थी। रात करीब 8.30 बजे एक चुनाव अधिकारी 'राम रथ' ज़ब्त करने का आदेश लेकर मेरे निवास स्थान आया। उस पत्र में मैं जहां भी प्रचार कर रहा हूं, वहीं से रथ जब्त करने का पुलिस को आदेश दिया गया था। हमने रथ के लिए

आवश्यक सभी अनुमति यानी आरटीओ, पुलिस, चुनाव आयोग आदि प्राप्त किए हुए थे। पर आयोग को यकायक यह 'दिव्य ज्ञान' प्राप्त हुआ कि 'राम रथ' नाम को धार्मिक अर्थ प्राप्त है। इस बिना पर मुझे वह नाम तत्काल बदलने के लिए कहा गया था, अन्यथा रथ ज़ब्त किया जाना था। उस समय हम कुछ भी करते मतलब ज़ब्ती के विरुद्ध अदालत में जाते या दूसरे वाहन की अनुमति के लिए आवेदन करते तो 2-3 दिन वक्त लग ही जाता। जिसका सीधा मतलब यह था कि जोगेश्वरी से पालघर तक के 110 किलोमीटर क्षेत्र के भारत के क्रमांक 2 के सबसे बड़े चुनाव क्षेत्र में प्रचार के हमारे 2-3 दिन बरबाद होंगे।

वह अधिकारी जब घर आया तब मेरी पुत्री विशाखा और कुछ प्रमुख कार्यकर्ता घर पर ही थे। उन्होंने बड़ी चतुराई से पत्र पढ़ने, चर्चा करने में समय निकाला, हस्ताक्षर नहीं किया। घंटे भर बाद विशाखा ने पत्र पर हस्ताक्षर कर के उसे स्वीकार किया। आयोग ने तत्काल वाहन ज़ब्त कर

न्यायालय द्वारा ज़ब्ती अवैध करार दिए जाने पर 'राम रथ' से पुलिस स्टेशन से बाहर आते हुए राम नाईक

लिया। उस समय 9.50 बज गए थे, मैं समारोप का भाषण कर रहा था। दस दिन से पुलिस जिस वाहन से मुझे प्रचार करते हुए देख रही थी, वहीं वाहन ज़ब्त करते समय वह खिसयानी सी हो गई। कार्यकर्ताओं में रोष फैल गया। मैं यदि ज़रा भी आपा खोता तो स्थिति बेकाबू हो जाती। मैंने कार्यकर्ताओं को शांत करते हुए कहा, ''उन्हें 'राम रथ' ले जाने दो, हम उसे सम्मान के साथ वापस ले आएंगे।'' मैंने तुरंत हमारे वकील मित्रों नाना पवार, जयप्रकाश मिश्रा, विनायक बिच्चु को संदेश भेजा। हमने मेरे कार्यालय में मशविरा किया, रात भर में सारे कागज़ात तैयार किए और सुबह उच्च न्यायालय में रिट याचिका दायर की। हमारा पक्ष स्वीकार करते हुए उच्च न्यायालय ने 'राम रथ' लौटाने का निर्वाचन आयोग को आदेश दिया, पर यह निर्देश दिया कि वातावरण को मद्देनजर एहतियात के तौर पर रथ का नाम 'राम नाईक रथ' रखें। प्रचार के हमारे दो दिन पहले ही बरबाद हो चुके थे। अतः 'राम रथ' नाम पर 'राम नाईक रथ' पट्टी चिपकाकर मैंने एक दिन प्रचार किया। मेरे प्रचार में अवरोध पैदा करने के उनके मंसूबे वैसे सफल रहे, पर इस वाक्य को मीडिया ने खूब सकारात्मक ढंग से कवर किया। नतीजन मैं और अधिक असरदार ढंग से मतदाताओं तक पहुंचा। बदनीयती से रची गई उनकी साज़िश उलट गई। मैंने लोकसभा चुनाव में विजय की हैट्रिक की, इतना ही नहीं, महाराष्ट्र में सर्वाधिक मत प्राप्त करने का रिकार्ड भी बनाया। पर मैं आज तक समझ नहीं पाया कि तत्कालीन जिलाधिकारी उत्तम खोब्रागडे ने किस मकसद से मेरा 'राम रथ' ज़ब्त कराया था?

प्रचार तथा प्रसार

मेरा रथ गिनी-चुनी तस्वीरों, आकर्षक घोषणाओं से सजा था, अतः मतदाताओं के लिए वह कौतूहल का विषय बना रहा, पर असल में उससे प्रचार करना आसान नहीं होता है। महीने भर रथ में घूमते रहने से शरीर झुलस जाता है, निरंतर खड़े रहने से पैर सूज जाते हैं। मेरी शारीरिक क्षमता अच्छी है, इसलिए मैंने कभी स्पोर्टस शूज नहीं पहने। लगातार हस्तांदोलन करने से हथेली में सूजन, उनमें दर्द मैंने बर्दाश्त किया। खाने-पीने के मामले में तो बेहद बुरा हाल था। कार्यकर्ता बारी-बारी से कुछ खा लेते थे, पर उम्मीदवार को ऐसा मौका नहीं मिलता। कई बार दिन में एक ही बार भोजन

करने का वक्त मिलता। एक बार सुबह का नाश्ता करने तक की फुरसत नहीं मिली, यह बात मेरे सहयोगी विकास आगवेकर को पता थी। उसने जब देखा कि प्रचार लंबा चलेगा तो कहीं से कैडबरी चॉकलेट लाकर उसने दो टुकड़े बड़े प्रेम से मेरे हाथ में थमा दिये। विकास जानता था कि मुझे चॉकलेट पसंद है और वह मुंह में आराम से पिघल भी जाती है तो मैं वह खा सकूंगा। वहां उपस्थित एक गुजराती सायं दैनिक के संवाददाता ने यह दृश्य देख लिया। उसने लिख मारा कि राम नाईक चॉकलेट खाते-खाते प्रचार करते हैं और कार्यकर्ता उन्हें खिलाते रहते हैं। वह पत्रकार विकास का मित्र था, फिर भी उसने यह खबर छापी, यह देखकर विकास बहुत गुस्साया, पर मैंने हंसकर बात टाल दी।

रथ से प्रचार के दौरान कई दिलचस्प अनुभव आए। मैंने लोकल ट्रेन में भी प्रचार किया है। रेल में प्रचार करने वाला मुंबई का मैं पहला उम्मीदवार था। जिन्हें रेल यात्रा की आदत नहीं होती, उन्हें रेलवे में प्रचार

समुद्र किनारे पर घोड़ा गाड़ी से प्रचार करते हुए राम नाईक

करना मुश्किल लगता है, पर मुझे वह बहुत पसंद है। जहां जो, जैसा माध्यम उपलब्ध है, उसका उपयोग कर के प्रचार करना जरूरी हो जाता है। झुग्गी-झोंपड़ी बस्ती में पदयात्रा करनी पड़ती है तो कभी समुद्र में भाटा हो, तब तट के गांवों में घोड़ा गाड़ी से जाना पड़ता है। कभी निर्जन सड़क से गुज़रते शख्स को सलाम करना पड़ता है तो कभी मतदाताओं के जबरदस्त प्रतिसाद के कारण प्रचार यात्रा विजय यात्रा जैसी लगने लगती है। हर चुनाव में मतदाताओं का समर्थन, स्वयंस्फूर्त प्रतिसाद मुझे जीत का संकेत देता रहा। 2004 एवं 2009 में भी मुझे ऐसा ही प्रतिसाद मिला, पर मैं हार गया। पराजय से मैं निराश नहीं हुआ, काम जारी रखा। आज भी मेरी इस हिम्मत की दाद देकर पराजय के लिए अफसोस जतानेवाले हमदर्द जब मिलते हैं, तब मेरा मन कृतज्ञता से भर आता है। मेरी हार की वजह और मेरी राय के बारे में अगले अध्याय में बताऊंगा।

(3 जनवरी, 2016)

❒

2004 की पराजय को जिंदादिली से स्वीकारने वाले राम नाईक के इस तरह के बोर्ड जगह-जगह दिखे

पराजय में भी साथ रहे संगी साथी

क्या हार में, क्या जीत में
किंचित नहीं भयभीत मैं
कर्तव्य पथ पर जो भी मिला
यह भी सही वो भी सही।

आदरणीय अटलजी की यह कविता मेरी प्रिय है। मैंने कभी सोचा नहीं था कि यह कविता मुझे वास्तव में जीवन में जीनी पड़ेगी। पराजय की कल्पना मैंने कभी नहीं की थी। एक बार नहीं, दो बार मुझे पराजय का सामना करना पड़ा। चुनाव को मैंने हमेशा जनसेवा के सशक्त माध्यम के रूप में ही देखा। अतः अनपेक्षित हार को मैं 'क्या हार में, क्या जीत में' की भावना से पचा ले गया।

विधानसभा में मैं हैट्रिक कर चुका था। लोकसभा में डबल हैट्रिक करने की मंशा से 2004 के चुनाव मैदान में उतरा। मुझे और

हमारे तमाम कार्यकर्ताओं को पूरा भरोसा था कि पेट्रोलियम मंत्री के रूप में मेरे कार्यों एवं चुनाव क्षेत्र में किए गए विकास कार्यों के बलबूते पर मैं जीत जाऊंगा। मतलब हर हालत में मेरी विजय तय मानी जा रही थी। पर हकीकत में ऐसा नहीं हुआ। 1999 में मुझे 5,17, 991 मत मिले थे। 2004 में उससे महज छह हजार मत कम मिले और मैं हार गया। चुनाव से पहले कांग्रेस की ओर से गोविंदा की उम्मीदवारी घोषित होते ही टाइम्स ऑफ इंडिया में इस शीर्षक से खबर छपी थी, 'बड़े मियाँ बनाम छोटे मियाँ'। साथ में हम दोनों के व्यंग्य चित्र छपे थे। उसे देखकर मेरी बेटियों को हंसी आई पर मैं उलझन में पड़ गया। अमिताभ बच्चन एवं गोविंदा की एक फिल्म में अमिताभ बड़े मियाँ और गोविंदा छोटे मियाँ थे, अतः बड़े की जगह मेरा चित्र छपा था। मैं जान गया कि इस बार मुझे ऐसे शख्स से मुकाबला करना है जिसने उस क्षेत्र में नाम कमाया है, जिसके बारे में मैं अनभिज्ञ हूं। उसके क्षेत्र के बारे में जानने की न मुझे फुरसत थी, न ही इच्छा थी। आप नहीं मानेंगे, पर यह सच है कि चुनाव के पहले और आज तक मैंने गोविंदा की एक भी फिल्म नहीं देखी है। मैंने जो आखिरी फिल्म देखी, वह थी मराठी 'मोकळा श्वास' (खुली हवा में सांस)। हमारे कार्यकर्ता एवं संघ के स्वयंसेवक दादा नलावडे के बेटे अरुण नलावडे ने उस फिल्म में अप्रतिम अभिनय किया है। इसलिए कार्यकर्ताओं ने उसकी विशेष स्क्रिनिंग का आयोजन किया था। फिल्में न देखने वाले मेरे जैसे बहुत विरले होते हैं। लोग शौक से सिनेमा देखते हैं और हीरो के मुरीद बन जाते हैं। गोविंदा भी लोकप्रिय रहा होगा। उनकी लोकप्रियता बरकरार रखने में 'ज़ी' चैनल ने बहुत सहायता की, क्योंकि उसके मालिक के गोराई स्थित एसेल वर्ल्ड का लोगों एवं पर्यावरण के हितार्थ मैंने डटकर विरोध किया था।

प्रसार माध्यमों द्वारा कुप्रचार

इंडियन एक्सप्रेस एवं मराठी लोकसत्ता अखबार ने तो पहले से ही मेरे खिलाफ मुहिम छेड़ दी थी। मेरे पेट्रोलियम मंत्री बनने से पहले पेट्रोल पंप एवं गैस एजेन्सियां मंत्री और उच्च अधिकारियों की मर्जी से बांटे जाते थे। मुझ पर भी ऐसा दबाव लाने के लिए सैकड़ों पत्र भेजे गए। राज्यसभा में

नेता, विपक्ष डॉ. मनमोहन सिंह ने भी एक प्राध्यापिका को पेट्रोल पंप देने के लिए मुझे पत्र लिखा था तो औरों की क्या बात करें? मैंने निर्णय किया कि मैं अपने अधिकार में एक भी पंप आबंटित नहीं करूंगा। इतना ही नहीं, व्यवहार पारदर्शी बनाने के लिए हर राज्य के अनुसार अलग-अलग तेल कंपनियों के उच्च अधिकारी एवं अवकाश प्राप्त न्यायाधीश की आबंटन समिति गठित की। इस चयन प्रक्रिया द्वारा जिन्हें पंप मिले, उनमें 7-8 प्रतिशत रा. स्व. संघ से संबंधित लोग थे। इसी आधार पर इन अखबारों ने मुझ पर आबंटन में भ्रष्टाचार करने का आरोप लगाया। आबंटन सूची में कांग्रेस की नेता गिरिजा व्यास का भी नाम था, पर इस बारे में कोई टिप्पणी नहीं की गई कि उन्हें पंप कैसे मिला? मैंने इस्तीफा देने की पेशकश की, पर अटलजी इस बारे में अडिग थे कि जब मैंने कुछ गलत किया ही नहीं है तो इस्तीफा देने का प्रश्न कहां उठता है? अटलजी को मुझ पर, मेरी प्रामाणिकता पर पूरा भरोसा था। जिन पर एतराज हुआ, उन लोगों की एजेन्सियां रद्द कर दी गईं, जिसके विरोध में उन्होंने अदालत का दरवाजा खटखटाया। चुनाव के काफी दिनों बाद अदालत में हुए फैसले के तहत इन एजन्सियों की पाबंदी उठा ली गई। पर यह मुमकिन हो सकता है कि मेरे खिलाफ हुए कुप्रचार के कारण मेरे मतों पर असर पड़ा हो।

कांग्रेस की रणनीति

कांग्रेस ने वह चुनाव बहुत प्रतिष्ठा का बनाया था। उत्तर प्रदेश में जिस तरह हेमवती नंदन बहुगुणा का अश्वमेध का घोड़ा रोकने के लिए अमिताभ बच्चन को कांग्रेस ने मैदान में उतारा था, कुछ वैसे ही मेरे बारे में होने की फुसफुसाहट सुनाई दी थी। हालांकि गोविंदा और अमिताभ की कोई तुलना नहीं है। कांग्रेस ने चारों तरफ से मेरे खिलाफ लामबंदी की। 2004 तक इस क्षेत्र में कांग्रेस के नेता कभी प्रचार के लिए फटके तक नहीं। 2004 में वसई में कांग्रेस अध्यक्षा सोनिया गांधी की सभा आयोजित की गई। इसका खास कारण था। इस ईसाई बहुल क्षेत्र में मेरे लिए ही मतदान हुआ करता था। ठाकुर कंपनी की दादागिरी से त्रस्त जनता का मुझसे लगाव था। सोनियाजी के आने के बाद छिपा प्रचार शुरू हुआ कि पोप यहां कांग्रेस के प्रत्याशी को विजयी देखना चाहते हैं। प्रचार को सब से ज्यादा नाटकीय मोड़ देने

का प्रयास किया मृणाल गोरे ने! समाजवादी विचारधारा की मृणालताई, जिन्होंने ताउम्र कांग्रेस का विरोध किया, वह राम नाईक को हराने के लिए कांग्रेस के मंच पर अवतरित हुईं। वह शायद उनका आखिरी चुनाव प्रचार था। पलटवार करने में हम पारंगत थे, हमारा संगठन मजबूत था, पर मेरे बेशकीमती सहयोगी अमरकांत झा के यकायक निधन के कारण कहीं-कहीं खामियां रह गईं। अमरकांत को मेरे चुनाव क्षेत्र एवं कार्यकर्ताओं के बारे में सटीक और सूक्ष्म जानकारी थी।

असली वजह

फिर भी मुझे नहीं लगता कि इन कारणों से मैं हारा। मेरी पराजय का प्रमुख कारण था बिल्डर लॉबी एवं 'अंडरवर्ल्ड' की दहशत! वसई के हितेंद्र ठाकुर, कुख्यात दाऊद इब्राहिम एवं गोविंदा की दोस्ती सर्वविदित थी। नतीजन इस चुनाव में दहशत ने दबे पांव प्रवेश किया। मतदान के दो-तीन दिन पहले इस दहशत में प्रचंड वृद्धि हुई। हर चुनाव में मुझे सभी छह विधानसभा क्षेत्रों में बढ़त मिलती थी, पर इस बार दो ही क्षेत्र में वह कायम रही। दहशत के चलते वसई, मालवणी में मैं पिछड़ गया। मतगणना के दौरान कभी मैं तो कभी गोविंदा आगे होता। स्थिति बार-बार पलटती। पराजय के डर से गोविंदा बीच से उठकर निकल गए। सारी उम्र मैंने राजनीति की है, मेरे अनुभवी मन ने पहले घंटे में ही खतरे की घंटी बजाना शुरू कर दिया।

शंकाओं के बादल घिरते गए। मैंने अपने आपको पराजय के लिए तैयार कर लिया और कार्यकर्ताओं का मनोबल, सब्र बनाए रखने के काम में जुट गया। हम लोगों को मानो विजय की आदत हो चुकी थी। मेरी जीत अकेले की नहीं, दल की, टीम की हुआ करती थी। ज़ाहिर है, नतीजा आने के बाद मतगणना केंद्र पर सन्नाटा छा गया। अनेक कार्यकर्ता फूट-फूटकर रोने लगे। कार्यकर्ताओं को धन्यवाद देने के लिए माईक हाथ में थामकर खड़े जयप्रकाश ठाकुर भी अपने को संभाल नहीं सके, उनकी आंखों से आंसू बहने लगे, गला रुंध गया। आखिर मैं ही आगे बढ़ा। उनके हाथ से माईक लिया, सामने मायूस कार्यकर्ताओं का मजमा था, उनकी आंखों में

आंसू थे, सुख-दुख में साथ देने वाले उन साथियों को देखकर मेरा हौसला चौगुना बढ़ गया। मैंने कहा, जब आप जैसे साथी हों तो पराजय की टीस क्योंकर सताएगी, हारने का मलाल क्यों हो? मन को मनाते हुए कार्यकर्ता घर लौट गए।

दूसरे दिन उन्होंने ही जगह-जगह पोस्टर लगाकर मतदाताओं को धन्यवाद दिया। पोस्टर पर कार्यकर्ताओं ने मेरा वहीं नारा लिखा, जो मैंने अगले दिन लगाया था, "चुनाव हारा हूं, हारी नहीं है हिम्मत। जनसेवा का व्रत, चलता रहेगा अविरत।" सिर्फ कार्यकर्ता या साथी-संगी ही नहीं, मेरी हार से ध्येय पूर्ति के लिए जी तोड़ मेहनत करने वाले रा.स्व. संघ के स्वयंसेवक भी दुखी थे। मेरी पत्नी ने बड़े यत्न से मेरी हार पचाने की कोशिश की, पर संघ के वरिष्ठ स्वयंसेवक स्व. काका दामले घर आए, तब उनके सब्र का बांध टूट गया। 80 साल के काका ने बस इतना भर कहा, "कितनी बार हम स्वयंसेवकों को शून्य से विश्व निर्माण करने के लिए छटपटाना होगा? क्या हमारा संघर्ष कभी खत्म नहीं होगा?"

अटलजी जैसे महान नेता को भी पराजय का सामना करना पड़ा तो मैं क्या चीज़ हूं? यही सोचकर मैं पुनः काम में जुट गया। मैं मायूस था ही नहीं ऐसे नहीं, पर यह पक्का है कि वह दुख अलग तरह का था। कहते हैं, जीत में सब साथ होते हैं, हार में सब छंट जाते हैं। पराजय अनाथ होती है। इस घटना को 12 साल बीत गए, पर आज भी कोई मतदाता, कोई मित्र,

मतदाता सूची में हुई गड़बड़ी के संदर्भ में मुख्य चुनाव अधिकारी श्री एस.एस. झेंडे को प्रतिवेदन देने के बाद पत्रकारों से चर्चा करते हुए राम नाईक

कोई शुभचिंतक मिलता है तो मेरी हार पर अचरज व्यक्त करता है। वे पूछते हैं, "अरे! आप कैसे हार गए?" मेरे दुख पर हल्के से मोरपंख सा स्पर्श करनेवाले उनके बोल मेरा हौसला बढ़ाते रहे हैं। पराजय में भी संगी मेरे साथ ही रहे, क्या यह कम सौभाग्य की बात है?

लाखों दुबार मतदाता

2004 के चुनाव में एक और बड़ा घोटाला सामने आया, जिसने मेरी हार में हाथ बंटाया। मतदाता सूची में ढाई लाख मतदाताओं की असहज वृद्धि हुई थी। साफ लग रहा था कि कहीं कोई गड़बड़ है, पर तब तक सुधार का वक्त निकल चुका था। चुनाव के बाद मैंने यह सूची दुरुस्त करने का काम हाथ में लिया। मुख्य चुनाव आयुक्त से शिकायत की। निजी विशेषज्ञों द्वारा जांच कराने के बाद पता चला कि अकेले उत्तर मुंबई क्षेत्र में 3,84,295 मतदाताओं के नाम दोबारा आए हैं। हमने इन लोगों के नाम नोट कर के पूरी सूची ही आयोग के सुपुर्द की।

लगातार पीछे पड़े रहने के बावजूद इस मामले में ठोस काररवाई नहीं की गई। 2009 के चुनाव भी घोषित हो गए। तब भी बड़ी तादाद में नामों का दोहराव बरकरार रहा। मेरी बेटी का नाम भी तीन अलग-अलग जगहों पर दर्ज था। ज़ाहिर है, इस बार भी उस मसले से चुनाव प्रभावित होने का डर था। पर उस पर मात करने के लिए हम तैयार थे। चुनाव क्षेत्रों की पुनर्रचना के बाद वसई-पालघर मेरे क्षेत्र से बाहर हो गया था। शेष चार विधानसभा क्षेत्र ही मेरी सीट में सम्मिलित थे। नए क्षेत्र का आकार छोटा और मतदाता भी कम थे, अतः वह हमारे लिए ज्यादा अनुकूल हो गया था। इस पर बड़ी बात यह रही कि गोविंदा की निष्क्रियता के कारण लोगों का मोहभंग हो चुका था। पिछली पराजय के बाद भी मैंने काम जारी रखा था, अतः सर्व साधारण लोगों में मेरे प्रति रुझान झलक रहा था। कांग्रेस में पुनः मेरे विरुद्ध तगड़े उम्मीदवार की खोज शुरू हुई। शिवसेना से दो बार राज्यसभा की सदस्यता प्राप्त करने वाले हिंदी पत्रकार संजय निरूपम उन्हीं दिनों कांग्रेस में शामिल हुए थे। वास्तव में कांग्रेस के कई स्थानीय लोग चुनाव के लिए इच्छुक थे, पर उनकी नाराज़गी मोल लेकर कांग्रेस

ने निरूपम को चुना, सिर्फ इसलिए कि वह शिवसेना-मनसे के बीच मत विभाजन से लाभ उठाना चाहती थी और 'बिग बॉस' टीवी- शो के जरिए मशहूर हुए निरूपम को हाई प्रोफाइल मेंबर मानती थी।

हमें यकीन था कि निरूपम को हराने के लिए शिवसेना अब खुन्नस से बहुत लड़ेगी, शिवसेना के मुखपत्र 'दोपहर का सामना' में लंबे समय तक संपादक रहे और दो-दो बार सांसद पद लेने के बाद अब कांग्रेस प्रत्याशी हुए निरूपम के लिए हर मराठी मन में रोष व्याप्त था। जाहिर है, हमारी जीत के बीच अब कोई बाधा नहीं थी।

मनसे का झूठा मराठी प्रेम

इस बीच अपनी अलग राजनीतिक रसोई सजाने के मंसूबे से शिवसेना फोड़कर बाहर निकले राज ठाकरे ने मराठी मत तोड़ने की अलग रणनीति रची। श्री बालासाहेब ठाकरे की अदा में भाषण करने वाले राज ठाकरे ऐसा माहौल बनाने में सफल रहे, मानो मराठी माणूस की इकलौती तारणहार महाराष्ट्र नवनिर्माण सेना 'मनसे' ही है। शिवसेना से कई लोग मनसे में शामिल हो गए थे। इधर यह कुप्रचार भी होने लगा कि राम नाईक मराठी है, पर वे केवल मराठी लोगों का हित देखने के पक्षधर नहीं। चुनाव के ऐन पहले रेलवे भर्ती के लिए आए बिहारी-उत्तर प्रदेश के युवकों की कल्याण में मनसे द्वारा पिटाई के कारण स्थानीय उत्तर भारतीय लोगों को निरूपम में तारणहार नजर आने लगा। जहां मराठी उम्मीदवार नहीं था, वहां मनसे का अपना उम्मीदवार खड़ा करना उचित था, पर राम नाईक के खिलाफ भी मनसे के चुनाव मैदान में होने के पीछे की राजनीति आम जनता की समझ से परे थी। 2009 के चुनाव ने यह उजागर कर दिया था कि मराठी प्रेम का चोगा पहनकर मनसे ने गैर मराठी को ही जीताने में मदद की। दोबारा मेरी पराजय ने इस निष्कर्ष पर मुहर लगाई थी। चुनाव में मनसे का एक भी उम्मीदवार नहीं जीता, पर मराठी मतों का विभाजन करने में वह कामयाब रही। महज 5,779 मतों से, प्रतिशत की भाषा में 0.84 फीसदी मत कम मिलने से मेरी पराजय हुई। मनसे को 1,47,502 मत मिले। वह यदि चुनाव मैदान में न होती तो वे मत किसे मिलते, यह बताने के लिए जानकारों की

अमृत महोत्सव के अवसर पर राम नाईक का सत्कार करते हुए श्री लालकृष्ण आडवाणी और बाएं से श्रीमती कुंदा नाईक, श्रीमती जयवंतीबेन महेता, सर्वश्री नितिन गडकरी, रामदास आठवले और उद्धव ठाकरे

आवश्यकता नहीं। मराठी माणूस के हितों का ढिंढोरा पीटने वाले ने ही मराठी द्वेष्टा गैर मराठी के गले में विजय माला पहनाई।

नया संकल्प

इस बार कार्यकर्ता जल्दी संभल गए। चुनाव परिणाम पर मनसे का प्रभाव साफ दिख रहा था। जीत मुझे छूकर गई थी। चुनाव की धूमधाम में मेरा 75वां जन्म दिन भुला दिया गया था। वह याद आते ही मेरे प्यारे साथियों ने पराजित राम नाईक का भव्य अमृत महोत्सव मनाया। सर्वदलीय नेताओं एवं हजारों नागरिकों की उपस्थिति में मनाया गया वह महोत्सव मेरे प्रति जनता के प्रेम का साक्षी था। मैं भी अभिभूत था। पर साथ ही आत्मचिंतन भी चल रहा था। सेहत से मैं हट्टा-कट्टा हूं, मन में आया कि पराजय का बदला लेने के लिए क्या मुझे पुनः चुनाव लड़ना चाहिए? चुनाव

लड़ना कभी भी मेरा ध्येय नहीं रहा। जीवन भर संगठन एवं जनसेवा के पथ पर चलने के लिए मैं प्रतिबद्ध था, उस पथ पर चुनाव एक पड़ाव था। मैंने तय किया कि उस के बारे में निर्णय बाद में करेंगे। पहले मुझे भारतीय जनता पार्टी के लिए उत्तर मुंबई गढ़ वापस लाना है।

मैंने सोचा, भाजपा के स्थापना के समय से भाजपा का गढ़ रहा उत्तर मुंबई वैसा ही मानबिंदु बना रहे, पहले इसके लिए मुझे पांच साल मेहनत करते रहना है। तय किया कि ऐसा माहौल बनने पर ही कि उम्मीदवार चाहे जो हो, भाजपा की जीत सुनिश्चित है, मैं चुनाव न लड़ने का निर्णय करूंगा। मेरे पास कोई पद नहीं, सत्ता नहीं, फिर भी उत्तर मुंबई एवं भाजपा के बीच वही पुराना अटूट रिश्ता जोड़ने के लिए मैंने 2010 से 2014 तक बेहिसाब काम किया। उसके बारे में आगे बताऊंगा।

(17 जनवरी, 2016)

❐

तारापुर परमाणु ऊर्जा परियोजना से प्रभावितों को न्याय दिलाने के लिए किए गए 48 घंटे के अनशन को कार्यकर्ताओं के अनुरोध पर समाप्त करते हुए राम नाईक, साथ में सर्वश्री किरीट सोमय्या, सरदार तारासिंह, जीतेंद्र राऊल आदि

चुनाव पर पूर्ण विराम!

लोकसभा चुनाव में पराजय के बाद जनसेवा का अविरत व्रत दोहराते हुए आचरण से सिद्ध करने का मैंने निश्चय किया, बल्कि तत्काल अमल भी शुरू कर दिया। मेरे चुनाव क्षेत्र में तारापुर परमाणु ऊर्जा परियोजना के विस्तार की योजना पर काम चल रहा था, स्थानीय जनता विस्तार योजना के खिलाफ थी। इसका प्रमुख कारण परियोजना से प्रभावित लोगों का योग्य पुनर्वास न होना था। मैंने उनका मत परिवर्तन करने के मामले में पहल की थी, ताकि देश के हित में बन रही 1,080 मेगावाट बिजली के उत्पादन की यह योजना कार्यान्वित होने में बाधा पैदा न हो। मैंने उनसे योग्य पुनर्वास किए जाने का वादा किया था। मुझ पर भरोसा कर के उन्होंने आंदोलन वापस लिया था। केंद्र में मैं जब योजना एवं कार्यक्रम कार्यान्वयन

मंत्री था, तब 10 अक्तूबर, 1998 को मेरे हाथों से ही तारापुर विस्तार परियोजना का भूमिपूजन हुआ।

ऐसी परियोजनाओं से प्रभावित लोगों के पुनर्वास के लिए आदरणीय अटलजी के कैबिनेट ने नई नीति बनाई थी। उस पर अमल शुरू होने से पहले ही 2004 के लोकसभा चुनाव घोषित हो गए। मैं हार गया और केंद्र में सरकार भी बदल गई। नई कांग्रेस सरकार के रुख के बारे में स्पष्टता के अभाव के कारण प्रकल्प पीड़ित चिंता में पड़ गए। उन्होंने अपने हक के लिए उच्च न्यायालय में याचिका दायर की। उनकी इस लड़ाई में उनका साथ देना मेरा कर्तव्य बनता था। अतः मैं याचिका में सहभागी बना। खास बात यह रही कि न्यायालय ने वकील के बजाय खुद मुझे ही जिरह करने की अनुमति दी। एक तरफ न्यायालय में तो दूसरी तरफ केंद्र एवं राज्य सरकार से मैं लड़ रहा था, पर केंद्र सरकार पर कोई असर नहीं हुआ। इधर विस्तार योजना का काम समय से पहले पूरा हो गया। उसके उद्घाटन के लिए प्रधानमंत्री डॉ. मनमोहन सिंह आए थे, पर जिनकी वजह से काम पूरा हआ, उन प्रकल्प पीड़ितों को मिलने से भी उन्होंने इन्कार कर दिया। मेरे सहित सबको पुलिस ने खदेड़ दिया। फिर स्वयं मैं उनके साथ 48 घंटे अनशन पर बैठा, पर सरकार के कानों में जूं तक नहीं रेंगी। आखिर किश्तों में अदालत से न्याय मिलता गया। राज्यपाल बनने तक 60 से अधिक सुनवाई के लिए मैं अदालत में उपस्थित था। अब काफी प्रश्न हल हो गए हैं, पर अंतिम निर्णय बाकी है। राज्यपाल होने के कारण अब मैं अदालत में नही जा सकता हूं, इसलिए मेरी जगह एक प्रकल्प पीड़ित को ही मामले में सहभागी बनाने का मेरा अनुरोध अदालत ने मान लिया है। मुझे संतोष है कि मैं लगातार इस मसले पर ध्यान देता रहा हूं।

अंडमान की स्वतंत्रता ज्योत

जून 2004 में तारापुर मामला अदालत में शुरू हुआ तो अंडमान में स्वतंत्रता ज्योत से स्वातंत्र्यवीर सावरकर की कविता की पंक्ति मिटाकर तत्कालीन पेट्रोलियम मंत्री मणिशंकर अय्यर ने नया विवाद शुरू किया। इसके बारे में मैं विस्तार से लिख चुका हूं, पर याद आया इसलिए बताया कि पराजय के बाद भी मैं चुप नहीं बैठा रहा।

बाढ़ग्रस्त इलाके का निरीक्षण करते हुए राम नाईक

मुंबई में अति वर्षा

2004 से 2014 के दशक में बहुत सी यादगार घटनाएं हुईं – कुछ अच्छी, कुछ बुरी! 26 जुलाई, 2005 का दिन मैं कभी नहीं भूल पाऊंगा। उस दिन मुंबई में भीषण बारिश ने तांडव किया, पूरा महानगर जलसागर बन गया, ऐसा सागर जो हजारों परिवारों के जीवन ध्वस्त कर गया, कई लोगों को बहा ले गया। करोड़ों का नुकसान हुआ। जब वह दृश्य याद आता है तो आज भी रोंगटे खड़े हो जाते हैं कि किस तरह गोरेगांव के तबेले में बंधी गायों और भैंसों ने उस दिन तड़प-तड़प कर दम तोड़ दिया। इस बाढ़ ने मुझे बहुत बेचैन कर दिया था। इसके ठीक 25 साल पहले मेरे चुनाव क्षेत्र के दहिसर नदी में आई बाढ़ 21 लोगों को लील गई थी। नदियों पर हो रहे अतिक्रमणों के कारण बाढ़ आई थी। 25 जुलाई को भी इन्हीं कारणों से मुंबई में बाढ़ आई थी। नदियां लुप्त हो रही हैं। मुझे डर है कि ऐसे संकट बार-बार आ सकते हैं। अतः मैंने इस समस्या का खुद अध्ययन करने का निर्णय किया। बाढ़ के बाद महाराष्ट्र सरकार ने जल विशेषज्ञ

डॉ. माधव चितले की एक सदस्यीय जांच समिति नियुक्त की थी। मैंने और मेरे सहयोगियों ने साथ मिलकर जो अध्ययनपूर्ण समीक्षा एवं सुझाव तैयार किए थे, वे समिति के सामने प्रस्तुत किए। समिति ने वह स्वीकार किए, कुछ उपाय भी लागू किए।

रेल में बम विस्फोट

अगली जुलाई में मुंबई पर पुनः संकट टूट पड़ा। 11 जुलाई, 2006 को यह महानगरी पुनः एक बार बम विस्फोटों के धमाकों से दहल गई। इस हादसे में 209 लोगों की मौत हुई और सैकड़ों लोग जख्मी हुए। हमें राहत काम में जुटना ही था, जुट गए। इस घटना के दौरान रेल प्रशासन का रवैया सच में बहुत संवेदनाहीन था। लोगों के जख्मों पर मरहम लगाने के बजाय वह उस पर नमक छिड़कने का ही काम कर रहा था। हरजाना, उपचार सभी मामलों में रेल प्रशासन की बेरहमी ही उजागर होती रही। रेल दुर्घटना में घायल जब 40 प्रतिशत से ज्यादा विकलांग हो तो उसे अमूमन अपंग कोटे में नौकरी दी जाती है। इस दुर्घटना में ऐसी हालत में पहुंचे कुछ अभागे थे। रेल विभाग ने पीड़ितों से हमदर्दी जताते हुए तत्काल नौकरी देने के बजाय, जिनकी आय घटकर 40 प्रतिशत से कम हो गई, उन्हें ही नौकरी देने का अजीब निर्णय किया। उस पर भी रवैया 'सब घोड़े बारा टके' जैसा! जिनकी विकलांगता आंखों से देखी जा सकती थी, उन्हें भी नौकरी देने से मना कर दिया गया। उनमें से कई मदद की आस में मुझे मिले। हादसे में मोटर मेकैनिक हंसराज कनोजिया को एक पैर गंवाना पड़ा था। एक पैर से वह काम कैसे कर सकता था? उसकी हंसती-खेलती जिंदगी पल भर में उजड़ गई थी। उसने

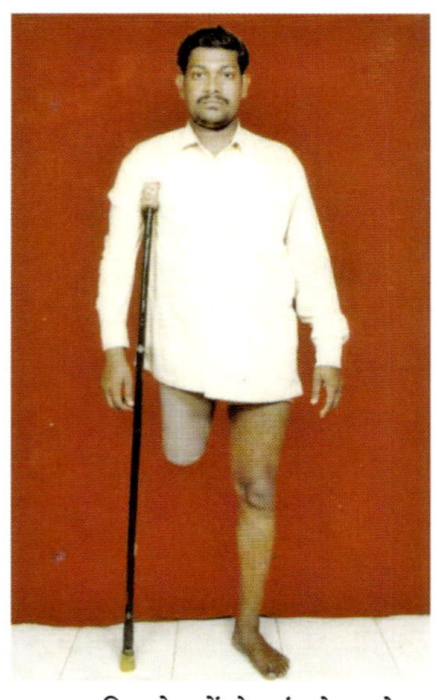

बम विस्फोट में पैर गंवाने वाले श्री हंसराज कनोजिया

पत्नी और बच्चों को गांव भेज दिया। मौत के पंजे से बच निकला हंसराज मदद के लिए दर-दर की ठोकरें खा रहा था। उसे समझ में नहीं आ रहा था कि एक पैर गंवाने के बाद भी रेलवे प्रशासन कैसे कह सकती है कि वह विकलांग नहीं है। जीने की जिजीविषा और मुझ पर विश्वास के चलते वह मुझसे मिलने आता रहा। उसके लिए मैंने दिल्ली जाकर रेल मंत्री, रेल बोर्ड के अध्यक्ष से कई बार भेंट की। लगातार जोर देने पर रेलवे ने आखिर अपने नियमों में परिवर्तन कर के हंसराज समेत अनेक विकलांगों को नौकरी दी। रेल राज्य मंत्री का मेरा अनुभव इस जायज़ काम के लिए उपयुक्त रहा।

राष्ट्रीय जिम्मेदारियां

मेरे अन्य सामाजिक कार्य अखंड रूप से जारी थे। पहले बता चुका हूं कि कुष्ठपीड़ितों के संगठनों को एकजुट कर के उनका सशक्तीकरण करने के लिए मैं प्रयत्नशील था ही। राज्य सभा में याचिका पेश करने के कारण उस काम को गति मिली थी। इस बीच अंतरराष्ट्रीय कुष्ठनिवारण संस्था के अध्यक्ष पद की बागडोर मुझे सौंपी गई। वह दायित्व राजनीति से बहुत अलग था। इन कार्यों से ऊर्जा प्राप्त करते हुए मैंने काम जारी रखा। पार्टी की ओर से राष्ट्रीय स्तर पर दी जा रही अलग-अलग जिम्मेदारियां मैं निष्ठा से पूरी करने में लगा रहा। पार्टी की अनुशासन समिति के अध्यक्ष के नाते अनेक निकट के साथियों पर काररवाई करने की मुझ पर नौबत आई। मैंने 'फायरब्रांड' कही जाने वाली नेता उमा भारती तथा दिल्ली के पूर्व मुख्यमंत्री मदनलाल खुराना की जांच करने के बाद उन्हें निलंबित किया। किसी ने कोई शिकायत नहीं की, उलटे मेरे कर्तव्य कठोर रवैये की प्रशंसा ही की। सांसद एवं विधायकों की कार्यक्षमता एवं कार्यस्तर बढ़ाने के लिए भाजपा द्वारा स्थापित 'सांसद-विधायक प्रशिक्षण प्रकोष्ठ' का भार मुझे सौंपा गया। इस कार्य के लिए देश भर के दौरे कर के मैंने सांसदों एवं विधायकों के प्रशिक्षण वर्ग आयोजित किए। 2009 के बाद अनेक राज्यों में भाजपा की सत्ता आई, जिसके माध्यम से सुराज्य लाने का ध्येय साधने हेतु स्थापित 'सुशासन प्रकोष्ठ' भी मुझे सौंपा गया। राजनीति में 25 वर्ष का अनुभव पार्टी के सहयोगियों के साथ बांटने तथा उन्हें मेरी जानकारियों का लाभ पहुंचाने का मैंने प्रामाणिक प्रयास किया।

भाजपा का अश्वमेध

देश के स्तर पर भले मैं काम करता था, पर अपने चुनाव क्षेत्र उत्तर मुंबई से मेरा ध्यान कभी नहीं हटा। मई 2004 के बाद अक्तूबर में विधानसभा का चुनाव घोषित हुआ। लोकसभा के सभी छह विधानसभा क्षेत्रों के मतदाताओं से संपर्क कर के मैंने भाजपा-शिवसेना गठबंधन के उम्मीदवार के लिए प्रचार किया। मेरी पराजय से व्यथित हुए मतदाताओं ने फिर से हमारा समर्थन किया। छह में से चार विधानसभा सीटों पर हमारी विजय हुई। वसई में हितेंद्र ठाकुर से मुकाबला मुश्किल ही था। पर कांदिवली की सीट बहुत थोड़े मतों से फिसल गई। यह परिणाम हमारे पार्टी में परिस्थितियां सामान्य होने का संकेत थे, फिर भी मेरे पांव ज़मीन पर टिके रहे, मैंने काम जारी रखा। इधर गोविंदा से नाराज़ हुए मतदाताओं का तांता पुनः मेरी ओर मुड़ा। यह जानकर कि मैं भी पहले जैसे ही जनता का काम कर रहा हूं, लोग और करीब आते गये।

इस दौरान चुनाव क्षेत्रों की पुनर्रचना हो जाने से उत्तर मुंबई लोकसभा क्षेत्र छोटा हो गया, नतीजन संपर्क और आसान, सुगम हो गया। उसके बाद 2007 व 2012 में हुए मुंबई महानगरपालिका के और 2009 के विधानसभा के चुनाव में भाजपा की उत्तर मुंबई में शानदार जीत हुई। मैं आश्वस्त हो गया। इन नतीजों ने साफ कर दिया था कि उत्तर मुंबई भाजपा का ही गढ़ रहा है, रहेगा। यह देखकर और प्रसन्नता हुई कि मेरे सहयोगी गोपाल शेट्टी, योगेश सागर एवं सभी नगरसेवक एकजुट, एकदिल रहकर बड़ी आत्मीयता से पार्टी एवं मतदाताओं का कार्य कर रहे हैं। इस विजयपथ पर अंतिम मुहर लगाई गुजरात विधानसभा चुनाव के श्री नरेंद्र मोदी की अभूतपूर्व जीत ने! अब इसमें कोई शक नहीं रहा था कि श्री मोदी केंद्रीय नेतृत्व संभालने की दिशा में आगे बढ़ रहे हैं, यह ज़िम्मेदारी संभालने के लिए वे समर्थ हैं। श्री मोदी के व्यक्तित्व का देश में चारो ओर असर बढ़ रहा था, वह बढ़ता ही चला जा रहा था। मेरा अनुभवी मन इस बात की गवाही दे रहा था कि 2014 के चुनाव में भाजपा का अश्वमेध का घोड़ा अब कोई नहीं रोक सकेगा।

चुनावी राजनीति से निवृत्ति

मैंने तमाम संभावनाओं के बारे में सोचा। मुझे लगा कि मेरी प्रिय उत्तर मुंबई को संसदीय उत्तराधिकारी को सौंपने का यहीं बढ़िया वक्त है। मैंने समय रहते निर्णय कर लिया तो पार्टी को नया उम्मीदवार तय करने का समय मिलेगा और जो मेरे चुनाव से हटने के कारण नाराज होंगे, उन्हें मनाने का मुझे वक्त भी मिलेगा। उससे बढ़कर यह बात थी कि मेरे निर्णय से संभावित विपरीत परिणाम रोकने के उद्देश्य से मैं स्वयं घर-घर जाकर लोगों से बात करूं तो बड़े प्रेम से वे भाजपा को ही चुनकर देंगे। सब से पहले मैंने पत्नी को मन की बात बताई। उसे वह पसंद आई। उसने कहा, ''आपने चुनाव लड़ने के लिए कार्य शुरू नहीं किया था। अब केवल चुनाव नहीं होगा, काम तो करना ही है। सौभाग्य से आज भी आप पहले जैसे सक्षम हो, अतः काम करोगे ही। उससे बढ़कर यह होगा कि मुझे भी आपका थोड़ा वक्त मिल जाएगा।'' उनके कथन में हल्का व्यंग्य था। 1978 में पार्टी के आदेश पर मैंने पहला चुनाव लड़ा था, अतः सोचा कि चुनाव न लड़ने के निर्णय में भी पार्टी से सहमति लेना जरूरी है। उस वक्त श्री राजनाथ सिंह राष्ट्रीय अध्यक्ष थे, राज्य एवं मुंबई में क्रमशः श्री देवेंद्र फडणवीस एवं श्री आशीष शेलार अध्यक्ष थे। मैंने पहले श्री गोपीनाथ मुंडे से बात की। उन्होंने सीधे ही कहा, इसकी आवश्यकता क्या है? मुंडे को राजी करना कठिन हुआ करता था। अतः यह कहते हुए मैंने चर्चा समेट ली कि मैं सोच रहा हूँ तभी तो चर्चा करने आया हूं। मैंने सोचा, महाराष्ट्र में सभी को मेरे बारे में आत्मीयता है, इस बारे में वे तटस्थता से विचार नहीं कर सकेंगे। लिहाजा सीधे श्री राजनाथ सिंहजी से बात की। वे सोच में पड़ गए। उन्होंने कहा, ''आप पार्टी का हित खूब समझते हैं। मैं क्या बताऊं, कैसे कोई निर्णय करूं, आप वरिष्ठ हैं, जो भी फैसला करेंगे, वह हम स्वीकार कर लेंगे।'' उसके बाद मैं ज्यादा चर्चा के फेर में नहीं पड़ा। राजनीति में मेरे आदर्श पंडित दीनदयाल उपाध्याय के जयंती दिवस 25 सितंबर, 2013 को भविष्य में चुनाव न लड़ने का निर्णय घोषित कर दिया।

मैंने जीवन में ऐसे दिनों को ही शुभ और पवित्र माना है। मैं अन्य मुहूर्त की बाट नहीं देखता। दोपहर में प्रेस कॉन्फ्रेस रखी। सवेरे मुंबई एवं महाराष्ट्र

के अध्यक्ष को फोन पर कॉन्फ्रेंस का मकसद बता दिया था। श्री फडणवीस ने पल भर में प्रतिक्रिया व्यक्त करते हुए कहा, "रामभाऊ, आपने तो निर्णय कर लिया है, मैं उसका सम्मान करता हूं। अच्छा नहीं लग रहा हैं, पर आप हम कार्यकर्ताओं के सामने अनोखा आदर्श निर्माण कर रहें हैं। यह हमारा सौभाग्य ही है कि आप जैसा नेता पार्टी में है।" उनकी बात से मैं प्रभावित हुआ। मुझे यकीन हो गया कि नया नेतृत्व देश को विकास की दिशा में आगे बढ़ाएगा, नई पीढ़ी को न सिर्फ भले-बुरे की पहचान है, बल्कि आस्था भी है। अब पीछे हटने का सवाल नहीं था।

मुझे आशंका थी कि मेरा निर्णय घोषित होते ही पत्रकार सवालों की बरसात करेंगे। पर एक ओर उन्होंने अफसोस ज़ाहिर किया और दूसरी तरफ स्वागत भी किया। दूसरे दिन घर पर कार्यकर्ताओं, सहयोगियों, नागरिकों का तांता लग गया। मुझ से असीम प्रेम करने वालों को यह निर्णय कतई अच्छा नहीं लग रहा था, पर मैं अडिग रहा। हर किसी से यही कहा कि मैं सिर्फ चुनाव नहीं लडूंगा, काम तो जारी रखूंगा ही।

नए दिनों का स्वागत

2014 में लोकसभा चुनाव घोषित हुए। पार्टी ने उत्तर मुंबई से श्री गोपाल शेट्टी को टिकट दिया। मैंने उनका चुनाव प्रमुख बनकर दिन-रात प्रचार किया। विधायक के रूप में शेट्टी ने बेहतरीन काम किया था, संगठन मजबूत था, इधर देश भर में नरेंद्र मोदीजी की लहर भी थी। सब को यकीन हो गया था कि जीत हमारी होगी। मुझे एहसास हुआ कि उत्तराधिकारी के लिए मेरे प्रचार ने मतदाताओं को एक तरह का भरोसा दिया। 1999 में मैं महाराष्ट्र में सर्वाधिक मतों से जीता था, शेट्टी ने वही रिकार्ड बनाया। चुनाव के बाद नवनिर्वाचित सांसदों के लिए हरियाणा में आयोजित अध्ययन वर्ग की जिम्मेदारी भी मुझे दी गई। उसके तत्काल बाद मुझे राज्यपाल पद का दायित्व दिया गया, अतः लोकसभा के बाद हुए महाराष्ट्र विधानसभा चुनाव के प्रचार या रणनीति में मेरा सहभाग नहीं रहा। विधानसभा के चुनाव में भाजपा-शिवसेना अलग-अलग लड़े, फिर भी उत्तर मुंबई की छह विधानसभा सीटों में से चार पर भाजपा विजयी हुई। बोरिवली से विनोद

लखनऊ आकर राम नाईक से स्नेह भेंट करते हुए महाराष्ट्र के मुख्यमंत्री श्री देवेंद्र फडणवीस व उनकी धर्मपत्नी श्रीमती अमृता तथा महाराष्ट्र की राज्यमंत्री श्रीमती विद्या ठाकूर व उनके पति श्री जयप्रकाश ठाकूर

तावडे, दहिसर से मनीषा चौधरी, चारकोप से योगेश सागर तथा कांदिवली पूर्व से अतुल भातखलकर ने बाजी मारी। इतना ही नहीं पूर्व में उत्तर मुंबई में सम्मिलित गोरेगांव सीट से भाजपा की श्रीमती विद्या ठाकुर जीत गई। याद रहे, मेरा राजनीतिक जीवन गोरेगांव से ही शुरू हुआ था और अभी भी मेरा स्थायी निवास गोरेगांव में ही है। उत्तर मुंबई को पुनः भाजपा का गढ़ बनाने का मेरा सपना साकार हो गया।

जिस बोरिवली विधानसभा सीट से मैं पहली बार चुनाव लड़ा और जीता, उस सीट से इस बार विजयी हुए विनोद तावडे। नई महाराष्ट्र सरकार में कैबिनेट मंत्री हैं और गोरेगांव से शिवसेना के प्रमुख नेता सुभाष देसाई को शिकस्त देनेवाली विद्या ठाकुर राज्य मंत्री हैं।

इससे ज्यादा प्रसन्नता की बात क्या हो सकती है कि मेरे लाडले उत्तर मुंबई में पुनः भाजपा का झंडा फहरा, मेरी पार्टी सत्ता में आई। गहरी संतुष्टि के साथ मैंने नए युग का स्वागत किया।

(31 जनवरी, 2016)

❑

राज्यपाल राम नाईक सम्मान गार्ड का निरीक्षण करते हुए

चरैवेति! चरैवेति!!

भारतीय जनता पार्टी की सरकार ने मई 2014 में देश की बागडोर संभाली। यह सोचकर मुझे अपार सुख मिला कि प्रचंड बहुमत से बनी यह सरकार स्थिर होगी और भारतीयों के जीवन में अच्छे दिन आएंगे। मुझ जैसे कार्यकर्ता को और क्या चाहिए? मैंने पत्नी से कहा, ''जीवन में हमें बहुत कुछ मिला है। सिर्फ एक-दूसरे के लिए हम समय नहीं दे पाए। अब मैं फ्री हो गया हूं। जब कहोगी तब तुम्हारे लिए समय निकाल लूंगा। पार्टी के केंद्रीय अध्यक्ष पद के चुनाव के लिए 8 जुलाई को दिल्ली होकर आता हूं। उसके बाद कहीं चलेंगे।'' प्रेम भरे गुस्साए स्वर में उसने कहा, ''आपके पैरों में नक्षत्र पड़ा है। गत 54 साल में जो कर नहीं पाए, अब क्या खाक कर पाओगे? जुलाई से पहले दो-चार दिन बाहर जाने का मौका मिला तो खैर मना लेंगे!'' मेरी किस्मत बनकर जिंदगी में आई कुंदा ने मानो भावी संकेत ही दे दिए थे।

भाजपा के अध्यक्ष पद पर श्री अमित शाह का चयन हुआ। उस अवसर पर दिल्ली में कई दिग्गजों एवं पत्रकारों से मुलाकात हुई। अधिसंख्य ने यही टिप्पणी की, ''आप बड़े सेहतमंद नजर आ रहे हो भई, चुनाव क्यों नहीं लड़ा? आपको दिल्ली में होना चाहिए था।'' मैंने कहा, ''सामाजिक कार्यों के लिए मैं सदा उपलब्ध रहूंगा।'' मैं मुंबई के अपने 'स्वीट होम' लौट आया। जैसे ही घर पहुंचा, केंद्रीय गृह मंत्री श्री राजनाथ सिंह का फोन आया, ''हम राष्ट्रपति को राज्यपाल पद के लिए आपके नाम की सिफारिश कर रहे हैं, ज़िम्मेदारी बड़ी है, आप स्वीकार करेंगे न!'' पार्टी की इच्छा आदेश तुल्य थी, मना करने का प्रश्न ही नहीं था। 14 जुलाई, 2014 को राष्ट्रपति ने उत्तर प्रदेश के राज्यपाल पद पर मेरी नियुक्ति की। उम्र के 80वें पड़ाव पर मैंने नए पर्व में कदम रखा।

नया पर्व

चार-पांच दिन ही क्यों, पत्नी को लम्बे समय के लिए उत्तर प्रदेश ले जाने का मैंने निर्णय किया। हमेशा उसका पक्ष लेने वाले एक मित्र ने कहा, ''कम से कम अब तो राजा-रानी जैसा जीवन बिताने का आनंद लेना, वरना वहां भी उत्तर प्रदेश का संसार चलाने में मग्न हो जाओगे!'' पत्नी ने तपाक से कहा, ''वही होकर रहेगा।'' 22 जुलाई, 2014 को उत्तर प्रदेश के मुख्य न्यायाधीश डॉ. धनंजय यशवंत चंद्रचूड ने मुझे प्रदेश के राज्यपाल पद की शपथ दिलाई।

मेरे चुनाव क्षेत्र में उत्तर भारतीयों की तादाद 20-25 प्रतिशत है। पार्टी के कार्य निमित्त, रेल एवं पेट्रोलियम मंत्री के कार्य काल में मेरा बार-बार उत्तर प्रदेश से संबंध आता था। मैं जानता था कि उत्तर प्रदेश को अन्य राज्यों के समकक्ष बनाना हो तो राजभवन को वानप्रस्थाश्रम बना देना जायज़ नहीं होगा। मैंने निश्चय किया कि मैं राज्यपाल नहीं, राजयोगी बनूंगा। मेरे मन की बात कोई और क्या जाने? राज्यपाल के बारे में जनता की धारणा, सोच का मुझे वहीं के वहीं अनुभव हो गया। शपथ समारोह संपन्न होते ही प्रदेश के मुख्य सचिव ने अदब से पूछा, ''महामहिम, क्या समारोह समाप्त करने की अनुमति है?''

'महामहिम' मत कहिए

यह संबोधन सुनते ही मेरे कान खड़े हो गए। अब तक अनेक पदों पर काम किया, पर 'रामभाऊ' या 'राम नाईक' के अलावा किसी और संबोधन का मेरे लिए उपयोग नहीं हुआ था। मुझे रामभाऊ या राम नाईक की पुकार ही रास आती है, महामहिम से मुझे बेगानेपन की बू आने लगी। अंग्रेजों के दास्यता काल में जिस प्रणाली का इस्तेमाल होता था, उनका आज भी निःसंकोच, सहज पालन हो रहा है। मैंने भी जब राष्ट्रपति या राज्यपाल को संबोधित किया, तब 'महामहिम' ही कहा था, पर खुद के लिए यह संबोधन मुझे नहीं जंचा। शपथ समारोह के तत्काल बाद आयोजित पत्रकार-वार्त्ता में मैंने घोषणा की कि ''मुझे 'महामहिम' कह कर संबोधित न किया जाए।'' शासकीय कामकाज में यह प्रणाली बंद करने के बारे में बाद में मैंने आदेश भी जारी किए। वार्त्ता में पत्रकारों ने मेरे राज्यपाल बनने के बाद भावी योजनाओं के बारे में पूछा। मैंने अपना संकल्प बताते हुए कहा, ''जिस राज्य में गंगा-जमुना बहती है, जहां भगवान राम का जन्म हुआ, जहां काशी-विश्वेश्वर हैं, जहां बुद्ध के स्पर्श से पावन हुई श्रावस्ती है, जहां सूफी-संतों की परंपरा है, जहां से 1857 का स्वतंत्रता आंदोलन छेड़ा गया, ऐसी है यह उत्तर प्रदेश की अद्भुत भूमि। उत्तर प्रदेश को 'उत्तम प्रदेश' बनाने का प्रयास करूंगा। उसकी शुरुआत राजभवन के दरवाज़े आम लोगों के लिए खुले रखकर करूंगा।''

मुझे राज्यपाल बने डेढ़ साल हो गया। जैसा संकल्प किया था, वैसे ही व्यवहार कर रहा हूं। सतत काम करने के लिए उत्सुक रहने वाला मैं जानता हूं कि राज्यपाल पद से भी बहुत काम किए जा सकते हैं। पर जल्द ही एहसास हो गया कि यह काम आसान नहीं। यह सुनते आए थे कि उत्तर प्रदेश में कानून एवं व्यवस्था की स्थिति अच्छी नहीं है। असल में सुधार की बहुत गुंजाइश है। हर चार-पांच महीने में यहां वरिष्ठ पुलिस अधिकारियों के तबादले किए जाते हैं, व्यवस्था सुधरेगी कैसे?

परीक्षा के पल

राज्यपाल बनने के थोड़े ही दिनों बाद पहली परीक्षा का प्रसंग आया। राज्य सरकार ने एक अध्यादेश मेरी स्वीकृति के लिए भेजा। विधानसभा

का सत्र न हो, तब आवश्यक बातों के लिए हर सरकार को ऐसी स्वीकृति लेनी पड़ती है। पर यह अध्यादेश अल्पसंख्यक आयोग के अध्यक्ष को कैबिनेट मंत्री का दर्जा देने के बारे में था। केंद्र और राज्यों में इस प्रकार के अल्पसंख्यक आयोग हैं, पर उन्हें कैबिनेट दर्जा कहीं पर भी नहीं दिया गया है। वह बहाल करना संविधान के खिलाफ है, इस आशय का निर्णय उच्च एवं सर्वोच्च न्यायालय भी दे चुके हैं। अतः उस अध्यादेश पर हस्ताक्षर करना उचित नहीं था। इसके अलावा यह भी प्रश्न उठता था कि सरकार को ऐसी क्या जल्दी है, जो वह विधानसभा में इस पर बहस कराए बगैर ही निर्णय लागू करना चाहती है? मैंने इस बारे में सरकार से सफाई मांगी तो उत्तर प्रदेश में खलबली मच गई। मुझ पर कई तरह के आरोप लगे। किसी ने कहा, मैं राजनीति कर रहा हूं, किसी-किसी ने कहा, सरकार के काम में अड़ंगे लगा रहा हूं तो किसी ने कहा, राज्यपाल का काम होता है चुपचाप हस्ताक्षर करना। दूसरी ओर मेरे पक्षधरों की संख्या भी कम नहीं थी। राज्यपाल के रूप में मेरा कर्तव्य बनता है कि संविधान का पालन सुनिश्चित करूं। अतः उलटपुलट चर्चा के बावजूद मैं अड़िग रहा। मुझे तसल्ली है कि मैंने संविधान की रक्षा की। उसका उल्लंघन होने नहीं दिया।

पर यह तो महज़ शुरुआत थी। हमारी लोकतांत्रिक प्रणाली के मुताबिक राज्यपाल द्वारा विधान परिषद् में विधायकों एवं राष्ट्रपति द्वारा राज्यसभा में सदस्यों को मनोनीत किया जाता है। मनोनयन राज्यपाल करता है, पर उनके नाम मुख्यमंत्री की ओर से भेजे जाते हैं। वह साहित्य, कला, विज्ञान, समाज सेवा, सहकारिता आदि क्षेत्रों के योग्य नामचीन लोगों का चयन कर के उनकी नियुक्ति की सिफारिश राज्यपाल से करते हैं। उस प्रणाली के तहत मेरे पास नौ नाम भेजे गए जिनमें से चार नाम निर्धारित मानक के अनुरूप थे, अतः मैंने उनके लिए विचारोपरांत स्वीकृति दे दी, पर शेष पांच नामों के बारे में स्पष्टता नहीं थी। पता नहीं चल रहा था, किस आधार पर उनका चयन हुआ। ज़ाहिर है, मैंने इस बारे में सरकार से जानकारी चाही। इधर मेरे कार्यालय ने भी उन नामों की पृष्ठभूमि के बारे में विस्तृत जानकारी प्राप्त करने की प्रक्रिया आरंभ की। कुछ लोगों को लगा, मुझे बिना ना-नुकुर के नामों को स्वीकृति दे देनी चाहिए थी, जानकारी मांगे जाने पर उन्हें

गुस्सा भी आया। अनुचित नामों पर मेरे एतराज की बात खुलने पर बड़ी रोचक जानकारियां उजागर होने लगीं। लोगों ने हमें पत्र भेजकर सबूत समेत जानकारी दी कि इनमें से कुछ लोगों पर अदालत में आरोप सिद्ध हो चुके हैं। अखबारों में भी इन नामों के गलत होने तथा उनकी अनुचित पृष्ठभूमि के बारे में खबरें छपी। राज्यपाल को रबर स्टैम्प माननेवालों को मेरे इस कदम से सदमा पहुंचा। पर राज्यपाल को प्रदेश का हित एवं संविधान की रक्षा करने का दायित्व निभाना होता है। यह सच है कि मेरे इस रवैये के कारण अयोग्य व्यक्तियों का मनोनयन टल गया, पर यह भी तो सच है कि देश में पहली बार किसी राज्यपाल ने उन्हें भेजे गए नामों को बिना देखें-समझे विधायक नियुक्त करने से मना कर दिया। मेरी कसौटी करनेवाले ऐसे प्रसंग बार-बार घटित हो रहे हैं। चिकित्सा विश्वविद्यालय के कुलपति पद पर मुख्य सचिव की नियुक्ति का मसला हो या लोकायुक्त की रिपोर्ट के अनुसार, दो विधायकों का विधायक पद खारिज करने का मसला हो, मेरी न्यायबुद्धि एवं कर्तव्य कठोरता की कसौटी करने वाली अनेक घटनाएं सामने आईं।

कानून है कि लोकायुक्त द्वारा शिकायतों की जांच किए जाने के बाद कारवाई करने के संदर्भ में वह मुख्यमंत्री एवं मुख्य सचिव को रिपोर्ट भेजता है। यदि इन दोनों द्वारा तीन महीने तक कोई कारवाई नहीं की गईं तो लोकायुक्त वह रिपोर्ट राज्यपाल को भेजता है। उसके बाद राज्यपाल सरकार से सफाई मांगते हैं और उस सफाई पर लोकायुक्त की राय विधानमंडल में प्रस्तुत की जाती है। लोकायुक्त ने एक वर्ष में ऐसी 24 रिपोर्ट मुझे भेजीं। उन पर मैंने कारवाई शुरू की तो अनेकों को मैं 'सक्रिय राज्यपाल' नज़र आने लगा। मेरे मन में विचार आया कि निष्क्रिय होना ही क्या राज्यपाल का शर्तिया कर्तव्य एवं गुण होता है?

लोकायुक्त की रिपोर्ट में एक मामला कुछ नाज़ुक था। उसमें बहुजन समाज पार्टी के एक और भारतीय जनता पार्टी के एक ऐसे दो विधायकों पर सरकारी ठेका हासिल करने का आरोप सिद्ध हो गया था। इन विधायकों का पद रद्द किया जाना अपेक्षित था। मामले पर चुनाव आयोग की राय मंगाने के बाद मैंने उनका पद खारिज कर दिया। इसके खिलाफ वे दोनों अदालत

गए। इस तरह के प्रकरणों के कारण राजभवन निरंतर सुर्खियों में बना रहता है। पर मेरी कर्तव्य कठोरता के उदाहरण सामने आ जाने से उत्तर प्रदेश के लोग मुझे चाहने लगे हैं।

लोकायुक्त की नियुक्ति

लोकायुक्त की नियुक्ति के मामले पर भी कम विवाद नहीं हुआ। उत्तर प्रदेश के लोकायुक्त की लंबे समय से कार्यावधि बढ़ाई जा रही थी। मूल यह अवधि छह साल की थी। वह बढ़ाकर पहले ही आठ साल कर दी गई थी। वह अवधि भी समाप्त हो चुकी थी। सर्वोच्च न्यायालय द्वारा छह महीने में नए लोकायुक्त की नियुक्ति की जाने के आदेश का पालन नहीं हुआ था। उच्च न्यायालय के मुख्य न्यायाधीश, मुख्यमंत्री तथा विधानसभा के नेता प्रतिपक्ष, इन तीनों को सम्मति से नाम तय कर के राज्यपाल को भेजना होता है। मैंने तीनों को पत्र भेजकर स्मरण कराया, फिर भी बात आगे नहीं बढ़ी। असली कारण नाम पर सहमति न होना था। आखिर सरकार ने बहुमत के बल पर एक नया विधेयक मंजूर कर के मुख्य न्यायाधीश को इस प्रक्रिया से बाहर कर दिया। जब मैंने इस विधेयक को तुरंत स्वीकृति नहीं दी तो तीनों ने वापस बैठक की। इधर लोकायुक्त को नियुक्ति की मांग के लिए एक और जनहित याचिका दायर की गई। उच्चतम न्यायालय ने एक माह की मोहलत दी। तब भी कुछ नहीं हुआ, अतः उच्चतम न्यायालय ने विचाराधीन सभी नाम मंगाकर एक का चयन किया, पर प्रामाणिकता के मुद्दे पर मुख्य न्यायाधीश, इलाहाबाद उच्च न्यायालय का उस नाम के लिए विरोध था। अंत में उच्चतम न्यायालय ने वह बदलकर उच्च न्यायालय के निवृत्त न्यायाधीश श्री संजय मिश्रा की नियुक्ति के आदेश दिए। तीन दिन के बाद मैंने उन्हें लोकायुक्त पद की शपथ दिलाई और एक लंबे विवाद का पटाक्षेप हो गया। देश में पहली बार लोकायुक्त की नियुक्ति के मामले में उच्चतम न्यायालय को हस्तक्षेप करना पड़ा।

विश्वविद्यालयों का कुलाधिपति

राज्यपाल के कार्यों में सबसे ज्यादा महत्त्व एवं समय विश्वविद्यालयों के कुलाधिपति के बतौर उनकी भूमिका को दिया जाता है। भले इस

भूमिका के अलावा कई बातों पर मुझे बारीकी से ध्यान देना पड़ रहा है, शिक्षा क्षेत्र पर मेरा ध्यान ज्यादा केंद्रित रहता है। यहां का शिक्षा स्तर शोचनीय है। यहां 25 विश्वविद्यालय है। उनमें से कई में नियमित दीक्षांत समारोह तक नहीं होते थे। मैंने कुलाधिपति के रूप मे पहला काम दीक्षांत समारोह आयोजित कर के हजारों छात्रों को डिग्रियां प्रदान करने का किया। इन दीक्षांत समारोहों में छात्र को काली टोपी एवं ढीलाढाला गाऊन पहनना होता है। टोपी के कारण छात्रों के गले में पदक पहनाने की कवायद सचमुच में मेरे एवं छात्र दोनों के लिए बड़ी अटपटी थी। असल में अंग्रेजी परंपरा के खातिर वह असुविधाजनक पहनावा पहनने का रिवाज हो गया, पर जो किसी लिहाज़ से अपना नहीं लगता है। मैंने एक विचार आगे बढ़ाया कि दीक्षांत समारोह में जो भी विशेष पोशाक हो, वह भारतीय लगे। यह विचार सब को भाया। अब सभी विश्वविद्यालयों ने दीक्षांत पहनावे का भारतीयकरण कर दिया है। छात्रों ने इस परिवर्तन का स्वागत किया, पत्र भेजकर मुझे सूचित भी किया। यह निर्णय छात्रों में राष्ट्रीय अस्मिता का जज़्बा पैदा करने में बड़ा काम आया।

मेरे प्रति यहां के छात्रों में ममत्व का भाव निर्माण होने के कारण अलग है। कई विश्वविद्यालयों में नकल की समस्या आम है। नकल घोटालों में कई विधायक शामिल रहते हैं। मैंने यह धांधली रोकने के लिए काररवाई की छड़ी घुमाई है। भ्रष्टाचार के मुद्दे को लेकर एक विश्वविद्यालय के कुलपति एवं दूसरे के कुलसचिव को निलंबित कर दिया। छात्रों को लगने लगा कि उनके हितों की रक्षा करने वाला कुलाधिपति उन्हें मिला है। गत डेढ़ साल से मैं हर छह महीने बाद कुलपतियों की बैठक करता हूं। उनका कार्यकाल तीन साल से बढ़ाकर पांच साल करने के लिए फिलहाल मैं प्रयत्नशील हूं।

जनाभिमुख राजभवन

राजभवन में ऐश-ओ-आराम की भरपूर व्यवस्था मुहैया कराई गई है पर उसे मैं 'आराम महल' की दृष्टि से कतई नहीं देखता, वह मेरा स्वभाव नहीं। फूल, पौधे, गोशाला से समृद्ध 47 एकड़ का यह सुंदर हेरीटेज

राजभवन मुझे काम करते रहने की ऊर्जा देता है, मैं चाहता हूं कि इसका नाम इसकी प्रतिष्ठा के कारण दूर-दूर तक पहुंचे।

मुंबई में मेरा संसार दो-तीन कमरों के छोटे से फ्लैट में सिमटा हुआ है। राजभवन के स्नानघर भी मेरे घर के कमरों से बड़े हैं। उस पर विस्मयकारी यह कि मेरे और पत्नी के लिए अलग-अलग स्नान घर हैं, कुल मिलाकर सब कुछ शाही ढंग का! पर ऐसी विलासिता मुझे रास नहीं आती। मेरा दिल आम लोगों की तरफ दौड़ता रहता है, उनके बीच ही वह रमता है। इसलिए कभी राजभवन में उन्हें मिलता हूं तो कभी खुद उठकर जिलों के दौरों पर निकल पड़ता हूं। बताते हैं लोग कि डेढ़ साल में सात हजार से ज्यादा नागरिकों से राजभवन में भेंट करनेवाला और 498 कार्यक्रमों में भाग लेने वाला राज्यपाल पहले कभी उन्होंने नहीं देखा! मेरे कार्यक्रम विविधतापूर्ण होते हैं। कभी आम जनता से मुलाकातें, कभी मा. राष्ट्रपति, मा. प्रधानमंत्री का राज्य में स्वागत तो कभी मशहूर पाकिस्तानी गायक गुलाम अली का

लखनऊ महोत्सव में सुप्रसिद्ध ग़ज़ल गायक श्री गुलाम अली का सत्कार करते हुए राम नाईक, साथ में विधानसभा अध्यक्ष श्री माता प्रसाद पांडे और मुख्य सचिव श्री आलोक रंजन

राजभवन में आयोजित समारोह में कुष्ठपीड़ित महिला को मासिक अनुदान प्रमाणपत्र देते हुए राम नाईक के साथ मुख्यमंत्री श्री अखिलेश यादव

सत्कार! जिंदगी भर राजभवन की सेवा करने वाला और वहीं के क्वार्टर में रहनेवाला चतुर्थ श्रेणी कर्मचारी भी अपने घर के शुभ कार्यों में राज्यपाल को आमंत्रित करता है। मेरे आग्रह पर मुख्यमंत्री अखिलेश यादव ने न सिर्फ प्रदेश के कुष्ठपीड़ितों को हर माह 2,500 रुपए अनुदान देने का निर्णय किया, बल्कि पहला कार्ड-प्रमाणपत्र देने का कार्यक्रम राजभवन में ही आयोजित करने का सुझाव दिया। जनाभिमुखता इससे क्या अलग होगी?

खैर, अभी तो मुझे बहुत दूर तक चलते रहना है··· चरैवेति! चरैवेति!! जारी रहेगा। 'सकाळ' दैनिक ने तनिक रुककर पीछे मुड़कर झांकने और आपको मेरी शब्दरूपी जीवन-यात्रा में साथ ले जाने का अवसर मुझे दिया। पाठकों से मिला स्नेहभरा प्रतिसाद ऐसी पूंजी है, जो आगे के सफर में मुझे ताकत देगी। अब शब्दों में मुलाकातों का सिलसिला यही रोकते हैं, राम-राम!!

(14 फरवरी, 2016)

चरैवेति! चरैवेति!!